本书获河南师范大学学术专著出版基金资助

本书是 2023 年河南省哲学社会科学规划年度项目（项目编号 2023BYY007）
阶段性研究成果

现代汉语通感式
复合词语义研究

刘志芳◎著

新 华 出 版 社

图书在版编目（CIP）数据

现代汉语通感式复合词语义研究 / 刘志芳著 .
北京：新华出版社，2024.6
ISBN 978-7-5166-7445-1

Ⅰ . H146.2

中国国家版本馆 CIP 数据核字第 20242WC819 号

现代汉语通感式复合词语义研究

作者：刘志芳
出版发行：新华出版社有限责任公司
（北京市石景山区京原路 8 号　邮编：100040）
印刷：北京明恒达印务有限公司

成品尺寸：170mm×240mm 1/16　　　**印张：**16　　**字数：**233 千字
版次：2024 年 6 月第 1 版　　　　　　**印次：**2024 年 9 月第 1 次印刷
书号：ISBN 978-7-5166-7445-1　　　　　**定价：**88.00 元

微店

视频号小店

京东旗舰店

微信公众号

喜马拉雅

小红书

淘宝旗舰店

企业微信

目　录

第一章　绪论 ·· 001

　第一节　国内外研究现状 ·································· 001

　　一、国内研究现状 ·· 001

　　二、国外研究现状 ·· 012

　　三、研究中存在的问题 ···································· 014

　第二节　选题的缘由与意义 ································ 015

　　一、选题缘由 ·· 015

　　二、选题意义 ·· 016

　第三节　研究理论与方法 ·································· 018

　　一、本研究采用的理论 ···································· 018

　　二、本研究采用的方法 ···································· 021

　第四节　研究思路与语料来源 ······························ 022

　　一、研究思路 ·· 022

　　二、语料来源 ·· 023

第二章　通感式复合词的提取 ································ 024

　第一节　通感的界定 ······································ 024

　　一、生理学中的通感 ······································ 024

二、心理学中的通感 ·······································026

三、语言学中的通感 ·······································028

第二节 通感式复合词的界定 ·······························032

一、通感式复合词的称说 ·································032

二、通感式复合词的定义 ·································034

三、三组概念的区分 ·····································035

第三节 通感式复合词的提取步骤 ·························037

一、确定提取标准 ·······································037

二、提取过程 ···041

三、鉴定提取结果 ·······································051

第三章 通感式复合词的语素义 ···························054

第一节 感觉域的不平衡性 ·································054

一、不同感觉域内部成员数量的不平衡 ···············054

二、同一感觉域内部成员构词能力的不平衡 ···········056

第二节 通感式复合词中语素本义的确定 ···················059

一、本义和基本义的区别 ·································060

二、语素和汉字的关系 ···································062

三、通感式复合词语素义分析 ···························063

第三节 语素义的引申关系 ·································068

一、语义引申 ···068

二、义项和义位的关系 ···································069

三、各感觉类语素义的引申关系 ·························070

第四节 本章小结 ···083

第四章　通感式复合词词义与语素义的关系 ·················· 085

第一节　词义和语素义的关系 ····························· 085

第二节　以词义为基础的通感式复合词的意义类型 ········· 087

一、组合型 ··· 088

二、融合型 ··· 093

三、转指型 ··· 096

四、借代型 ··· 098

五、偏指型 ··· 098

第三节　以语素义为基础的通感式复合词的意义类型 ······· 100

一、单义词的意义类型 ······························· 101

二、多义词的意义类型 ······························· 106

第四节　两种意义类型的比较 ·························· 110

第五节　本章小结 ·································· 111

第五章　语言层面通感式复合词语义分析 ·················· 113

第一节　通感式复合词的类型 ·························· 113

一、按两语素所属感觉域的分类 ····················· 113

二、按两语素之间相似性的分类 ····················· 114

三、按两语素是否以本义入词的分类 ················· 115

第二节　不同类型通感式复合词语义分析 ················ 117

一、广义通感式复合词和狭义通感式复合词语义分析 ······ 117

二、典型通感式复合词和非典型通感式复合词语义分析 ···· 129

三、显性通感式复合词和隐性通感式复合词语义分析 ······ 141

第三节　通感式复合词的语义引申 ……………………………… 146

一、通感式复合词的语义引申方式 …………………………… 146

二、通感式复合词的语义引申机制 …………………………… 150

第四节　本章小结 ………………………………………………… 154

第六章　言语层面通感式复合词语义分析 ……………… 157

第一节　通感式复合词的语义特征 ……………………………… 158

一、通感式复合词基本语义特征 ……………………………… 159

二、通感式复合词附属语义特征 ……………………………… 164

第二节　通感式复合词的语义搭配 ……………………………… 167

一、确立语义域 ………………………………………………… 167

二、语义域的提取 ……………………………………………… 170

三、通感式复合词的语义域 …………………………………… 174

四、通感式复合词语义变化原因 ……………………………… 195

第三节　通感式复合词的语法功能 ……………………………… 198

一、通感式复合词主要语法功能 ……………………………… 198

二、通感式复合词基本语义特征与语法功能的关系 ………… 204

三、通感式复合词构成的连续统 ……………………………… 206

第四节　本章小结 ………………………………………………… 208

第七章　通感式复合词语义引申规律 …………………… 210

第一节　通感引申 ………………………………………………… 211

一、通感引申的层次 …………………………………………… 211

二、通感引申的规律 …………………………………………… 212

三、通感引申的机制 ……………………………………… 219

第二节　抽象引申 ………………………………………… 221

一、抽象引申的层次 ……………………………………… 221

二、抽象引申的规律 ……………………………………… 223

三、抽象引申的机制 ……………………………………… 225

第三节　本章小结 ………………………………………… 229

结　　语 ……………………………………………………… 231

参考文献 …………………………………………………… 234

第一章
绪　论

第一节　国内外研究现状

前人对复合词的研究多从复合词的结构、语义，以及语素与复合词的关系等方面进行研究。本书从通感这一修辞方式入手，探讨通感式复合词的语义问题。前人对通感式复合词的研究大多是举例性质的，即便偶有文章涉及此类问题，也往往因界定不清导致所研究的词语聚合体的内部成员冗杂。

通感式复合词从造词法的角度来说属于修辞造词的产物，从构词法的角度来说属于并列式和偏正式复合词。本书拟从通感与语言学各子系统的关系出发，全面评述前人的研究成果。在对前人研究成果总结和归纳的基础上，明确研究对象在语言学领域中的地位和作用，从而确定研究方向、厘清研究思路。

一、国内研究现状

语言是音义结合的符号系统，这个系统之所以能够正常地运转，就在于其系统的内部成员之间能够密切地配合。现代汉语的系统成员主要包括语音、词汇、语义、语法四个不同的子系统，这四个子系统之间是对立统一的关系，既相互独立，又相互联系。"通感"作为一种描写手法最早是由钱钟书先生引进文学研究领域的。"通感"在修辞学领域的地位、性质、分类等相关研究都对语言的语音层、语法层、语义层和词汇层起着至关重要的作用。因此，我们拟从以下五个方面对通感研究进行述评。

（一）通感在修辞层面的体现

"通感"作为修辞学领域出现较晚的一种表达手法，语言学界对它的辞格地位、定义、分类、心理基础等问题都存在争论。只有首先对以上各问题有了明确的认识，才能更好地对通感式复合词进行界定。

1. 通感的辞格地位

"通感"这种语言现象在中国历代诗文中可谓屡见不鲜，而"通感"这一术语最早是由钱钟书先生引入中国文学界的。钱先生在 1962 年第 1 期的《文学评论》中一篇名为《通感》的文章中指出，这种语言现象不仅在文学语言中很常见，即便是"在日常经验里，视觉、听觉、触觉、嗅觉等等往往可以彼此打通或交通，眼、耳、鼻、身等各个官能的领域可以不分界限。颜色似乎会有温度，声音似乎会有形象，冷暖似乎会有重量"[①]。钱先生只是引进了"通感"这一术语，并没有明确表明"通感"是否是辞格的问题。然而在他的表述中，我们还是可以发现他对"通感"的界定，即人类五种感觉之间的互相沟通，这也恰合"通感"一词的字面意义，即感觉的互通。

在钱先生的大作问世之后，语言学界针对"通感"是否是辞格的问题展开了激烈的讨论。有代表性的意见可分为两派，一派以张寿康、杨绍长（1980）、袁晖（1985）等人为代表，认为"通感"是一种辞格；另一派以秦旭卿（1983）等人为代表，认为"通感"只是修辞的心理基础而不是辞格。

学界针对"通感"是否是辞格问题的讨论，一方面推动了人们深入认识"通感"问题，另一方面也说明了"通感"辞格与其他辞格的相异之处，即"通感"作为一种语言现象，有其存在的生理和心理基础。如果说"通感"

---

① 钱钟书. 通感［J］. 文学评论，1962（1）：13.

是一种辞格,那么它在词汇层面的体现就是"通感"造词和"通感"生义,可是"通感"造词与其他修辞造词相比,非常不具有能产性,从我们搜集到的语料来看,现代汉语层面的通感式复合词共计114个,这与比喻造词、比拟造词和移就造词等修辞造词在新词新语创造过程中的作用形成了极大的反差。从"通感"在词汇层面的表现来看,"通感"即便是一种辞格,这种辞格也与比喻、移就等辞格之间存在着千丝万缕的联系,而人们对"通感"研究最看重的一点就是它的心理基础问题。如果说"通感"只是修辞的心理基础,那么就为认知语言学的隐喻理论提供了支持,同时也为通感式复合词的产生提供了心理基础。可以说对"通感"是否是辞格的问题到现在还存在争论,翻阅各种版本的修辞学教材,我们就会发现基本没有把"通感"作为一种独立的辞格进行介绍的,王希杰先生更是在《修辞学通论》中指出:"通感本身并不是一种修辞格,而是许多修辞格产生的基础。"①

2.通感的定义

关于"通感"的定义问题,也存在分歧,包括以下两种不同的观点。一种是陈宪年(2000)、郁龙余(2006)等人的观点,他们认为感觉的相通应建立在"心"对其他感觉的制约和统摄作用下,因此,"通感"不仅包括视觉、听觉、触觉、味觉、嗅觉之间的互通,还应包括心觉,即五种感觉都会与心觉发生沟通。另一种认为"通感"就是反映五种感觉之间的关系。在此基础上,又分为两种不同的观点。张寿康、杨绍长(1980)等认为"通感"是五种感觉的互通;汪少华等认为通感是"用属于乙感官范畴的事物印象去表达属于甲感官范畴的事物印象"②,即用一种感觉去表达另一种感觉。

我们认为通感的定义中不应该包括心觉,因为所谓"心"对其他感觉的统摄作用,无非是在强调通感的心理基础。承认通感存在的生理基础和心理基础,并不意味着要把心觉放入通感研究中去,因为"心"的作用与五种感觉之间不是平等的关系。"通感"是五种感觉互通的一种修辞现象,在词汇

---

① 王希杰.修辞学通论 [M]. 南京:南京大学出版社,1996:173.

② 汪少华.移觉的认知性阐释 [J]. 修辞学习,2001(4):18.

层面的体现之一就是通感造词，即组成复合词的内部两语素分别来自不同的感觉域。如果认为通感中存在一种感觉表达另一种感觉，那么就意味着承认了各感觉之间的不平等性，即在词汇层面存在一种感觉修饰另一种感觉的复合词，这应该是移就造词而不是通感造词。

3. 通感的分类

前人在给通感分类时，往往采用不同的标准，标准不同则分类结果不同。

（1）根据各感觉之间互通关系的分类。高明芬（1985）、岳东生（1994）等主要根据五种感觉之间的互相沟通给通感分类，而且用大量的例子证明了视觉和听觉之间的沟通是最常见的。汪伯嗣（1998）把五种基本感觉称为"外觉"，把心理感觉称为"内觉"，他认为通感包括外觉与外觉沟通、外觉与内觉沟通以及同觉中的异类沟通三类。每一类下又分为不同的小类。

汪伯嗣把内觉归入通感是有问题的，但是他提出的"同觉中异类沟通"的语言现象为通感式复合词研究提供了新的思路。心理学研究表明，视觉是人类最重要的一种感觉，在人类获得的外界信息中，80%来自视觉。视觉类词语在语言中也是最多的，单以视觉形容词为例，就包括形容颜色的颜色类形容词、表达空间概念的空间类形容词、表示光线和物体形态等的第三视觉类形容词。是笼统地把这些形容词统称为视觉类形容词，还是根据它们不同的特征分为不同的类别，看它们之间的通感关系？这为细化感觉类形容词的类别，增加通感式复合词的类型提供了借鉴。

（2）根据通感与其他辞格兼用情况的分类。王明瑞（1992）把通感分为比喻型通感、比拟型通感、移就型通感和拈连型通感四类。前人在对通感的辞格地位进行讨论的时候，认为通感与比喻、比拟、移就等辞格之间有着千丝万缕的联系。在确立了通感的辞格地位之后，再来分析通感与其他辞格的兼用情况可以更加细化我们对通感的认识。然而对于那些不承认通感辞格地位的学者而言，通感只是给比喻、比拟、移就等辞格提供了心理基础。

（3）根据通感功用的分类。汪伯嗣（1998）认为在具体语境中，根据内容的不同需要通感的艺术指向呈现出明显的区别，可分为以下三类：化解型通感、融合型通感和升华型通感。这是对通感在语言使用层面的分类。

4.通感的心理基础

通感作为一种语言现象，有其产生的心理基础和生理基础。对通感产生的心理基础的研究是通感研究的基本问题，一般认为通感的心理基础主要是联想和想象。袁晖在捍卫了通感的辞格地位之后，专门指出他同意钱钟书先生"本联想而生通感"的说法，并进一步指出联想一般分为接近联想、类似联想和对比联想，而通感中最常用的是类似联想。[①] 岳东生（1994）以心理学研究结果为依据，认为通感的心理基础是不同感觉之间的互相沟通。吴金铎指出："移觉产生的心理基础是想象，想象这一心理活动又包括联想、再造想象和创造想象。不同的想象会形成不同的通感，而在移觉辞格的产生过程中，联想和再造想象是主要的心理基础。"[②]

目前，语言学界对于通感产生的心理基础问题还没有达成共识。我们认为通感产生的心理基础是相似性联想，即两个本不属于同一感觉域的事物或性状，因二者具有相似性而发生感觉互通。这与认知语言学对隐喻的解释可谓不谋而合。由此可见，从认知语言学的角度来看，通感是一种非典型的隐喻，即从一种具体感觉域向另一种具体感觉域的映射。

（二）通感在语音层面的体现

武占坤、王勤指出："语音是语言的物质外壳，语言的物质承担者。没有它，语言就无法存在。然而语音却不能离开词汇而单独存在。"[③] 由此可见，在探讨语音问题时离不开词汇这个载体。语言学界在讨论通感和语音的关系问题时，一般以拟声词为切入点。

林文金（1978）探讨了摹声与通感的关系，他认为象声词本来是描写听觉的，如果运用通感手法，就可以用其描述视觉和内心感受。卢平（2004）认为通感的内容包罗很广，只是简要介绍了由诉诸听觉的象声词移借于视觉的修辞现象。刘志广（2005）从拟声词产生的通感、由某些音位组合或语词

---

① 袁晖．对于"通感"辞格的再认识［J］．扬州师院学报（社会科学版），1985（2）：32.

② 吴金铎．想象是移觉的基础［J］．语文学刊，1996（5）：26.

③ 武占坤，王勤．现代汉语词汇概要［M］．北京：外语教学与研究出版社，2009：2.

造成的听视觉的相互挪移、由书写格式造成的听视觉的相互挪移、某些音位组合与语词造成的语音通感、由音质造成的语音通感五个方面辨析了通感在汉语和英语语音层面的差异。

三位学者的共同点是都发现了拟声词与通感的关系，然而通感不仅是听觉和视觉之间的转移，还包括味觉、嗅觉、触觉等其他感觉之间的关系，因此不宜用通感来解释拟声词现象。刘志广的介绍虽然很全面，但是主要立足于英汉语的比较，对汉语特点的分析有待加强。

（三）通感在语法层面的体现

前人在探讨通感的性质、地位、定义以及心理基础等诸多问题时，往往把通感放在篇章的层面进行研究，所举的例子也多为古往今来那些耳熟能详的诗文。从语法层面对通感句进行研究的主要有雷淑娟（2002）、彭玉康（2005）等。

雷淑娟（2002）指出以往的研究多侧重对通感的心理机制的探研和对通感现象的描写，而从语言学和美学的双重视域中考察通感意象及其言语呈现策略的文章很少。作者把五种感觉分为五个语义场。一般情况下，各语义场内部成员之间可以自由组合，而在通感的作用下，各语义场之间进行组合，形成了一种超常的搭配。作者主要运用四种语法手段分析通感意象的生成。这四种语法手段分别是：用表示相似关系的词语连接不同语义场；利用动词谓语连接来自不同语义场的主语和宾语；用两个不同感觉语义场的成员充当修饰语和被修饰语；主语和谓语动词来自不同的语义场。彭玉康（2005）以现代汉语中采用通感修辞的句子为语料，分析了通感的句法特征、语义特征和通感的运作机制。在分析通感的句法特征时，把通感句分成"主体"和"移体"两部分，这两部分之间的结构类型分别为主谓结构、述宾结构、主宾结构、偏正结构和述补结构。在分析通感的语义特征时，首先探讨了"主体"和"移体"的语义特征，其次指出了通感的语义特征分别是：语义冲突、语义和谐、双重影像、临时性和程度性。

虽然雷淑娟只是举例性地说明了语法手段对汉语通感意象呈现的重要性，

但是她把不同感觉归入不同语义场的做法值得我们借鉴。汉语的句法结构经常会在词组内呈现出来，作者所论述的这四种情况其实也可以反映在通感式词组的结构中，比如并列结构、偏正结构和述补结构等。彭玉康在分析通感句的句法特征时，对"主体"和"移体"之间的句法关系进行了梳理和分类，然而这样的分类并不一定只适用于通感句，也可能适用于包含其他修辞手法的句子。不过彭玉康从通感与语法的接口入手，对通感句进行句法和语义的分析，这个切入点还是很新颖的。

（四）通感在语义层面的体现

众所周知，认知语言学是在与形式语言学的对立中产生的，从产生之初，认知语言学就极为关注语义问题。通感在语义层面的体现主要是通感隐喻、转喻，以及通感的意象图式等问题。

1.通感隐喻

汪少华、徐健（2002）从认知语言学的视角确立通感的隐喻地位，他们认为感官中的特征是从低级感官形式向高级感官形式的投射，通感隐喻中的概念是从可及性较强的概念向可及性较弱的概念的投射。这与隐喻从具体域向抽象域投射的特征相一致。伍敬芳、刘宇红（2005）认为对通感的解释，既可以使用概念隐喻理论，也可以运用概念整合理论，二者互为补充，相得益彰。杨波、张辉（2007）认为通感不是一种隐喻现象，只是通感形容词的字面意义。彭懿、白解红（2008）指出学者们对通感的不同解读源于其哲学观的不同。认为通感是一种隐喻现象的学者主要是基于体验主义哲学，而认为通感是字面意义的学者则是基于客观主义哲学，这也就是对通感的认识产生矛盾的根源。作者认为应该把二者结合起来，从地域、文化、认知等角度重新认识通感。语言学界对通感是否是隐喻的问题存在争议，我们认为通感作为一种从某一具体感觉域向另一具体感觉域的投射，与典型的隐喻（从具体域向抽象域的投射）之间既有区别，又有联系。我们把通感归入非典型的隐喻。

赵青青、黄居仁（2018）以《现代汉语词典》（第6版）中表达一种以上感觉的形容词为例，考察现代汉语通感隐喻的映射模型与制约机制。文章指出，现代汉语通感隐喻的映射模型并不完全遵循西方研究者所提出的单向映射规律，既有单方向映射，也有双方向映射。现代汉语通感隐喻主要受生理机制和认知机制的共同作用。赵青青和黄居仁的研究思路与我们的基本一致，但是他们的研究排除了由表达不同感觉的语素构成的部分并列式形容词。这些排除的研究对象正是本书所研究的通感式复合词的一部分，因此虽然思路相近，但是研究内容不同，得出的通感隐喻映射规律也会有差异。

2. 转喻

朱炜、杜文捷（2006）从转喻的角度分析通感隐喻。主要是在分析通感隐喻基本内涵的基础上，讨论转喻对通感隐喻的阐释力。作者认为转喻是通感隐喻产生的前提条件和心理基础。朱炜（2008）还专门运用转喻理论解释了通感式复合词"响亮"生成的前提条件和心理基础，以此来揭示转喻和隐喻之间的关系。认知语言学界对转喻的研究相较于隐喻来说较少，朱炜以通感为契机，把转喻理论和隐喻理论紧密联系在一起，这种思路值得我们借鉴。

3. 意象图式

杨洋、董方峰（2008）认为感官意象图式是通感隐喻的一个新的认知模式。"从意象图式的角度来分析，通感就是以抽象化的感官经验和心理联想为基础的感官意象图式，投射到其他感官经验而形成的"[①]。蔡玲（2009）认为通感隐喻的心理基础是动觉感官意象图式。岳好平、匡蔷（2011）根据通感隐喻产生的心理特点和规律，将通感隐喻分为三种类型：感觉挪移、表象联想和意象感通，并运用动力图式理论探讨三种不同类型的通感隐喻意义建构的动态过程。

我们认为意象图式是通感隐喻产生的基础，运用不同的意象图式解释通感隐喻的产生过程，是从不同角度对通感隐喻的分析和解读。感官意象图式是对通感隐喻表层现象的解读，即感官之间的相通。动力意象图式则是对其

---

①杨洋，董方峰.感官意象图式——通感的一个新认知模式［J］.深圳信息职业技术学院学报，2008（1）：92.

深层现象的解读。从通感隐喻到意象图式，认知语言学对通感的解释逐渐深入，这也为我们研究通感式复合词提供了更多的借鉴。

（五）通感在词汇层面的体现

自古以来，词汇学研究的重心就是语义问题。中国古代小学之一的训诂学就是对历代典籍中词义的分析和解读。因此，词汇层和语义层之间存在着千丝万缕的联系，通感现象在词汇层和语义层的体现也相互交融，不能截然分开。这里只是采取大致的分类。

通感在词汇层面的一个主要体现就是"通感生义"，也可以说是通感引起的词义变化，即一个词从本义通过通感方式产生了引申义。运用"通感生义"方式产生的词叫作通感词。由此可见，语义与词汇之间关系密切，没有必要把"通感生义"归入语义层面，而把"通感词"归入词汇层面。下面将从以下三个方面对通感在词汇层面的体现加以述评。

1. 词义引申

於宁（1989，1992）介绍了国外 Joseph Williams 对英语感觉类形容词通感引申规律的研究成果，并运用汉语语料印证了通感中的词义引申规律，得出了汉语虽然总体上符合该迁移规律，但是也拥有自己的特点这一结论。赵艳芳（2001）在讨论认知与语言的生理和物质基础时，专门针对通感进行了分析。她认为通感不仅是一种生理和心理现象，更是一种被称为通感隐喻的语言现象。她在前人对通感引起的语义演变的研究基础之上，从对英汉语料的分析中发现空间感知和色觉应从其他视觉中分离出来，并得出了感知域之间的通感引申关系。最终得出结论："低级的感知可以投射到高级的感知，因而低级感知域中的词语可以修饰高级感知域中的词语。"[①] 通感在人类语言发展中的主要作用就是语义的扩展、构词及句法构造。徐莲（2004）在分析通感的生理、心理基础上，从语言学的角度用汉语再次验证了通感式词义引申规律的可靠性并对其进行了扩展。王锁（1997）以"闻"的历时演变为

---

① 赵艳芳.认知语言学概论［M］.上海：上海外语教育出版社，2001：45.

例，指出应该把"通感生义"归入词义发展的几种方式中的修辞影响中的一类。同时指出"通感生义"的范围一般局限在几个表心理感觉的语义场。

通感在感觉类词语词义引申的过程中起着十分重要的作用，王宁先生把"通感的引申"归入古代书面汉语词义引申三种类型之一的"状所的引申"。研究通感式复合词的语义引申规律，要先从组成复合词的语素入手，看语素是以哪一个具体意义进入复合词的，在进入复合词时是否发生了通感引申。如果发生了通感引申，那么通感引申的规律是什么；如果没有发生通感引申，而是发生了抽象引申，那么抽象引申又可以分为哪几类。对通感式复合词的研究一定离不开通感引起的词义变化。

2.通感词

李国南（1996，2002）是较早研究通感词的人类生理共性和民族文化差异的学者，但是由于作者并没有严格界定通感词和通感式复合词，导致在他的论述中经常夹杂了两种概念。通感词是感觉类词语由于受到通感的影响而引起的词义变化，所以成为通感词的前提必须是感觉类词语，而且只有发生了通感引申的感觉类词语才是通感词。而通感式复合词是词汇层面的问题，即由来自两个不同感觉域的语素组成的复合词，确定通感式复合词的关键是语素本义的确定。

侯博（2008）在研究汉语感官动词的语义语法学基础之上，基于统计对汉语通感问题进行了分析。他在语言层面把通感分为通感句和通感词，他认为："词汇通感就是通感词，以词为基本单位，包括熟语和复合词。"[①]他从语形长度、产生的时间、语用群体、语体和语义稳定性等五个方面对通感句和通感词进行了区分，并借用"始源域/目标域"和"本体/喻体/喻底"两套术语说明通感词语义迁移的方向。从侯博的论述中我们可以看出他所研究的对象其实是我们所界定的通感式复合词，只是名称不同而已，但是当我们考察他附录中所列的578个词时却发现了问题，他除了收录双音节词、三音节词和四音节词外，还收录了单音节词，如"（声音）细"。"细"作为一个本

---

① 侯博.汉语感官词的语义语法学研究［D］.硕士学位论文，南京师范大学，2008：100.

义表示空间类的形容词，当它用来表示声音时，其实是发生了从空间觉到听觉的通感引申，这样的词和由来自两个不同感觉域的语素组成的复合词性质完全不同。基于此，我们有理由认为侯博并没有从根本上区分通感词和通感式复合词。

傅惠钧（2022）认为通感词是以通感方式形成的词，主要包括通感生义和结构异配两种通感模式。通感词的实质可以从通感修辞、通感范围、通感义位、语义特征、历史层次和原型范畴六个方面进行讨论和判定。通感词的类型可以从音节构成和感觉挪移两个角度进行分类。虽然傅惠钧的研究相较于前人的研究来说较为全面，可是依然没有完全区分通感词和通感式复合词，只是将通感式复合词作为一种下位类型归入通感词的范畴。

3. 通感式复合词

通感在词汇层面的另一个主要体现是通感造词，通感造词的结果是形成通感式复合词。我们之所以不用通感造词这一术语，主要基于以下两点考虑。

第一，造词是一个过程，即研究语素和语素之间是如何组合成词的；另外，造词问题多涉及词的理据问题。我们的研究重点在于分析通感式复合词中语素的语义变化，即语素从本义到进入复合词发生了哪种引申关系。语素与语素组成复合词后，复合词的语义又会发生哪些变化。我们主要是对通感式复合词语义静态的描写和分析，在此基础上，运用动态的语料分析复合词语义的变化。

第二，修辞造词作为与语音造词、语素合成造词、语法类推造词并列的四种造词方式之一，具有极大的能产性和创造性。学界对通感的辞格地位尚存争议，如果说通感不是一种辞格的话，就不存在通感造词一说。我们认为通感是一种非典型的辞格，它为其他辞格的产生提供了心理基础，由通感造词所形成的通感式复合词的数量极为有限。因此，我们没有使用通感造词这一术语，而使用了"通感造词"的结果，即通感式复合词。

语言学界研究通感式复合词的学者不多，主要有以下四位。袁晖（1980）举例性地指出了现代汉语词汇层面有运用"通感"这种修辞手法的词语。并说明大致有两种结构方式，分别是并列式和偏正式。邱明会

（2007）对"通感词"进行了界定，并指明了其特点和构成的客观依据。文章指出"通感词是由表示两种感官的词因感觉效应相同而组成的合成词"。吴士田（2007）从通感构词的分布、分类、构成类型、通感构词丰富性的特殊机制、构词特点、构词规律六个方面对通感构词进行了全面的概括。李兰（2010）从通感式合成词的特征和构词方式两个方面分析了该类词语。她认为这类词的特征主要包括"形象性、丰富性和比喻性"。在分析这类词语的构成方式时，她只是从构成合成词语素的功能来分析，主要包括"形＋形""形＋名或名＋形""形＋动或动＋形"和"动＋名"四类。

我们认为各位学者在研究通感式复合词时都存在或多或少的问题。袁晖（1980）并没有提出通感式复合词这一概念，只是描述了这样一种语言现象。他不仅发现了通感在词汇层面的一种体现——通感式复合词，同时也发现了通感在词汇层面的另一种体现——通感生义，但是他只说明二者是有联系的，并没有具体说明二者的区别。从邱明会（2007）对通感词的界定中，可以看出作者所谓的"通感词"就是我们所要研究的通感式复合词，名异而实同。但是作者的措辞不够严谨，合成词的内部是不会再有词的，否则就是词组，因此应该把"词"改为语素。吴士田（2007）文中所谓的"通感构词"所构成的词就是我们要研究的通感式复合词，用"通感构词"来称说，似不够严谨。因为通感作为一种修辞方式，由它参与形成词语的过程应该称为通感造词，由通感造词所形成的复合词是通感式复合词。作者认为"通感构词"这种现象在古代汉语、现代汉语和汉语方言中都有体现，但是这三个层面之间是有交融关系的，比如说古代汉语中的通感式复合词可能会继续保留在现代汉语或方言中，也可能会消失。李兰（2010）对通感式复合词构成方式的概括虽然很全面，但是因为没有涉及语义问题，所以研究还有待深入。

二、国外研究现状

因为汉语构词的独特性，汉语中的通感式复合词一般与印欧语系中的词组相对应，所以国外没有专门针对通感式复合词的研究。国外对通感的研究多集中在不同语言感觉类形容词的通感隐喻模式上。

Stephen Ullmann（1964）认为通感隐喻是词语从一个感官转移到另一个感官的现象，这一现象在很多语言中都存在，具有类型学意义。他进一步的研究表明通感隐喻活动不是任意的，而是遵循基本的规律。通过整理19世纪法国、英国和美国的诗歌，他发现了源域和目标域之间的规律。（1）通感迁移往往是从低级感官到高级感官，从低差异化的感觉到高差异化的感觉，而且没有反例；（2）触觉是最大的单一源域；（3）听觉是最大的单一接受域。这种等级规则在心理实验中也得到证实，这种语言现象从文学语言向普通语言扩展，但是也有特例。Stephen Ullmann通过调查诗歌中的大量通感现象所得出的结论，一直被中外语言学界所引用。但是我们需要明确的一点是乌尔曼对通感规律的总结是基于篇章中的通感，而通感句和通感词中的通感是否符合这一规律，还有待于对语言事实的调查。

Joseph Williams（1980）认为由隐喻引起的词义变化是有普遍规则和倾向的。表达感官经验的词可以分为以下五个基本范畴，分别是：触觉、味觉、空间觉、色觉和听觉（把视觉分为空间觉和色觉，嗅觉归入味觉）。英语感觉词语跨范畴迁移的规律见图1-1。

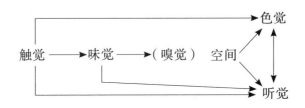

图1-1 英语感觉词语跨范畴迁移规律图

虽然Joseph Williams通过调查感觉类词语跨范畴迁移所得出的规律与乌尔曼的研究有相似之处，但是二者不具有可比性。因为篇章中的通感往往是诗人的有感而发，诗人在创作时可以让各种感觉相通。感觉类词语的通感迁移更多的是在词汇层面上，通感词是否修饰某一特定感觉域往往是社会约定俗成的结果，主观的成分较少。

Sean Day（1996）研究的文本数据主要来自英文印刷文本和电子文本，后者主要包括世界图书馆最大的藏书和光盘、牛津文本档案和古腾堡项目。

时间跨度从 1387 年乔叟的坎特伯雷故事书到目前流行的小说。他认为英语通感引申遵循如下规律：触觉→味觉→温觉→嗅觉→视觉→听觉。除了从大量数据中分析出英语的通感引申规律，作者还从德语文献中分析出了德语的通感引申规律：触觉→味觉→温觉→视觉→嗅觉→听觉。在两种语言的对比中，作者发现通感隐喻的意义并不是简单的、与生俱来的存在，而是在语义发展的过程中受时间、文化等因素的影响而产生的。

Sean Day 的研究与乌尔曼一样，都是以文学作品中的通感句为语料得出的相关结论，虽然这与我们研究的通感式复合词不同，但是其方法和思想却值得我们借鉴。另外，Sean Day 也指出通感引申的状况会因语言和文化的不同而发生变化。西方的研究多以印欧语系诸语言为研究对象，我们从汉语本体研究出发，考察现代汉语通感式复合词的通感引申规律，无疑也为通感研究提供了类型学的材料。我们在借鉴西方现有研究成果的同时不能盲从，而应该明确语言和文化的差异在通感研究中的作用，从现有语料中分析出符合汉语特点的通感引申规律。

三、研究中存在的问题

虽然对现代汉语通感式复合词的研究已经取得了一定的成果，但是研究中还存在一些问题。

第一，通感式复合词的概念有待厘清。前人往往把由"通感生义"形成的通感词和由通感造词形成的通感式复合词这两个概念相混淆。因为对通感式复合词的来源和界定不明，所以把通感修辞在词汇层面的两种表现形式合二为一，混淆概念。甚至用通感构词或通感词统一称说这两种概念。

第二，研究多为零散的、列举性的，系统的研究较少。对一类词的研究不仅要有定性的分析，更要有定量的统计。必须在明确通感式复合词概念的前提下，提取出现代汉语层面所有的通感式复合词，运用单、双因素方差分析统计法，探寻通感式复合词的语义引申规律。

第三，研究多集中在结构或分类问题上，语义方面的研究成果较少。现代汉语通感式复合词是通感在语言词汇层面的一种体现，对一类词的研究一般都要从形式入手，即分析词语的结构等问题，但是语义研究才是词汇研究的关键。特别是对通感式复合词来说，构成复合词的语素在入词时一般都会发生通感引申或抽象引申，因此有必要对该类词的语义进行细致的研究。语言是形式和意义的结合体，二者是一枚硬币的两面，不可分割。在研究结构问题的基础上，需要加强对语义的描写和分析，从而探求形式和意义之间的内在联系。

第四，对汉语通感引申规律的研究往往在西方研究范式下进行，亟须从汉语实际出发的务实性探讨。自从认知语言学把通感作为一种隐喻现象加以研究之后，国内外的很多研究都着眼于探讨感觉类词语的通感引申规律，不管是从文献中寻找通感句，还是从词典中找出通感词，很多研究似乎都有了共同的结论，即通感引申的规律是从低级感官到高级感官，从可及性强的到可及性弱的。可是汉语实际告诉我们，眼、耳、鼻、舌、身等感官之间本不存在等级优劣之分，它们作为人体感觉系统的一部分都在为我们认识这个世界发挥作用。在研究任何问题时，都不能先入为主，或受制于某一个理论，必须从汉语实际出发，在科学、严谨地分析数据的基础上，得到真实的语言规律。当然，任何事情都是辩证的统一，不盲目照搬西方理论，并不意味着不能借鉴西方理论。因此，把握好其中的"度"才是研究的关键。

第二节　选题的缘由与意义

一、选题缘由

本书旨在通过研究通感式复合词在语言层面和言语层面的语义引申情况，分析通感引申和抽象引申的规律和引申机制。通感式复合词与其内部语素的关系极为密切，因此，从其内部语素义入手，分析语义的引申关系及语素义与复合词词义的关系是研究的基础。选择通感式复合词作为研究对象的原因如下。

（1）前人对复合词的研究多从复合词的内部结构、语义，以及语素与复合词的关系等方面进行研究。较少有人从修辞与词汇的接口入手，分析通感式复合词。即便偶有涉及，对通感式复合词的界定也不够清晰。

（2）通感式复合词作为汉语修辞造词的产物，与比喻造词、比拟造词、移就造词等修辞造词有很大不同，这主要是由通感的特点决定的。只有厘清通感的辞格地位、定义、性质、分类等问题，才能更好地对通感式复合词进行界定。以通感式复合词作为本研究的切入点，不仅可以对该类词的系统性进行分析和总结，同时还可以巩固通感在修辞层面的地位。

（3）通感式复合词的内部语素来自两个不同的感觉域。因其组合的特殊性，该类复合词必然与其内部语素之间有着千丝万缕的联系。在研究的过程中，首先分析语素的语义引申关系，其次看语素以哪一个具体意义进入复合词，最后看复合词的语义变化和语义引申规律，而这一切都离不开其中的感觉类语素。感觉是人对外界刺激的一种直接反应，与人的思维联系密切。研究通感式复合词有利于将语言学研究和心理学研究相结合，拓宽研究思路。

二、选题意义

（一）理论意义

前人在分析通感式复合词时，往往因没有明确的界定和提取标准，导致所分析的词处于不同的层面，或将本不属于通感式复合词的词收录进来。本书立足于现代汉语共时层面，在明确界定通感式复合词的基础上，严格按照形式标准和语义标准提取出现代汉语层面的通感式复合词。在此基础上，从分析通感式复合词的语素本义入手，探讨语素的语义引申关系，以及复合词词义和语素义的关系。接下来，分别从语言层面和言语层面对通感式复合词的语义引申关系进行分析，并总结出通感式复合词的语义引申规律。这些都与以往的研究有很大不同，可以说能够在一定程度上弥补前人研究的不足。

（二）实践意义

第一，通感作为一种修辞方式，有其产生的生理和心理基础。通感在语言词汇层面的体现主要有两种方式，一种是引起词义的变化，即产生通感词；另一种是利用通感这种修辞方式造词，即从不同感觉域中选取典型的语素组成通感式复合词。选取典型的通感式复合词作为研究对象，通过对该类词语义系统的描写，有助于人们客观地认识其系统性。

第二，通感式复合词是汉语复合词下辖的一个语义小类，对通感式复合词的描写和解释可以为复合词其他语义小类的研究提供借鉴。同时，通感式复合词作为汉语通感隐喻造词下辖的小类，对它的系统性研究也可以为汉语修辞造词的研究提供理论和方法上的借鉴。本书沟通了汉语造词法和构词法两个领域，使得二者的研究不再泾渭分明，而能够在语义这个桥梁的沟通下融合和发展。

第三，在对汉语通感式复合词语义系统描写的过程中，可以发现复合词及其中语素的语义引申规律。通过对语料的调查，发现该类词及其内部语素义位产生的先后，这些对于大型辞书的编纂都有借鉴性意义。

第四，有利于汉语国际推广。目前许多有关对外汉语词汇教学的教材中都会涉及通感造词的问题，而处理该类复合词通行的办法一般都是举例性质的，并没有对这类词进行明确的界定。也正是因为没有明确的界定，才会导致许多教材中罗列的例词有明显的错误，外国留学生在学习时也必然会一头雾水。对汉语通感式复合词语义系统的描写及分析可以为汉语国际教育提供良好的理论支持，外国留学生如果能在学习汉语通感式复合词时掌握其系统性，一定能达到事半功倍的效果。

第三节　研究理论与方法

一、本研究采用的理论

（一）认知语言学相关理论

本书在描写和分析通感式复合词的语义时，主要运用认知语言学的相关理论进行界定和解释。

1. 范畴理论

范畴是人类对客观世界的分类，是人类认识世界的手段之一，是认知语言学中的重要概念。对范畴理论的研究首先可以追溯到亚里士多德提出的经典范畴，维特根斯坦提出的原型范畴则是对经典范畴的挑战。经典范畴强调范畴成员特征的二元对立，范畴边界清晰，成员之间地位平等，一般多用于对数学、物理学等的分类。原型范畴的应用则较为广泛，不仅适用于对客观事物的分类，也适用于语言学领域。因此，这里所说的范畴是指原型范畴。原型范畴中的成员具有家族相似性，典型成员具有该范畴较多的属性，非典型成员则具有该范畴较少的属性。原型范畴的边界模糊，在两个范畴边界的成员往往具有两个范畴的属性。

如果说原型范畴理论是对范畴理论横向剖析的话，那么基本层次范畴理论则是对范畴纵向分类的结果。范畴的层次性指的是范畴是有层级的，一般包括基本层次范畴、上义层次范畴和下义层次范畴。其中基本层次范畴与原型范畴具有共生关系，是语言中最具有完形，最易分辨的范畴。上义层次范畴和下义层次范畴相对于基本层次范畴来说是寄生范畴，上义层次范畴是对基本层次范畴的概括化，下义层次范畴是对基本层次范畴的具体化。

根据范畴理论的原型性和层级性，能够更加方便快捷地提取出代表各感觉域的典型语素。在此基础上，运用词典调查法组成通感式复合词。李泉（2014）运用大量例句证明了汉语单音形容词的原型性，宋飞（2015）运用相对词频定位法提取出了汉语性质状态类基层词。基于此，我们把汉语单音感觉类形容词作为五种感觉域的原型，单音感觉类形容词降级为语素构成的通感式复合词，构成了本书的研究对象。

2. 概念隐喻理论

乔治·莱考夫和马克·约翰逊在《我们赖以生存的隐喻》中指出："我们认为人类的思维过程在很大程度上是隐喻性的。我们所说的人类的概念系统是通过隐喻来构成和界定的，就是这个意思。隐喻能以语言形式表达出来，正是由于人的概念系统中存在隐喻。"[①] 常规隐喻包括方位隐喻、本体隐喻和结构隐喻。"隐喻不仅仅是语言的问题，它也是概念结构的问题。而概念结构不只是理解力问题，它还涉及我们经验的所有自然维度，包括我们感官体验的各个方面，如颜色、形状、质地、声音等。这些维度不仅将世俗经验结构化，也将审美经验结构化。"[②]

认知语言学家认为，比喻性语言与非比喻性语言无甚差别，日常语言中充满了隐喻，完全不带隐喻的句子只占极少数。隐喻是从一个概念域向另一个概念域的结构映射，隐喻的认知基础是意象图式，意象图式来源于日常生活的基本经验，在概念域的映射中起着重要作用。沈家煊（2009）也指出隐喻是用一个概念来说明另一样相似的概念，源概念要具体，或者说隐喻是两个相似概念之间的"投射"，投射是一种突变。

大多数通感式复合词的词义都属于特定感觉域，在词义演变的过程中，会发生两种变化：一种是逐渐从表感觉的本义向抽象语义域投射，进而表达抽象概念，这种词义引申过程的内在机制也就是我们常说的概念隐喻；另一种是从某一具体感觉域向另一具体感觉域迁移，这一过程是非典型的隐喻，

---

① [美] 乔治·莱考夫，马克·约翰逊. 我们赖以生存的隐喻 [M]. 何文忠，译. 杭州：浙江大学出版社，2015：3.

② [美] 乔治·莱考夫，马克·约翰逊. 我们赖以生存的隐喻 [M]. 何文忠，译. 杭州：浙江大学出版社，2015：205.

我们称为通感隐喻。

通感隐喻作为一种非典型的隐喻，是从某一具体感觉域向另一具体感觉域的投射。这种投射关系是否有规律可循？投射的方向是单向的还是可逆的？通感式复合词的词义与其中的语素义关系极为密切，如果语素在入词时发生了通感隐喻或概念隐喻，那么整个复合词在语义演变的过程中是否会发生同样的变化？这些都是我们在分析通感式复合词的语义问题时需要解决的问题。

3. 概念转喻理论

前人大多较重视概念隐喻的研究，而对概念转喻理论不够重视。一般情况下，认知语言学家认为概念转喻是同一认知域内源域向目标域的投射，投射的基础是两个概念域的相关性。转喻一般分为两大类：一类是整体与其部分之间的转喻，另一类是整体中不同部分之间的转喻。① 通感式复合词大多为形容词，在语义引申的过程中常会转化为名词或动词，即发生范畴或行为与其特征之间的转喻。这属于概念转喻中整体与其部分之间的转喻。

（二）词汇语义学相关理论

1. 语义场理论

德国语言学家伊普生 1924 年提出了"语义场"这一名称；特里尔在 1934 年进一步确立发展了语义场理论模式。这在理论上、方法上，都是对传统语义学的重大突破，也使得传统语义学面对的开放性的、分散性的词汇语义单位变成了封闭性的、系统性的词汇语义板块。②

语义场理论的提出使得过去分散的、个体的词汇语义研究变得更具系统性。汉语通感式复合词的内部语素均来自不同感觉域，我们可以根据其内部语素所属感觉域的不同给复合词分类，也可以根据复合词的语义指向进行分类，分类的基础都是语义问题。也就是说，可以把语素或复合词所属的感觉域设定为语义场，然后根据语义场的不同给语素和复合词分类，在分类的基

---

① 吴为善. 认知语言学与汉语研究 [M]. 上海：复旦大学出版社，2011：154.
② 张志毅，张庆云. 词汇语义学（第三版）[M]. 北京：商务印书馆，2012：3.

础上考察语素和复合词的语义引申情况。

这里有一点需要注意的是，一般情况下，同一语义场内部的成员之间往往互相组合或发生各种各样的关系，而通感的特点决定了通感式复合词必然要打破语义场的界限，不是同一语义场内部的语素互相组合，而是让语素在五种语义场之间进行组合。来自不同语义场的语素组成的通感式复合词在语言层面属于特定的语义场，在语言的使用中也会与其他语义场的词语相组配，这可以理解为是一种语义的迁移或超常规组合。

2.语义域理论

语义域是在"义域"基础上扩展充实的产物。张志毅、张庆云（2012）认为义域是义位的意义范围和使用范围。义域多在词典学中使用，所指范围较窄。认知域多在认知语言学中使用，相对来说较为主观。语义域是在对义域和认知域两种理论借鉴和吸收的基础上，对某一类词意义范围和使用范围的概括总结。现代汉语通感式复合词从词性上来说多为形容词，形容词的主要特性之一是其附属性。通过与通感式复合词搭配的名词所属语义域的变化，分析通感式复合词语义的引申情况，可以说既符合通感式复合词的特点，又体现语义域理论的重要性。

二、本研究采用的方法

（一）定性与定量相结合

本书的定性研究主要是指通过对通感式复合词在语言层面和言语层面的语义描写，分析出其通感引申规律和抽象引申规律。定量研究指的是从大量语料中分析出通感式复合词发生通感引申和抽象引申的具体数据，并运用单、双因素方差分析统计法，分析出通感引申中源域和目标域对通感机制影响程度的差异，以及源域中五种具体感觉在通感引申过程中的序列。语言研究作为一门科学，必须从大量的语言现象中发现和总结出语言规律，只有把定性研究与定量研究相结合的研究方法才能得到真实可靠的结论。

（二）描写和解释相结合

本书以描写为主，在全面描写通感式复合词的语素义引申关系、语素和复合词的语义关系、复合词在语言层面和言语层面的语义引申情况以及语义引申规律的基础上，运用认知语言学的隐喻、转喻理论解释通感式复合词语义引申的机制。

第四节　研究思路与语料来源

一、研究思路

在厘清通感式复合词概念的基础上，对其语义进行系统的研究。复合词是由语素构成的，通感式复合词的语素分别来自两个不同的感觉域，该类复合词的特点决定了在研究复合词之前必须首先确定语素本义和语素义的引申关系。在此基础上，再分析语素义和复合词词义的关系，以及复合词的语义引申规律。我们试图从词汇语义学的角度对现代汉语通感式复合词在语言层面和言语层面的语义系统进行细致的描写和分析，并利用认知语言学相关理论对该类复合词的语义引申规律进行解释。具体研究思路如下。

第一，在前人研究的基础上，对现代汉语通感式复合词进行界定。在明确概念的前提下，运用原型范畴理论和基本层次范畴理论，选取五种感觉域中的典型感觉类形语素，然后运用词典调查法，提取出现代汉语层面的通感式复合词。接下来用形式标准和意义标准对提取出的通感式复合词进行鉴定，最终确定现代汉语层面的114个通感式复合词作为研究对象。

第二，因为通感式复合词与其内部语素关系极为密切，所以我们从五种感觉域的内部语素入手，考察分析语素本义的确定和语素义的引申关系。在此基础上，分析复合词词义与语素义的关系。

第三，通感式复合词在语言层面和言语层面各有其不同的语义表现，因此，我们分别考察通感式复合词在语言层面的内部语义构成和在言语层面通过与语义域的搭配而体现出来的语义变化。

第四，通过对通感式复合词在语言层面和言语层面语义系统的描写，分析出通感式复合词的语义引申规律，并运用认知语言学相关理论对其语义引申的机制进行阐释。

二、语料来源

语料来源主要是《同义词词林》（1983）、《形容词分类词典》（1993）、《现代汉语分类大词典》（2007）、《现代汉语分类词典》（2013）、《现代汉语词典》（第6版）（2012）、《辞源》（修订本）（1983）、《说文解字》（2001）、《倒序现代汉语词典》（1987）、《汉字形义分析字典》（1999）、《汉语大字典》（1986）和《汉语大词典》（1986）等。电子语料主要包括：北京大学中国语言学研究中心现代汉语语料库、华中师范大学当代小说语料库等。

第二章
通感式复合词的提取

对通感式复合词的提取是本研究的基础和关键，本书主要运用认知语言学的范畴理论对现代汉语层面的通感式复合词进行提取。在提取和鉴定的过程中，主要依据形式标准和意义标准，力求做到提取结果不重复，无遗漏。

第一节　通感的界定

通感作为一种修辞学术语，与通感式复合词的关系极为密切，必须明确通感的生理、心理基础，及其在语言学中的地位，才能更好地界定和提取通感式复合词。

一、生理学中的通感

感觉是人脑对外界刺激的直接反映，人体全身各部存在着大量的感受器，这些感受器的功能就是接受机体内、外环境的不同刺激，将其转变为神经冲动或神经兴奋，由感觉神经传入中枢，经中枢整合后产生感觉。[①]感受器的

---

① 柏树令主编．系统解剖学（第7版）［M］．北京：人民卫生出版社，2008：259.

种类繁多，根据感受器所在的部位和接受刺激的来源，可分为外感受器、内感受器和本体感受器；根据其特化程度可分为一般感受器和特殊感受器。由此可见，产生人体视、听、肤、味、嗅等基本感觉的感受器因其功能和结构的不同可归入不同的类别。如根据感受器所在的部位和接受刺激的来源来看，产生视觉、肤觉和听觉的感受器是外感受器；产生味觉和嗅觉的感受器是内感受器。根据感受器的特化程度来看，产生肤觉的感受器是一般感受器；产生视觉、听觉、味觉和嗅觉的感受器是特殊感受器。

生理学研究表明，在正常状况下，一种感受器只对某一特异的刺激敏感，高等动物感受器的高度特化是在长期进化过程中逐渐演化而来的，也是随着实践不断完善的。人类感觉的产生和分化是进化的产物和对外界刺激的能动反应，低等动物的感受器对外界刺激的反应是含混的，不像人类的感觉分工如此明确。当人类通过人体的各种感受器把对外界的刺激传递给大脑时，中枢神经会对各种感觉进行加工和分类整理，正是基于大脑的生理结构，才有了通感产生的生理基础。

生理解剖研究发现："大脑半球背外侧面的皮层从前向后分为四个叶：额叶、顶叶、枕叶和颞叶"[1]，"位于顶枕裂前方，中央沟后方的皮层为顶叶，其中紧靠中央沟并与中央沟平行的回叫中央后回。中央后回是接受全身躯体感觉信息的感觉区，所以顶叶负责躯体的各种感觉。位于顶枕裂与枕前切迹连线的后方皮层为枕叶，是视觉中枢。位于外侧裂下部的皮层为颞叶，与听觉关系密切。此外，在大脑外侧裂的深部皮层为岛叶，与味觉有关"[2]，"在大脑皮层中有两个联络皮层区：一个位于顶、枕、颞叶的结合点上，它是躯体感觉、视觉、听觉感觉的重叠区，对外来的信息进行加工，综合为更高级的多感觉性的知觉，并加以储存；另一个联络区位于额叶前部，它同皮层所有部分发生联系，综合所有信息做出行动规划，通过对运动皮层进行调节与控制完成复杂活动"[3]。虽然一种感受器只接受特定的感觉，特定的感觉也只会沿

① 沈政，林庶芝编著. 生理心理学（第三版）[M]. 北京：北京大学出版社，2014：33.

② 沈政，林庶芝编著. 生理心理学（第三版）[M]. 北京：北京大学出版社，2014：34.

③ 沈政，林庶芝编著. 生理心理学（第三版）[M]. 北京：北京大学出版社，2014：36.

着特定的传输通道进行传输，但是在传输的终端——大脑皮层这一位置，各种感觉汇聚在此，由脑对其进行综合和整理，并上升为人们对客观事物整体属性的反应——知觉。也就是说，人体的各种感觉在大脑中都有具体的反应区域，感觉之间的互通其实是大脑中两个相应的主管区域在脑作用下的沟通。人体的感受器感受到特定的感觉刺激后，沿着各感觉通道将各感觉传送到脑，经过脑的加工整理后，各感觉形成知觉。正是人类的生理构造为通感这一语言现象提供了生理学上的支持，即人类语言交际中的通感现象具有统一的生理学基础。这也从人类的共同生理功能上解释了通感现象所具有的类型学意义，即世界各国的语言中都存在通感现象。

二、心理学中的通感

（一）心理学对感觉的分类

人对客观世界的认识常常是从认识事物的一些简单属性开始的，也可以说是从感觉开始的，感觉是人脑对事物个别属性的认识。感觉虽然很简单，但在人的生活和工作中有重要的意义。感觉提供了内外环境的信息；感觉保证了机体与环境的信息平衡。[①]

根据刺激物的性质以及它所作用的感官的性质，可以将感觉分为外部感觉和内部感觉。外部感觉接受外部世界的刺激，如视觉、听觉、嗅觉、味觉、肤觉等。其中视觉、听觉、嗅觉接受远距离的刺激，又叫距离感觉。内部感觉接受机体内部的刺激，如运动觉、平衡觉、内脏感觉等。[②]按照感觉的重要性一般分为视觉、听觉和其他感觉。按照神经系统的感觉功能给感觉分类，可细分为视、听、嗅、味、触、温、痛、动、位置和平衡等10个感觉系统。视、听感觉系统的共同特点在于可对一定距离的事物产生感觉，统称

---

① 彭聃龄主编.普通心理学（修订版）［M］.北京：北京师范大学出版社，2007：78.以下心理学方面的术语如无特别说明，均出自本书。

② 彭聃龄主编.普通心理学（修订版）［M］.北京：北京师范大学出版社，2007：80.

为距离感觉系统；嗅、味感觉系统均对物质的分子及其化学性质发生反应，统称为化学感觉系统；其他感觉系统，统称躯体感觉系统。[①]

视觉是人类最重要的一种感觉。它主要由光刺激作用于人眼所产生。在人类获得的外界信息中，80% 来自视觉。视觉的基本现象主要有明度、颜色、视觉中的空间因素和时间因素等。人的感觉除视觉外，另一种最重要的感觉就是听觉。听觉在动物和人的适应行为中有重要的作用。声波是听觉的适宜刺激，它是由物体振动产生的。声波通过空气传递给人耳，利用人耳的传导机制和大脑的中枢机制，产生听觉。听觉的基本特性有：音调、音响和音色。其他感觉包括皮肤感觉、嗅觉和味觉，还有内部感觉。刺激作用于皮肤引起的各种各样的感觉，叫肤觉。肤觉的基本形态有四种：触觉、冷觉、温觉和痛觉。嗅觉是由有气味的气体物质引起的。这种物质作用于鼻腔上部黏膜中的嗅细胞，产生神经兴奋，经嗅束传至嗅觉的皮层部位，因而产生嗅觉。味觉的适宜刺激是溶于水的化学物质。味觉的感受器是分布在舌面的各种乳突内的味蕾。人的味觉有甜、苦、酸、咸四种，负责它们的味蕾在舌面的分布是不一样的。舌尖对甜味最敏感，舌中、舌两侧和舌后分别对咸、酸和苦最敏感。内部感觉是指反应机体内部状态和内部变化的感觉，包括动觉、平衡觉和内脏感觉。

心理学对感觉的分类较细，在研究通感式复合词时，首先要对互相沟通的感觉有一个界定，这里所说的感觉一般指的是外部感觉，即视、听、肤、味、嗅五种感觉。这五种感觉都是外界刺激通过感觉器官作用于人脑而产生的直接反应，也是认知主体最容易感受到的直接反应。

（二）心理学中的通感症

心理学中的通感也叫联觉，指的是由一种感官刺激引起另一种感官反应的知觉心理过程。其中引发联觉的刺激被称作诱发刺激，由诱发刺激引起的感觉反应叫伴随体验。联觉的特征主要有：特殊性、家族遗传性、性别差

---

① 沈政，林庶芝编著．生理心理学（第三版）[M]．北京：北京大学出版社，2014：59．

异、持久稳定性和异质性。①刘思耘（2012）在前人研究的基础上，分析了强联觉的认知加工模型。文章指出联觉分为强联觉和弱联觉两种，心理学中的联觉是强联觉，语言学中的联觉是弱联觉。强联觉的类型有很多，其中与颜色有关的联觉类型是最多的。

心理学中研究的通感是一种病态的表现，即通感症。通感症是一种罕见的精神类疾病，在患者的感觉系统中各感官可以相通，声音会有味道、不同的颜色会引起不同的触觉，患者活在一种感觉错乱的状态下。心理学中研究的通感与我们在文学作品中欣赏到的通感修辞和语言交际中使用的通感词、通感式复合词截然不同，但是却可以通过这一典型病症来理解通感现象的心理基础，即以相似性联想为心理基础的感觉互通。

三、语言学中的通感

（一）修辞学中的通感

语言是人类最重要的思维工具和交际工具，一般情况下，人们不一定了解通感现象产生的生理基础和心理基础，却在语言交际中经常使用通感词。如"她长得很甜""她的声音很甜"，就是用表示味觉的"甜"来分别表示视觉和听觉。也会在欣赏文学作品时认识到通感修辞，如"红杏枝头春意闹"，一个"闹"字就把普通的视觉体验深入到听觉和动觉。通感作为一种修辞手法，在语言的语音、语义、语法和词汇层面都有体现。我们主要从修辞学层面对通感的性质、定义、分类等问题做出界定。唯其如此，才能为通感式复合词的研究打下基础。

1.通感的性质

关于通感是否是辞格的问题在语言学界争论已久，我们赞同王希杰先生的观点，认为通感不是一种典型的辞格，只是其他修辞的心理基础。语言中的通感现象总是与比喻、拟人、借代、夸张等辞格同时出现，可见通感并不是一种典型的辞格。如果把修辞当作一个范畴的话，那么比喻、拟人等修辞手法因其所占有的修辞属性较多而成为典型的辞格，通感属于该范畴的边缘成员，总是与其他辞格相伴相生，所具有的修辞属性较少，因此不是一种典型的辞格。

通感作为辞格的非典型性，还可以从修辞在词汇层面的体现来证明。一般来说，修辞在词汇层面的体现主要是修辞使词产生新义和修辞造词。在现代汉语层面，比喻、比拟、移就等辞格在词汇层面的体现之一——修辞造词极具能产性，特别是在新词新语的产生过程中起到了非常重要的作用。而"通感造词"产生的通感式复合词数量极为有限，这主要是由通感的特点决定的。通感在文学语言中的使用往往是通过作家的联想将两种不同感觉用相似点联系起来。如"微风过处，送来缕缕清香，仿佛远处高楼上渺茫的歌声似的"，在这里作者把嗅觉体验"清香"和听觉体验"歌声"相联系，联系的纽带就是二者的相似点"轻微、渺茫"。这种修辞手法在篇章和句子中的使用往往需要作者发挥极大的联想和想象力，然而在语言的词汇层面却不会产生"香歌"这样的词。词汇的产生有"音义相生、语素合成、语法类推和修辞转化"①等方式，同时也有社会的约定俗成等因素。通感的特点使得来自两个不同感觉域的语素组合在一起就实现了"通感造词"，而"通感造词"所产生的组合是否能够被接受和认可，还要接受使用者的检验。经检验，大量"通感造词"所产生的组合不是词。从通感在词汇层面的体现可以反推通感不是典型的辞格，因此我们尽量不使用"通感造词"这一术语，即便有时因上下文照应偶有涉及，其性质也与比喻造词等造词方式有本质不同。

2. 通感的定义

通感指的是五种感觉基于相似性而产生的互通。这种修辞现象不仅体现在汉语的篇章和句子层面，也体现在词汇和语义层面。通感从本质上来说，

---

① 李如龙. 汉语词汇衍生的方式及其流变［J］. 河北师范大学学报（哲学社会科学版），2002（5）：68.

是一种语义偏移现象，即本来应该在同一感觉域内互相组合的词或语素，因为通感而发生语义偏移，转向修饰或描写另一个感觉域。一个感觉域可以被理解为一个语义场，一般情况下，同一语义场内的词互相组合或修饰是一种常态，当发生通感时，就成为语义场之间的互相组合或修饰。这是一种语义偏移现象，也可以理解为一种超常规状态。

一般情况下，同一语义场（简称"同义场"）内部词语的组合能力要强于不同语义场（简称"异义场"）之间的组合。但是通过分析语素的本义，我们发现表面上看似同义场组合的两语素实际可能是异义场组合。例如，在"响亮"这个复合词中，语素"响"和"亮"之间的组合从表面上看是同义场组合，即"响"表示声音大，"亮"表示（声音）强；响亮。两语素均来自听觉域。可是从本义分析这两个语素发现，"响"的本义是"回声"，来自听觉域，"亮"的本义来自视觉域。"响亮"从内部语素的本义上看是通感式复合词，即来自听觉域的"响"和来自视觉域的"亮"的组合。语素"亮"从其本义所在的视觉域首先发生通感引申，表达听觉域的"声音大"，然后进入复合词"响亮"。由此可见，表面看似同义场组合的两个语素，如果从本义来看就是异义场组合，即组成了通感式复合词。

3. 通感的分类

通感是五种感觉之间基于相似性的互通，前人对通感的分类多从五种感觉之间的互通进行分类。如视觉和听觉的互通、味觉和嗅觉的互通等。除了五种感觉之间的互通，还有同一感觉内部不同层次之间的互通，即汪伯嗣（1998）提出的"同觉异类"的互通。心理学研究表明视觉是人类最重要的感觉。以形容词为例，一般情况下，视觉形容词包括空间类形容词、颜色类形容词、光线类形容词和形态类形容词等。Joseph Williams（1980）在考察英语感觉范畴迁移规律时，把视觉形容词分为空间觉和色觉。《形容词分类词典》把视觉分为颜色、光线、形态和空间四类。虽然它们都属于视觉类词语，但是在构词时却存在差异。比如色觉形容词一般不发生通感引申，空间类和形态类形容词则会发生通感引申。空间类形语素和光线类形语素常可用来修饰色觉类形语素，组成"同觉异类"的通感式复合词，如"大红、明黄"等。正是因为语言中存在这样的复合词和词组，所以除了五种感觉之间的互通，应该把"同觉异类"的互通算作通感的类型。

（二）认知语言学中的通感

自从 20 世纪 80 年代末认知语言学兴起之后，语言学界逐渐加强了对各种语言现象的认知分析和阐释，对通感的研究也不例外。通感是各感觉之间基于相似性的互通，大部分学者都认为通感是一种隐喻现象，也从各个角度运用不同语料对通感的隐喻本质加以阐释。杨波、张辉则指出："通感（跨感官）感知的脑神经基础使人们相应地使用和理解通感形容词，所以通感形容词各个感官义项与其所谓的字面义之间不是隐喻的关系，它们都是该词的字面义。"① 通感是隐喻吗？我们认为通感是一种非典型的隐喻。

认知语言学认为隐喻不仅仅是一种修辞手段，更是人们赖以生存的方式。隐喻是从一个概念域向另一个概念域基于相似性的结构映射。按照原型理论，典型的隐喻是从具体概念域向抽象概念域的投射。比如在"时间就是金钱"这个例子中，"时间"属于抽象概念域，人们不易理解，"金钱"属于具体概念域，日常生活中较常见，二者在"稀缺、珍贵"这一点上具有相似性，因此才把"时间"比作"金钱"，该隐喻实现了从具体概念域向抽象概念域的投射。语言中除了有从具体概念域向抽象概念域的投射，还存在从具体概念域向具体概念域的投射，这就是非典型的隐喻。通感是从一种感觉向另一种感觉的迁移即投射，两种感觉都是具体的，从一个具体概念域向另一个具体概念域的投射不是典型的隐喻，因此有些学者否认通感是一种隐喻，而通感实际上是一种非典型的隐喻。

认知语言学的相关研究也证实了从一个具体概念域向另一个具体概念域投射的隐喻方式的存在。不同的投射范围可以解释概念隐喻实现不同认知功能的原因：在具体源概念和具体目标概念之间的贫乏的投射主要是用来突出目标域中的单个方面；具体源概念与抽象目标概念之间的丰富的投射，主要

① 杨波，张辉.跨感官感知与通感形容词研究［J］.外语教学，2007（1）：16.

是用来为抽象目标概念提供有形的概念结构。[①] 由此可见，通感式隐喻属于隐喻中的贫投射，即具体概念域向具体目标域的投射，是非典型的隐喻。隐喻的投射一般是有方向的，前人对通感的研究证明通感的迁移也是有方向的，即"从低级感官到高级感官，从可及性强的到可及性弱的"[②]，这似乎从一个侧面证明了通感的隐喻性质。但是，我们认为产生通感的各感官之间本不存在高低等级之分，从对语料的调查也发现了感觉之间的互相迁移，如既有从视觉到肤觉的迁移，也有从肤觉到视觉的迁移。因此这种迁移并不是单向性、不可逆的，通感只能是非典型的隐喻。

第二节　通感式复合词的界定

一、通感式复合词的称说

前人对通感式复合词的研究不多，在现有的研究中主要存在以下称说。

（一）通感词

现有研究中用通感词代指通感式复合词的居多。李国南（2002）将由通感生义形成的通感词和由通感造词形成的通感式复合词放在一起研究。在举例说明通感词的民族文化差异时，既举了"甜、苦"等通感词的例子，也举了"音色、酸痛"等通感式复合词的例子。侯博（2008）对通感句和通感词做了统计分析，得出了汉语的通感迁移规律。他认为通感词就是词汇通感，以词为基本单位，包括熟语和复合词。虽然侯博并没有对通感词的选词标准进行界定，但是从他附录中的通感词词表来看，他从《现代汉语词典》中选

---

① F.Ungerer&H.-J.Schmid. *An Introduction to Cognitive Linguistics* [M]. Beijing：Foreign Language Teaching and Research Press，2008：127.

② 汪少华，徐健. 通感与概念隐喻 [J]. 外语学刊，2002（3）：92.

取的通感词既有单音节词，又有双音节词和多音节词，虽然以双音节词为主，但是说明他还是用通感词代指了通感式复合词。傅惠钧（2022）认为通感词是通感修辞在词汇层面的固化现象，其中双音节通感词包括结构异配和通感生义两类，通感生义这一类型中的部分复合词属于通感式复合词。由此可见，傅惠钧将通感式复合词归入了通感词的下位类型。

（二）通感构词

吴士田（2007）在讨论通感式复合词时运用了"通感构词"这一术语，他所谓的通感构词既包括通感词，又包括通感式复合词，还将采用音义融合翻译的外来词归入通感构词。通感构词是从词的内部结构构成角度命名的，而通感式复合词主要是从修辞造词角度来命名的。

（三）通感式合成词

李兰（2010）讨论了通感式合成词的特征和构词方式。她从对语料的分析中发现"构成通感式合成词的语素的含义都十分明确，而且这类词的两个或三个语素中大都有一个形容词语素"①，她主要从语素的功能角度对通感式合成词做了分类，她认为通感式合成词既包括 AB 格式也包括 ABB 格式。我们认为通感式复合词由两个表示不同感觉的语素组成，因此 AB 属于通感式复合词，ABB 应该排除出去，通感式合成词的说法也应改为通感式复合词。

对通感式复合词存在不同的称说，说明前人对通感式复合词的内涵还不够明确。首先要区分由通感生义形成的通感词和由通感造词形成的通感式复合词，另外还需要明确所谓"通感造词"其实是一种造词过程，而不是我们要具体研究的词。通感式合成词的说法与通感式复合词最为接近，但是其中包含了附加词。来自两个不同感觉域的语素均具有实义，因此组成的词是通感式复合词，而不是通感式合成词。

---

① 李兰 . 通感式合成词浅论［J］. 湖北第二师范学院学报，2010（5）：32.

二、通感式复合词的定义

前人对通感式复合词进行界定的不多，只有邱明会（2007）的研究对通感式复合词做了界定。他在文中并没有使用"通感式复合词"这一术语，而是使用了"通感词"，不过在他的文章中，二者名异而实同。邱明会指出通感词是汉语的一种构词方法，它是由表示两种感官的词因感觉效应相同而组成的合成词。其特点主要有以下三点：两个不同感官的词由于感觉效应有相同之处而组合起来；一般由两个字组成，有时也有三个字的情况；词义一般偏重于一方。

邱明会的研究只是举例性的，他并没有深入语言实际，从语料中得出结论。主要存在以下两方面的问题。

1. 措辞问题

他对通感词的界定是"由表示两种感官的词因感觉效应相同而组成的合成词"。第一个问题是，表示两种感官的"词"组合后形成的是词组而不是"合成词"，因此应将"词"改为"语素"；第二个问题是，合成词包括复合词和附加词，组成复合词的语素一般都有实际意义，而组成附加词的语素，其中有一个是词缀。表示两种感官的语素一定是表示实际意义的语素而不是词缀，因此"合成词"应改为"复合词"。

2. 词的结构和语义问题

他在分析通感式复合词的特点时，分析了该类词的结构和语义。我们认为从结构上说，通感式复合词只会有双音节结构而不会有三音节结构；从语义上来说，复合词的语义既会发生向其内部某一个语素的偏移，如"响亮"，也会兼指两种不同的感觉，如"高寒"。

通感式复合词指的是由两个从本义或基本义来说来自不同感觉域的语素组成的复合词。这里需要说明的有以下三个问题。

1. 本义和基本义

来自不同感觉域的语素在进入复合词之前是单音节词或语素，我们以单音节词为例加以说明。根据我们对语料的统计，大多数表达不同感觉的单音节词在入词前都属于特定感觉域，这类词应按照基本义确定其感觉域；有一部分单音节词在入词前属于不同的感觉域，这部分词应依据本义确定其感觉域。

2. 感觉域

组成通感式复合词的两个语素来自不同的感觉域，这里的感觉域既包括视、听、肤、味、嗅五种不同感觉，又包括视觉域和肤觉域下辖的不同感觉小类。语素所属感觉域不同，组成的通感式复合词类型也不同。

3. 相似性

通感是五种感觉基于相似性的互通，通感的性质决定了部分通感式复合词的两语素之间具有相似性。相似性的范围可大可小，可以是微观层面的相似，也可以是宏观层面的相似。

三、三组概念的区分

明确了通感式复合词的概念，还需要区分以下三组概念：造词法与构词法、通感生义与通感造词、通感词与通感式复合词。

（一）造词法与构词法的区别

造词法是创造新词的方法，一般是从词汇学领域研究词语的形成缘由；构词法是对词语内部结构的分析方法，一般是从词法学角度对词语形式的分析。二者既有联系又有区别。前人的很多研究虽然能够从意义上对二者做出区分，但是在名称的使用上往往不加区别。如武占坤、王勤指出："构词法是利用构词材料，按照构词规律，构造新词的方式方法。"[1]这里的"构词法"其实就是造词法。葛本仪是较早对汉语造词与构词进行区分的学者之一，她在《汉语词汇研究》中首次将造词与构词、造词法与构词法进行了区分。她指出造词就是指创造新词，它是解决一个词从无到有的问题；构词是指词的

---

① 武占坤，王勤. 现代汉语词汇概要［M］. 北京：外语教学与研究出版社，2009：68.

内部结构问题。造词法指的是创制新词的方法，也就是给客观事物命名从而产生新词的方法；构词法指的是词的内部结构规律的情况，也就是词素组合的方式和方法。①

本书所研究的通感式复合词，从词的表面构造形式来看，两个语素分别来自不同的感觉域，从词的来源上来说应该属于造词法的研究，但是因为通感辞格地位的不确定性，所以只能是一种准修辞造词的方式。我们主要从语义层面研究通感式复合词，语义作为词汇的主要内容必然会依附于一定的语言形式。因此，对通感式复合词结构和语义的分析又属于构词法的领域。由此可见，造词法与构词法之间既有区别又有联系，二者具有统一的逻辑基础，不能把二者截然分开。

（二）通感生义与通感造词的区别

通感作为一种修辞现象，在语言词汇层面的主要体现就是通感生义和通感造词。所谓通感生义，指的是一个词因为发生了通感引申而从只具有一个感觉域的意义到具有另一个感觉域的意义，即一个词因为通感而发生的意义变化。词的形式不变，但是意义发生变化，在不同的语境中词会指向不同的感觉域。所谓通感造词，指的是运用通感的方式创造新词，即一个复合词内部的两个语素分别来自不同的感觉域。复合词的语义会指向复合词中的某一个语素或兼指两种不同的感觉，也可能会向抽象语义域引申。

实际上，在通感造词的过程中必然伴随着通感生义。通感造词所形成的通感式复合词内部的两个语素一般都会从本义或基本义所属的感觉域向复合词词义发生引申，也就是说部分语素在入词时会因为通感生义而发生语义变化，进而更好地融入词义。

（三）通感词与通感式复合词的区别

1.定义的区别

通感词指的是可以用于不同感觉域的词，主要是从意义上的分类。如

---

① 葛本仪.汉语词汇研究［M］.北京：外语教学与研究出版社，2006：34—54.

"亮"既可以用于视觉域,指光线亮,又可以用于听觉域,指声音大。"闻"最初是表示听觉的动词,在现代汉语层面是表示嗅觉的动词,其听觉义已降至语素层面。

通感式复合词是由两个来自不同感觉域的形语素构成的复合词,主要是从构词法角度的分类。如"温馨",其中语素"温"来自温觉域,语素"馨"来自嗅觉域,两个语素组成通感式复合词。"响亮",其中语素"响"的本义是回声,属于听觉域,"亮"的本义是光线亮,在这里从视觉域通感引申到听觉域,表示声音大,然后入词。

2.结构的区别

从音节数量来看,通感词包括单音节、双音节和多音节三种情况,其中又以单音节和双音节较为常见;通感式复合词只有双音节的。从构词情况看,通感词包括单纯词、复合词和附加词;通感式复合词是复合词。如果只考虑由典型的形语素组成的通感式复合词,其结构只有并列式和偏正式。

3.语义的区别

从理性意义看,通感词要涉及不同的感觉域,因此一定是多义词;通感式复合词则既有单义词又有多义词。从色彩意义看,通感词和通感式复合词都有褒义贬义之分。

第三节　通感式复合词的提取步骤

一、确定提取标准

(一)选取感觉类形容词作为各感觉域的典型代表

1.感觉类形容词的特点

通感是五种感觉之间的互通,其本质是一种语义的偏移现象。组成通感式复合词的语素必须来自两个不同的感觉域，对代表各感觉域语素的选择有三种可能，即选择感觉类名语素、动语素或形语素。感觉的一般概念是"客观事物直接作用于人的感觉器官，人脑中就产生了对这些事物的个别属性的反应，这种反应叫作感觉"①。各语素在进入通感式复合词之前，是具有不同词性的词或语素，选择感觉类形容词作为各感觉域的典型代表主要基于以下考虑。

第一，名词的特性是空间性，动词的特性是时间性，形容词介于二者之间，是对客观事物性质和状态的描写。人的感觉是人脑对外界刺激的直接反应，这一反应的直接体现就是由不同感觉器官所感受到的事物的性质和状态。因此，感觉类形容词能够更好地反映出各感觉域的特点。

第二，如果选取感觉类名词作为各感觉域的典型代表会存在诸多麻烦。"感觉"的过程中不仅存在感觉器官还存在外界刺激，对感觉器官的界定有不同的说法，有的认为包括"眼、耳、鼻、舌、身"，有的认为包括"眼、耳、口、鼻、肤"，这是界定的第一个难点。对外界刺激物的选择也有各种不同的说法，如果认为感觉器官感受到的"色、音、气、味、物"可以代表刺激物的话，那么"物"是既可以通过触觉感知，也可以通过视觉感知的。动词的种类繁多，以口部动词为例，口部动词既包括表达言说类的"说、讲、聊"等词，又包括表达饮食类的"吃、喝、吸"等词。这样就会造成选取构词语素时的麻烦。为了避免出现上述问题，我们排除感觉类名词和动词，只选择感觉类形容词作为感觉类词语的典型代表。

2.感觉类形容词的性质

王军从性状的附属性与抽象性、词义的程度性和词义的模糊性三个方面，探讨了形容词的语义特征。所谓性状的附属性与抽象性，指的是形容词与名词和动词相比，它所表示的性状不是独立存在的，它以客观世界中的实体为依托，无限丰富而又千差万别。②形容词主要用来表示事物或动作的性质或

---

① 曹日昌主编.普通心理学（上册）[M].北京：人民教育出版社，1963：100.

② 王军.《形容词的语义特征及语义分类》，《词汇学理论与应用》编委会编.词汇学理论与应用（四）[M].北京：商务印书馆，2008：139.

状态，程度性是其本质属性。形容词词义的模糊性指的是词所指成员的不确定性，模糊性主要与主观性有关。① 我们认为感觉类形容词主要具有以下五种特性。

（1）客观性。汉语感觉类形容词是人脑通过感觉器官感知到的外界事物的个别属性。感觉类形容词是对客观事物性质和状态的描写，具有客观性。基于感觉类形容词的客观性，可以排除主观性感觉类形容词，如"耳背、眼花"等，这些感觉类形容词虽然也是用来描写或限制特定感觉域的词，但是不是对客观事物性状的描写，因此予以排除。

（2）主观性。感觉类形容词是人脑对客观事物的反应，具有主观性。不同的认知主体对同一个客观事物会产生不同的认知体验。这就为运用认知语言学相关理论解释感觉类形容词语义引申规律奠定了基础。感觉类形容词的主观性和客观性是对立的统一，二者相辅相成。

（3）附属性。所谓附属性，指的是感觉类形容词意义的体现要依附于名词或动词范畴，即感觉类形容词往往是对各感觉域客观事物性质或状态的描写，或者是对行为状态的描述。感觉类形容词的附属性，为我们通过观察与感觉类形容词组合的名词所属语义域的变化，分析形容词的语义引申规律提供了依据。

（4）程度性。感觉类形容词表示客观事物的性状，对同一感觉域内客观事物性状的描写会出现程度的差异。一般情况下，根据客观事物的性状将感觉类形容词分为高程度性和低程度性形容词。

（5）模糊性。感觉类形容词的模糊性与主观性关系密切。在给感觉类形容词分类时会遇到某一个词分属不同感觉域的情况，一方面应依据感觉类形容词的模糊性客观地认识这种情况的存在；另一方面要从词的本义出发，具体问题具体分析，将其归入适当的感觉域。

---

① 王军.《形容词的语义特征及语义分类》,《词汇学理论与应用》编委会编.词汇学理论与应用（四）[M].北京：商务印书馆，2008：143.

（二）意义标准

在提取感觉类形容词之前要确定提取标准，其中意义标准是首要标准，形式标准的提出是为了更直观地选择符合意义标准的感觉类形容词。上文对感觉类形容词特点和性质的描写也是为了从意义上确定提取标准。

我们主要根据感觉类形容词的性质确定意义标准。感觉类形容词具有客观性、主观性、附属性、程度性和模糊性，各感觉域的感觉类形容词都要符合上述性质。其中客观性和主观性是对立的统一，客观性是首要标准。因此，凡是单纯表主观性的感觉类形容词都应排除，比如"聪"虽然是表示听觉的形语素，但主要是用来形容认知主体的状态，而不是反映客观事物的性质和状态，应予以排除。附属性指的是感觉类形容词要和相应的名词组合。首先和感觉类形容词组合的名词要表达客观事物，其次和感觉类形容词组合的名词要具有一般性。比如"皎"是视觉类形语素，意思是"白而亮"，但与"皎"组合的名语素只能是"月"，不具有一般性，"皎"应予以排除。

（三）形式标准

李泉在考察汉语单音形容词的原型性时，指出了单音形容词语法功能的原型特征序列，依照原型性多少的等级排列如下：作谓语 作补语＞作定语 作状语＞作宾语 作主语。[①] 如上文所述，感觉类形容词的特性之一是其附属性，在选择鉴定标准时除根据意义外，还可以根据与形容词组合的名词或动词的意义来鉴别感觉类形容词。这样的标准更直观，称为形式标准。

1.通过与感觉类形容词组合的名词鉴别感觉类形容词

单音形容词的典型语法功能是充当谓语，与谓语相对应的语法成分是主语。一般情况下，主语多为名词或名词性结构，可以通过与感觉类形容词组合的名词鉴别感觉类形容词。

感觉类形容词包括视觉、听觉、肤觉、味觉和嗅觉类形容词，在鉴别

①李泉.单音形容词原型特征模式研究［M］.北京：商务印书馆，2014：267.

各感觉类形容词时，不同感觉选用不同名词。视觉类形容词主要选取"光线""颜色""形状""空间"以及与此相关的名词结构，听觉类形容词主要选取"声音"以及与此相关的名词结构，肤觉类形容词主要选取"质地""温度"以及与此相关的名词结构，味觉和嗅觉类形容词主要选取"味道"以及与此相关的名词结构。因为味觉和嗅觉在生理和心理上的互通性，所以反映在语言层面，味觉形容词和嗅觉形容词会存在交叉，虽然两种感觉都选取"味道"作为鉴别标准，但是在实际语料中还是能反映出二者的差异的。

2. 通过与感觉类形容词组合的动词鉴别感觉类形容词

按照李泉的论述，单音形容词的次典型语法功能是充当补语，补语是相对于动词来说的。可以通过与感觉类形容词组合的动词鉴别感觉类形容词。感觉类形容词包括视、听、肤、味、嗅五种形容词，在鉴别各感觉类形容词时，不同感觉选用不同动词结构。视觉类形容词主要选取"看起来"以及与此相关的动词结构，听觉类形容词主要选取"听起来"以及与此相关的动词结构，肤觉类形容词主要选取"摸起来"以及与此相关的动词结构，味觉类形容词主要选取"尝起来"以及与此相关的动词结构，嗅觉类形容词主要选取"闻起来"以及与此相关的动词结构。

形式标准的选取是为了鉴别感觉类形容词的归属，虽然我们希望从实际语料中发现所有的听觉类形容词都是既能与"声音"类名词组合，又能与"听起来"类动词结构组合的，但是这只能是一个构想，因此语感鉴别就成为重要的手段。既要根据实际语料选取出符合意义标准和形式标准的感觉类形容词，又要借助于语感做出客观的判断。

二、提取过程

（一）对感觉类形语素的提取

形语素是从意义和功能两个角度来说的，其中意义标准是主要标准。选取的语素从其本义或基本义来说，属于性状范畴。一些形语素可以独立成词，从语法功能上来说具有形容词性；一些形语素虽然不能独立成词，原则上不具有语法功能，但是从意义标准界定，属于性状范畴，我们依然称其为形语素。感觉类形语素在入词前一般分为两种情况，一种可以独立成词，即形容词；另一种不能独立成词，即形语素。我们先根据意义标准和形式标准提取出代表各感觉的单音节形容词，然后再选取单音节形容词的同义语素。

1. 词典中的感觉类形容词

感觉类形容词一般都散见于各种义类词典，我们主要从各种义类词典中选取典型的感觉类形容词。

（1）《同义词词林》。

《同义词词林》（1983）收录词语近七万，全部按意义进行编排，是一部义类词典。根据汉语的特点和实用的原则，确定了其分类原则：以词义为主，兼顾词类，并充分注意题材的集中。全书把词语分为大、中、小三类，共分12个大类，94个中类，1428个小类，小类下再以同义原则划分词群，每一词群以一标题词立目，共3925个标题词。十二大类是：一、人；二、物；三、时间与空间；四、抽象事物；五、特征；六、动作；七、心理活动；八、活动；九、现象与状态；十、关联；十一、助语；十二、敬语。[①]

虽然《同义词词林》（以下简称《词林》）收录了很多古语词、方言词、语素和短语，但是它作为现代汉语层面的首部义类词典，却具有开创性价值。后世的很多义类词典都会借鉴《词林》的分类系统。现代汉语感觉类形容词主要属于《词林》的第五大类，即特征类。《词林》把特征类分为六个，分别是：外形、表象、颜色和味道、性质、德才、境况。空间类形容词主要属于"外形"类，如大、小、粗、细等；光线类形容词，如亮、暗等，听觉类形容词，如响、沙哑等，触觉类形容词，如软、硬等，都属于"表象"类；色觉类形容词、味觉类形容词和嗅觉类形容词主要属于"颜色和味道"类。

---

① 梅家驹等编. 同义词词林［M］. 上海：上海辞书出版社，1983："自序"，6—7.

（2）《形容词分类词典》。

《形容词分类词典》（1993）以收录现代汉语形容词为主，酌收形容性语素。分类基本采用心理学的方法原则。分类大体为四级。第一级分两大类；第二级再分 11 个中类；第三级又分 41 个小类；第四级为标题词，共 837 类。[①]

《形容词分类词典》以心理学的方法为分类标准，对感觉类形容词的划分最清晰、最完善。感觉类形容词分为视、听、嗅、味、触五个中类，属于"局部印象"这一大类。视觉类形容词分为颜色、光线、形态和空间四个小类；听觉类形容词分为评价和摹声两个小类；嗅觉类形容词和味觉类形容词都分为具体和一般两个小类；触觉类形容词分为肤感、口感和体感三个小类。

（3）《现代汉语分类大词典》。

《现代汉语分类大词典》（2007）是一部按词语意义分类编排、释义的词典，兼收普通语词和常识性百科词。词典按语义分类编排，是把表达一个或一类概念的词语汇集在一起，按一定的分类系统排列，使读者可以按照事物概念的类别查到表达它的适当的词语。本词典参考我国传统义类辞书和现代中外分类词汇、分类词典的分类方式，并依照实用原则，综合收录的约 49000 条普通语词和百科词，分为 17 大类，143 小类，共计 3717 个词群。[②]

《现代汉语分类大词典》虽然按照意义分类，但是它的分类主要集中在与人类的生产生活密切相关的几个方面，因此感觉类形容词就会散见于不同的类别中。比如它的"感觉·情感·性格·行为"大类中收录的有视觉、听觉和嗅觉词；"宇宙·地球"大类下收录的有表示光线的视觉、听觉词和触觉词；"饮食·衣服·居住·财产"大类下收录的有味觉词和嗅觉词；"物质·物体"大类下收录的有空间类词语。该词典的体例编排以意义为主，词性为辅，因此每一个意义下都会分出名词、动词和形容词。

（4）《现代汉语分类词典》。

《现代汉语分类词典》（2013）在充分继承前人成果的基础上，收录了 8.3

---

① 王安节，周殿龙主编 . 形容词分类词典［M］. 长春：吉林教育出版社，1993："凡例"，1.

② 董大年主编 . 现代汉语分类大词典（辞海版）［M］. 上海：上海辞书出版社，2007："前言"，1.

万多条通用性词语，较《词林》新增常用词 2.9 万条，按五级语义层编排，建构了一个词量庞大、覆盖面广、层次清楚、分类合理的词汇分类体系。本词典采用五级语义层分类体系，共有一级类 9 个，二级类 62 个，三级类 508 个，四级类 2057 个，五级类 12659 个。上一层级与下一层级的语义类之间为语义的上下位关系。上一层级语义类对下一层级语义类有统辖作用，下一层级语义类是对上一层级语义类义域的切分。[①]

感觉类形容词属于《现代汉语分类词典》中的第八个一级类"性质与状态"。"性质与状态"共分六个二级类，分别是形貌、知觉、性状、性质、才品和情状。空间类形容词属于形貌类；视觉、听觉、味觉、嗅觉和触觉类形容词属于知觉类。其中视觉类形容词主要包括：颜色、浓淡艳素、明暗和清浊（三级类名）；听觉类形容词主要包括：响、哑和悦耳、刺耳；嗅觉类形容词包括：香臭；味觉类形容词主要是"滋味"；触觉类形容词包括：软硬、轻重、利钝、冷暖、干湿和滑糙。

从《词林》到《现代汉语分类词典》，每隔十年语言学界就对现代汉语层面的各级各类词语做一个全面的梳理。虽然四部词典的分类和提取标准各不相同，但是其中涉及的感觉类形容词为本书的研究提供了语料来源，它们的分类和提取标准也为本研究提供了借鉴的依据。

2. 基本层次范畴中的感觉类形容词

范畴理论在发展的过程中经历了从经典范畴理论到原型范畴理论的演变，如果说原型范畴理论是从横向上来讨论范畴之间和范畴内部成员之间关系的话，那么基本层次范畴及寄生在该范畴之上的上义层次范畴和下义层次范畴则是从纵向上来细化范畴成员之间的关系。基本层次范畴最符合认知经济性原则，即人们可以付出最少的认知努力而获得最多的信息。[②] 王寅（2006）指出基本层次范畴具有"经验感觉上的完整性，心理认识上的易辨性，地位等级上的优先性，行为反应上的一致性，语言交际上的常用性，相关线索的

---

① 苏新春主编. 现代汉语分类词典 [M]. 北京：商务印书馆，2013："前言"，2—3.

② F.Ungerer&H.-J.Schmid. *An Introduction to Cognitive Linguistics* [M]. Beijing：Foreign Language Teaching and Research Press，2008：71.

有效性及知识和思维的组织性"七大特性。这些特点也进一步印证了基本层次范畴在人类认知世界过程中的重要性。

　　杨吉春、宋飞、史翠玲（2021）主要从认知语言学的角度，对现代汉语基本层次范畴词汇的提取进行深入研究，旨在研制出适合国际汉语教学用的基本层次范畴词库。宋飞（2015）运用计算语言学相关理论探讨了国际汉语教学中的性质状态类基层词库建设问题，论文不仅涉及了性质状态类基层词的提取工作，还探讨了性质状态类基层词的分级问题，其中涉及的基层感觉类形容词对本书的研究有一定的借鉴意义。

　　宋飞（2015）运用相对词频统计法提取出现代汉语性质状态类基层词316个，其中单音节词158个，占性质状态类基层词总数的50%；由单音节基层词充当构词语素的双音节基层词64个，占总数的20%。也就是说单音节基层词在性质状态类基层词中所起的作用占到了70%。这也就充分证明了基层词在词汇体系中的重要性。

　　宋飞提取出的性质状态类基层词中属于感觉类形容词的有63个，分别是光线类形容词"亮、暗"；颜色类形容词"白、褐、黑、红、黄、灰、蓝、绿、青、紫"；空间类形容词"薄、厚、长、短、粗、细、低、高、宽、窄、浅、深、大、小"；形态类形容词"凹、圆、方、清、浑、曲、直、平"；听觉类形容词"响、静"；味觉类形容词"苦、辣、酸、甜、咸、淡"；嗅觉类形容词"臭、腥、香"；触觉类形容词"光、糙、软、硬、湿、轻、重、涩、尖、酥、脆、钝"；温觉类形容词"冷、凉、热、暖"和痛觉类形容词"痛、麻"。

　　基于基本层次范畴的易辨性、常用性和能产性，我们将以基层感觉类形容词为基础，运用意义标准和形式标准，提取出现代汉语层面的典型单音感觉类形容词。

　　3. 本书提取出的感觉类形容词

　　（1）感觉类形容词的分类。

　　在视、听、肤、味、嗅五种基本感觉类的基础上，还应该对视觉和肤觉进行下位分类。一方面是由视觉和肤觉的生理基础决定的，另一方面是因为语言中确实存在"同觉异类"的通感及由"同觉异类"通感组成的通感式复合词。

　　脊椎动物的视网膜具有两种类型的视觉感受器，即视杆和视锥细胞。视杆细胞对微弱光线反应敏感，使人可以在黑暗中感觉物体的大体轮廓；视锥细胞则在明亮环境中对不同波长的光线产生反应，使人可以辨别物体的形状和颜色等细节。①从视觉感受器接受视觉信号的差异，可以首先对视觉类形容词进行第一次切分，分出光线类形容词和颜色类形容词两类。从外膝体到初级视皮层主要有两条投射路径，因它们分别发自外膝体的大细胞层和小细胞层，故分别被命名为 M- 通路和 P- 通路。据研究，M- 通路和 P- 通路的生理机能差异主要表现在四个方面——颜色、精辨度、反应速度和对比度敏感性。②皮层下的 M- 通路与 P- 通路在视皮层 V1 与 V2 区的延续及分化进一步形成三条特异性通路，即 MD 通路、BD 通路和 ID 通路。视皮层（V1、V2 区）中三条特异性通路所执行的主要功能是：MD 通路主要对物体的方位及其运动方向信息进行编码，它在产生距离感和立体感的深度视觉中发挥作用；BD 通路主要对不同的颜色进行编码；ID 通路主要对一定方位的具有颜色或亮度反差的物体边沿进行编码，因此在物体形状辨别的视觉过程中具有重要作用。③从视觉传输的不同通路入手，可以把视觉类形容词分为空间类形容词、颜色类形容词和形态类形容词。根据视觉产生的生理基础和视觉类形容词在实际使用中的情况，把视觉类形容词分为以下四类：光线类、空间类、颜色类和形态类。

　　躯体感觉是关于身体及其运动的感觉，它是多种感觉的总称，包括触觉、压觉、冷觉、暖觉、关节位置及其运动的感觉以及痛觉等。此处所述的躯体感觉是皮肤感觉，简称肤觉。④传入脊髓的体觉信息经由特定的感觉神经通路而上行到大脑，不同类型的体觉信息通过不同的神经投射到达丘脑和大脑皮层的不同部位。体觉皮层中有两条平行而狭长的带状区域，主要对皮肤触觉刺激产生反应，另有两条同样平行而狭长的带状区域则主要对深度压

① 张卫东编著 . 生物心理学［M］. 上海：上海社会科学院出版社，2007：48.

② 张卫东编著 . 生物心理学［M］. 上海：上海社会科学院出版社，2007：63.

③ 张卫东编著 . 生物心理学［M］. 上海：上海社会科学院出版社，2007：64—65.

④ 张卫东编著 . 生物心理学［M］. 上海：上海社会科学院出版社，2007：84.

觉以及肌肉与关节的运动产生反应。由此可见，不同种类的躯体感觉从外周感受器至大脑体觉皮层的信息传输和加工过程，至少具有部分分离和平行的特征。在体觉皮层的各个带状区域中，存在着与身体各个部位具有空间对应关系的代表区图，也就是说，不同的皮层代表区分别对身体相应不同部位的上传体觉信息进行加工处理。[1]从肤觉的传导机制出发，其下位分类的触觉、压觉、温觉、痛觉等都应该是顺应不同通路进行传导的，虽然它们都由脑统一调控，但是各自还是相对独立的存在。因此，应把它们分为不同的感觉。肤觉在语言层面的体现主要有触觉类形容词、温觉类形容词和痛觉类形容词，这三种感觉类形容词又组成了一个统一的连续统。触觉类形容词一般用来指客观事物所具有的性质，温觉类形容词既可以指客观事物的性质又可以指人体的主观感受，痛觉类形容词只反映人体的主观感受。根据感觉类形容词的性质，排除痛觉类形容词，选择触觉类形容词和温觉类形容词作为肤觉类形容词的代表。

（2）提取出的感觉类形容词。

在基层感觉类形容词的基础上，按照感觉类形容词所属的感觉域，对感觉类形容词进行提取。提取结果如下。

光线类形容词：亮、暗；

颜色类形容词：白、黑、红、黄、灰、蓝、绿、青、紫；

空间类形容词：薄、厚、长、短、粗、细、低、高、宽、窄、浅、深、大、小；

形态类形容词：凹、圆、方、清、浑、曲、直、平、凸、素、鲜；

听觉类形容词：响、静；

味觉类形容词：苦、辣、酸、甜、咸、淡；

嗅觉类形容词：臭、香；

触觉类形容词：光、糙、软、硬、湿、轻、重、涩、尖、酥、脆、钝、滑、干；

---

[1] 张卫东编著. 生物心理学［M］. 上海：上海社会科学院出版社，2007：86.

温觉类形容词：冷、凉、热、暖。

4.单音感觉类形语素的同义语素

组成通感式复合词的语素在入词前，既可以是单音节感觉类形容词，也可以是感觉类形语素。选取出的各感觉域的典型单音节形容词可以从两个层面来理解，从词的层面看是单音节形容词；从词的下位分类来看，是自由形语素。进入通感式复合词的语素既可以是自由语素，也可以是不自由语素。因此，我们需要提取自由形语素的同义语素，这些同义语素既可以是自由的，也可以是不自由的。

刘叔新、周荐在同义词的基础上提出了同义组的概念，他们认为："同义现象不光出现在词中，在固定语上也有同样的表现。同义词只是语言词汇中同义现象的一种单位。"① 既然同义组中可以包含词和词组，那么我们由此可以推知，单音节感觉类形语素也会有与之相应的同义语素。首先要确定提取同义语素的标准。刘叔新指出："确定不同的词语互有同义关系，依据的是它们指同样的事物对象。也就是说，不同的词语，只要各自的意义所反映的对象的外延一致，就互为同义词语。它们在意义上通常互有细微差异，这是由于对同样对象的特点的反映小有不同，即意义内涵上互有细微区别：对个别特点有所强调或不强调，对某些不重要的一般特点加以反映或不反映，带有或不带有某种表达色彩。"② 在选取单音节感觉类形语素的同义语素时，要从意义出发，以义位的相同为基础进行选择。在选取时可以借助各种同义词词典，不过在参照同义词词典时也会出现问题。现代汉语层面的很多同义词词典，如《简明汉语同义词词典》《现代汉语同义词词典》《新华同义词词典》等收录的同义词多为双音节词，古代汉语层面的词典，如《古辞辨》收录的主要是近义词。但是同义词语有两个重要的特点，"一是同一同义组中的词大多含有共同的语素；二是单音词与由之发展出的复合词同义对应"③。因此，在选择同义语素时，既可以看含有共同语素的两个双音词的另一个语素之间

---

① 刘叔新，周荐.同义词语和反义词语［M］.北京：商务印书馆，1992：9.

② 刘叔新.汉语描写词汇学（重排本）［M］.北京：商务印书馆，2005：304—305.

③ 刘叔新，周荐.同义词语和反义词语［M］.北京：商务印书馆，1992：77—79.

是否是同义关系，也可以看由单音词发展出来的复合词中的另一个语素是否和该单音词是同义关系。

刘叔新、周荐认为："词语的同义关系，除了受着相应的词语指同一对象，有同样的词性或句法功能这样的条件所制约，还受着一些外部条件的制约。"[①]其中最重要的一点就是同义组内的成员必须在同一个共时平面上。这主要包括各成员必须属于同一种语言、处于同一个历史时代、处于同一个方言区和必须是社会公认的四种情况。这四种情况中最需要明确的就是现代汉语中的词不能和古代汉语中的词形成同义关系，但是又需要具体情况具体分析。如果古代的词语不是某一个时代专用的词语，而是沿用至现代，那么这样的词语可以和现代的词语组成同义组，只不过这样的同义组内的成员之间会存在语体上的差异。由此可知，从现代汉语层面为单音节感觉类形容词（语素）寻找同义语素是符合同义词的界定标准的，也是符合语言规范的。依据同义组的标准，最终提取出现代汉语感觉类形容词（语素）的同义语素，提取结果[②]如下。

光线类同义语素：明、光、黯、晦、昏；

颜色类同义语素：乌、碧、苍；

空间类同义语素：纤、敞、沉、微；

形态类同义语素：瘪、澄、澈；

听觉类同义语素：闹、寂；

嗅觉类同义语素：馨；

---

① 刘叔新，周荐.同义词语和反义词语［M］.北京：商务印书馆，1992：55.

② 其中"明"和"光"是"亮"的同义语素；"黯""晦"和"昏"是"暗"的同义语素；"乌"是"黑"的同义语素；"碧"是"绿"的同义语素；"苍"是"青"的同义语素；"纤"是"细"的同义语素；"敞"是"宽"的同义语素；"沉"是"深"的同义语素；"微"是"小"的同义语素；"瘪"是"凹"的同义语素；"澄"和"澈"是"清"的同义语素；"闹"是"响"的同义语素；"寂"是"静"的同义语素；"馨"是"香"的同义语素；"粗"是"糙"的同义语素；"柔"和"嫩"是"软"的同义语素；"坚"是"硬"的同义语素；"潺"和"润"是"湿"的同义语素；"锐"是"尖"的同义语素；"松"是"脆"的同义语素；"燥"是"干"的同义语素；"寒"和"冽"是"冷"的同义语素；"温"是"暖"的同义语素。

触觉类同义语素：粗、柔、嫩、坚、潺、润、锐、松、燥；

温觉类同义语素：寒、冽、温。

（二）对语素的鉴定

对提取出的语素进行鉴定可以依据形式标准和意义标准。因为形式标准主要是依据单音节感觉类形容词与名词或动词的搭配而设置的，所以形式标准只能用来鉴别自由语素，即单音节感觉类形容词。意义标准既可以鉴别自由语素，也可以鉴别不自由语素。意义标准的使用一方面要依据感觉类形容词的性质，另一方面要从通感式复合词的定义入手，依据本义加以鉴定[①]。

在选取出单音节感觉类形容词和形语素的基础上，还需要依据本义对它们进行鉴定。这主要是因为有一部分单音感觉类形容词（语素）具有多义现象，根据不同的意义可以将其归入不同的感觉域，所以必须依据本义将其限定在固定的感觉域中。比如，"光"在现代汉语层面是表示触觉的形容词，表达"光滑"的意思，可是依据"光"的本义，应把"光"归入视觉域中的光线类词语。

（三）由语素组成的通感式复合词

在选取出各感觉域的典型形语素后，以形语素为前语素或后语素，通过调查《现代汉语词典》和《倒序现代汉语词典》，将属于不同感觉域的形语素两两组合，提取出现代汉语层面的通感式复合词114个。提取结果如下。

暗淡、黯黑、白嫩、白润、苍凉、苍润、长圆、敞亮、沉寂、沉静、沉重、澄碧、粗大、粗浅、脆亮、大方、大红、淡薄、淡青、干瘪、干冷、高寒、高明、高燥、光滑、光润、光鲜、寒苦、寒素、寒酸、寒微、黑暗、红润、厚重、滑腻、灰暗、晦涩、昏沉、昏黑、昏黄、浑厚、尖酸、坚苦、苦寒、苦涩、宽松、冷淡、冷寂、冷静、冷清、明白、明澈、明黄、明锐、明

[①] 一般情况下，属于特定感觉域的语素不需要用本义鉴定，我们只用本义来鉴定属于多个感觉域的语素。

细、嫩红、嫩黄、嫩绿、浓厚、浓重、平白、平淡、平滑、平静、浅白、浅明、青涩、轻薄、轻淡、轻微、清白、清脆、清淡、清高、清寒、清寂、清静、清苦、清冷、清凉、清亮₁^①、清亮₂^②、清冽、清明、清馨、热辣、热闹、柔细、溽热、深重、素淡、酸软、甜润、温厚、温柔、温润、温馨、乌亮、细嫩、细腻、细软、细润、纤柔、鲜红、鲜亮、鲜明、鲜嫩、香甜、响亮、圆滑、圆润、燥热、直白、重大。

三、鉴定提取结果

提取出的双音节结构是否是通感式复合词，还需要运用形式标准和意义标准进行检验。检验要分步进行，首先判断一个双音节结构是否是词，接下来判断该复合词是否是通感式复合词。一般情况下，判断一个结构是否是词主要运用形式标准，判断一个复合词是否是通感式复合词主要运用意义标准。当然形式标准和意义标准的使用并不是截然分开的，有时也需要把二者结合起来进行判断。

（一）形式标准

根据所选形语素能否在句子中独立使用，可以把形语素分为自由语素和不自由语素。由两个语素构成的复合词包括以下四种情况：自由语素＋不自由语素；不自由语素＋自由语素；不自由语素＋不自由语素；自由语素＋自由语素。根据王宁的观点，可以采用以下四种方法来鉴定双音节结构是词还是词组，分别是"非自由词素鉴定法，非现行语法鉴定法，语法功能转移鉴定法和非词源意义鉴定法"^③。所谓"非自由词素鉴定法"，指的是双音节结构中如果有一个词素是非自由的，那么该双音节结构是词；所谓"非现行语法

---

① 清亮₁在《现代汉语词典》（第6版）中的释义是"清脆响亮"。
② 清亮₂在《现代汉语词典》（第6版）中的释义是"1.清澈；2.明白；3.<方>清楚；清晰"。
③ 王宁.当代理论训诂学与汉语双音合成词构词研究［A］.沈阳，冯胜利主编.当代语言学理论和汉语研究［C］.北京：商务印书馆，2008：415.

鉴定法"，指的是双音节结构不能用典型的五种词法结构来分析其结构，而是有古汉语语法的残留，这样的双音节结构是词；所谓"语法功能转移鉴定法"，指的是双音节结构的语法功能与构成它的语素的语法功能相比发生变化，这样的结构是词；所谓"非词源意义鉴定法"，指的是由典故压缩而成的双音节结构都是词。

一般情况下，由两个属于不同感觉域的形语素组成的双音节结构不会是典故词，因此"非词源意义鉴定法"不适合对该类结构进行鉴定。最直观的方法就是"非自由词素鉴定法"，运用该方法，可以确定前三类双音节结构都是词。第四类的情况要具体问题具体分析，根据对语料的调查，发现第四类的情况是最多的。针对第四类情况，可以运用"非现行语法鉴定法"和"语法功能转移鉴定法"进行鉴定。

"语法功能转移鉴定法"既可以用来鉴定一个双音节结构是否是词，也可以用来鉴定一个词是否是通感式复合词。语素在入词前后发生语法功能变化的词不是通感式复合词。比如"干"在入词前是表示触觉的形语素，而在"香干"中，"干"的语法功能已经从形语素变成了名语素。因此，虽然从表面上看，"香干"是由表示嗅觉的形语素"香"和表示触觉的形语素"干"组成的通感式复合词，可实际上因为语法功能发生了变化，所以这类词应予以排除。

（二）意义标准

除了运用上述形式标准来鉴定，还可以从双音节结构的整体意义出发进行鉴定。如果双音节结构在组合的过程中产生了新义，那么该双音节结构就是词。例如，"香甜"是由嗅觉类形语素"香"和味觉类形语素"甜"组成的双音节结构，它在《现代汉语词典》中的第一个义项是"又香又甜"，第二个义项是"形容睡得踏实，舒服"。根据其意义可以判断出"香甜"的第一个义项是词组，第二个义项是词。也就是说，如果一个双音节结构 AB 的意义是 A 且 B，那么该双音节结构是词组，如果其意义是 A 与 B 的融合或者偏向 A 或 B 其中的一方，那么该双音节结构是词。

　　通感式复合词指的是由两个本义或基本义来自不同感觉域的形语素组成的复合词。一个词是否是通感式复合词，需要运用对通感式复合词的界定即意义标准进行检验。我们选择的代表不同感觉域的语素是典型的形语素，形语素从性质上来说必须是客观性和主观性的结合，因此只具有主观性的语素应予以排除，由主观性形语素组成的复合词不是通感式复合词。如"聪明"从表面上看是由来自听觉域的形语素"聪"和来自视觉域的形语素"明"组成的通感式复合词，所谓"耳聪目明"就反映了两个语素所属的感觉域。但是当分析两个形语素的语义时，会发现形语素"聪"和"明"并不是客观事物具有的属性，而是认知主体所具有的属性，即只具有主观性而不具有客观性，这不符合我们选择形语素的标准，因此"聪明"不属于通感式复合词。

第三章
通感式复合词的语素义

　　通感式复合词指的是由两个本义或基本义来自不同感觉域的形语素组成的复合词。通感式复合词与其构词语素之间的关系非常密切，语素意义的变化会直接影响通感式复合词的成词条件。构成通感式复合词的各语素分别来自五种不同的感觉域，主要是代表各感觉域的形语素。我们先从整体上分析各感觉类形语素的语义及构词情况，然后再分析构成通感式复合词的语素义，以期发现语素义和复合词词义之间的关系。

第一节　感觉域的不平衡性

　　从语言实际来看，五种感觉之间是不平衡的。这种不平衡性主要体现在以下两个方面：一个是不同感觉域内部成员数量的不平衡，另一个是同一感觉域内部成员构词能力的不平衡。

一、不同感觉域内部成员数量的不平衡

　　我们以宋飞（2015）提取出的性质状态类基层词为基础语料，参考《同义词词林》《现代汉语分类词典》和《形容词分类词典》对形容词的分类标

准，最终确定五种感觉域的典型形容词。

表 3-1　五种感觉域典型形容词分类情况

感觉域	具体分类	例　词
视觉域	光线类	暗、亮、光
	颜色类	白、褐、黑、红、黄、灰、蓝、绿、青、紫
	空间类	薄、厚、大、小、高、低、长、短、宽、窄、细、深、浅
	形态类	凹、方、平、直、浑、圆、清、曲、艳
听觉域	听觉类	响、静
味觉域	味觉类	苦、辣、甜、咸、酸、淡
嗅觉域	嗅觉类	臭、香、腥
肤觉域	触觉类	脆、糙、粗、钝、尖、紧、轻、软、涩、湿、松、硬、重
	温觉类	冷、凉、暖、热

为了更直观地反映各感觉域内部成员数量的不平衡性，我们把表 3-1 转化为图 3-1，具体情况见下图。

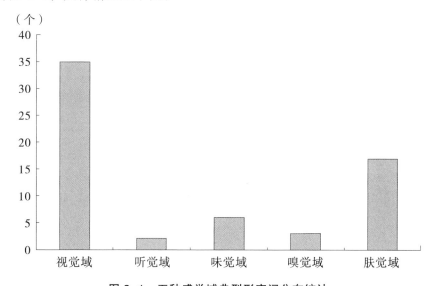

图 3-1　五种感觉域典型形容词分布统计

需要说明的是，宋飞在提取性质状态类基层词时有其提取标准，我们只是借助于这些基层词，按照形容词的本义将其归入不同的感觉域。这里的形容词多为成词语素，与其同义的不成词语素并未收录。虽然各感觉域中收录的词并不完整，但是足以说明各感觉域之间的不平衡性。从表3-1和图3-1可知，各感觉域的内部成员数量极不平衡，视觉域的内部成员数量最多，为35个；听觉域的内部成员数量最少，只有两个。按照内部成员数量的多少将各感觉域排序，结果如下：视觉域 > 肤觉域 > 味觉域 > 嗅觉域 > 听觉域。

二、同一感觉域内部成员构词能力的不平衡

（一）与义位相关的构词能力的不平衡

同一感觉域内部各成员之间的不平衡性由多种因素决定，其中最主要的因素就是语素的义位。一般情况下语素的构词能力与义位数成正比。我们以味觉域的六个形语素为例，以《常用构词字典》为依据，考察这六个语素的构词情况。在分析形语素的构词情况时，会涉及语义问题。我们以《现代汉语词典》（第6版）中的义位为基础，如果各义位之间有语义上的内在联系，则归为一个语素；如果各义位之间没有语义上的内在联系，则分为不同的语素。味觉域形语素的语义和构词情况见表3-2。

表 3-2　味觉域形语素的义位数和构词情况

单位：个

例词	酸	甜	苦	辣	咸	淡
义位数	5	4	6[①]	3	2	6[②]
构词数	74[③]	24	102	19	6	32

从表3-2可知，味觉域各形语素的构词情况极不平衡。构词最多的语素"苦"是构词最少的语素"咸"构词数的17倍。另外，各语素的义位数和构词数之间基本成正比。按照义位数和构词数给各语素排序的结果分别是：

---

① "苦"作为姓的义项未收录。

② "淡"作为姓的义项未收录。

③ 其中有46个词都是由表达"电解质电离时所生成的正离子全部是氢离子的化合物"这一义项的"酸"组成的词。

苦 = 淡 > 酸 > 甜 > 辣 > 咸和苦 > 酸 > 淡 > 甜 > 辣 > 咸。两种排序结果基本相同，也就是说形语素的义位数和构词数基本成正比。

（二）与形语素特性相关的构词能力的不平衡

一般情况下，同一感觉域内的形语素都成对出现，在某一个义位的基础上构成反义组。反义组从表面上看是平等的对立关系或互补关系，可是在语言使用中成对反义组的构词能力并不相同。我们以具有反义关系的空间类形语素为例，分析其构词的不平衡性。空间类形语素的义位数和构词情况见表 3-3。

表 3-3　空间类形语素的义位数和构词情况表 [①]

单位：个

例词	大	小	高	低	长	短	宽	窄	深	浅	厚	薄 [①]
义位数	7	9	7	4	5	3	5	3	8	8	8	5
构词数	404	218	170	52	131	54	41	7	78	29	46	6

从表 3-3 可以看出"大"的义位数比"小"少，可是构词数却远远多于"小"。"深"和"浅"的义位数相同，而"深"的构词数也多于"浅"。由此可见，感觉类形语素的构词能力除了与义位数有关，还与形语素自身的特性密切相关。沈家煊（1999）在《不对称和标记论》中指出了反义词的不对称现象，并用标记理论加以解释。空间类形语素中的"大、高、长、宽、深、厚"属于无标记项，是认知上的肯定项。无标记项的构词能力强于有标记项，或者说具有积极义 / 正面义的形语素的构词能力强于具有消极义 / 负面义的形语素。

（三）同义语素构词能力的不平衡

我们在选取基本层次范畴的感觉类形容词的基础上，进一步选取各感觉域内感觉类形容词的同义词。在选取同义词的过程中，既选取感觉类形容词的同义词，即能单独成词的形容词，也选取感觉类形语素，即不能单独成词

---

① 只考察读音为 báo 的语素。

的语素。为了方便称说，我们把它们统称为同义语素。按照能否成词，把语素分为成词语素和不成词语素。按照语体色彩，把语素分为口语语素和书语语素。一般情况下，一个语素会有多个义位，两个互为同义关系的语素必须是在一个义位下的同义。因此，在考察同义语素的语义与构词关系时，也是基于语素一个义位下的构词情况的统计。我们以《现代汉语词典》（第 6 版）为语料来源，具体统计结果见表 3-4。

表 3-4　同义语素构词情况

单位：个

成词语素	构词数	不成词语素	构词数	口语语素	构词数	书语语素	构词数
小	43	微	37	香	12	馨	1
细	12	纤	10	湿	6	溽	2
宽	12	敞	4				
静	6	寂	3				
干	20	燥	1				

通过对表 3-4 的分析发现两个互为同义关系的语素中，成词语素的构词能力强于不成词语素，口语语素的构词能力强于书语语素。从表面看同义语素的构词规律似乎有悖于王宁在《训诂学与汉语双音词的结构和意义》一文中提出的观点，"大量的语言事实表明，口语词的构词能量，往往低于来自先秦文献语言的文言词"①。然而，随着对不同语体色彩的同义语素的进一步考察发现，"湿"和"溽"这两个语素都来自先秦，两个语素的共同义素是【湿润】，在这一义位下二者构成同义语素。在语言的历时变化中，都来自先秦的两个语素发生了不同的变化，"湿"逐渐成为表"湿润"义的典型成员，可以单独成词，也可以作为语素参与构词；"溽"除了表"湿润"义还表"炎热"义，常与"暑""热"等语素组合，是不成词语素，并保留有先秦时代的书语色彩。这里涉及的同义的口语语素和书语语素与王宁论述的情

---

① 王宁.训诂学与汉语双音词的结构和意义［J］.语言教学与研究，1997（4）：12.

况不同。王宁提到的口语词一般产生时代较晚，这样的口语词因为能单用，一般不必凝固成词，因此构词能力没有产生自先秦的书语词强。这里涉及的口语语素和书语语素产生时代都较早，书语语素强烈的书语色彩往往会限制其参与构词的过程，即便偶尔参与构词，由书语语素构成的词也多具有书语色彩，在现代汉语日常交际中并不常用。我们的研究与王宁观点表面上的相悖，其实也正符合王东海的研究结论，即自由属性和语体属性是制约编码量的第一、第二位参数，在 70% 的范围中，语素的口语性和自由性强弱与编码量成正比；在 30% 的范围中，语素的文言性和黏着性强弱与编码量成正比。[①]本研究中，成词语素的构词能力强于不成词语素，口语语素的构词能力强于书语语素，属于王东海研究中 70% 范围内的情况；王宁认为口语词的构词能量往往低于来自先秦文献语言的文言词，属于王东海研究中 30% 范围内的情况。因此，需要结合具体语料进行定量分析，才能更直观地透过语言表象发现语言规律。

综上所述，感觉类形语素所属的五种感觉域之间以及各感觉域内部存在一种不平衡状态。五种感觉域之间的不平衡可以理解为人体感官的不平衡性在语言中的体现。心理学研究表明视觉是人类最重要的感觉器官，一般所谓"眼见为实"也证明了视觉的重要性。因此，在汉语中代表视觉域的视觉类形语素成员数最多。各感觉域内部的不平衡主要体现为同一感觉域内各成员的构词能力不平衡。产生这一现象的原因主要是由各语素的义位数、形语素的特性以及同义语素之间的成词与否、语体色彩等因素决定的。

第二节　通感式复合词中语素本义的确定

通感式复合词是由两个本义或基本义来自不同感觉域的形语素组成的复合词。大部分构成通感式复合词的语素在入词前都属于特定的感觉域，这类

① 王东海.汉语同义语素编码的参数和规则［J］.中国语文，2002（2）：159.

语素的感觉域归属由基本义决定。有一部分构成通感式复合词的语素在入词前属于不同的感觉域，这类语素的归属问题相对比较麻烦，我们运用本义判断其感觉域的归属，这也是本节的研究重点。

一、本义和基本义的区别

一般情况下，我们希望每一个语素隶属的感觉域是固定的，可是有些形语素会出现同一个语素隶属于不同感觉域的情况。比如语素"浓"在《现代汉语词典》（简称《现汉》）中的释义[①]是：① 液体或气体中所含的某种成分多；稠密（跟"淡"相对）。②（颜色）深。③ 程度深。三个义项中的"浓"分别隶属于不同的感觉域。义项 ② 属于视觉域，义项 ③ 属于程度域，义项 ① 的情况比较复杂。如果是"液体中所含的某种成分多"，那么"浓"属于味觉域；如果是"气体中所含的某种成分多"，那么"浓"属于嗅觉域。也许有人会提出质疑，"（颜色）深"是可以看出来的，属于视觉域无可厚非，可是"液体中所含的某种成分多"既可以通过视觉看出来，也可以通过味觉品尝出来，为什么一定是味觉呢？

为了避免出现这种一词（语素）多域的情况，需要运用意义标准解决这一问题。研究词义常涉及本义和基本义，基本义指的是词语意义的常用性问题，势必要涉及词频。现有的词频词典一般是对词频率的统计，其中并不涉及语义问题，借鉴的可能性较低。如果运用现有的通行语料库分析出每一个感觉类形语素的词频，确实能够解决实际问题，可是这将需要花费大量的时间和精力。因此，借助语素本义确定各语素所属感觉域是较为可行的办法。祝鸿熹、芮东莉在探讨汉语字词本义研究的误区时指出"本义是汉语词义系统之源，研究、探求本义对于正确理解词义、把握词义引申脉络都具有重要意义"[②]。我们一方面要确定感觉类形语素所属的感觉域，另一方面要分析感觉类形语素是以哪一个意义进入通感式复合词的，这就要涉及语义引申的问

---

① 排除"浓"作为姓的义项。

② 祝鸿熹，芮东莉. 汉语字词本义研究的误区［J］. 古汉语研究，2003（3）：70.

题。探求本义既可以解决形语素的归属问题，又可以解决词义（语素义）的引申脉络问题。因此，必须立足本义，深入分析各感觉类形语素的语义问题。下面将从以下三个方面说明本义和基本义的区别。

（一）二者属于不同的语言层面

本义是立足于语言的历时层面进行的划分。一般情况下，词[①]本义的产生早于字的本义，但是因为对语言的研究要借助于文献资料，而且先秦汉语以单音节词为主，字和词在多数情况下不做区分，所以词的本义和字的本义往往一致。当然在分析词的本义时也不能完全依据字形，还需要结合词义的发展脉络综合判断。因为语言中还存在"为词的引申义而造的字"和"本无其字的词"[②]。基本义是立足于语言的共时层面进行的划分，一般是从词的常用性出发所做的分类。虽然二者属于不同的语言层面，但是当词的本义和基本义交汇于现代汉语共时层面时，二者有一致的情况。比如空间类形容词"大"的本义是用大人的形象来代表"大"的概念，基本义表示"在体积、面积、数量等方面超过一般或超过所比较的对象"。本义和基本义都属于同一感觉域。二者不一致的情况也比较常见，比如"浓"和"淡"在现代汉语层面表示"液体或气体中所含的某种成分多或少"这一义位时是一对反义词，即二者在基本义上是反义词。从本义来看，"浓"表示"露多也"，属于视觉域，"淡"表示"薄味也"，属于味觉域，二者属于不同的感觉域。因此，在判断感觉类形语素所属的感觉域时一般依据其基本义，只有当形语素属于不同的感觉域时才依据其本义。

（二）与二者相对应而存在的概念不同

本义指的是一个词本来的或最初的意义，从本义派生出来的意义叫派生义，也可以称为转义或变义。也就是说，与本义相对而存在的概念与本义相

---

① 本章虽然主要讨论构成复合词的语素的语义问题，但是五种感觉域里的大部分语素在入词前都可以单独成词，因此在讨论本义和基本义的问题时，用词来称说。

② 蒋绍愚.古汉语词汇纲要［M］.北京：商务印书馆，2005：67.

比重在变化。变化的方式可以是引申、比喻或借代，随之产生引申义、比喻义或借代义。基本义指的是一个词在某一时间段较常用的意义，与之相对而存在的概念与基本义相比重在常用性。因此与基本义相对的概念是非基本义或非常用义。

（三）二者在语义演变过程中发挥的作用不同

本义在词的语义演变过程中发挥着极为重要的作用。陆宗达、王宁（1996）指出本义是词义引申的起点，本义的特点决定了词义引申的方向。词根据义项的多少可以分为单义词和多义词，多义词既有本义又有基本义，二者有时会重合，但多数情况下并不一致。单义词没有比较，不存在基本义，但是单义词有发展演变的历史，因此也有本义。在处理感觉类形语素语义归属问题时一般依据这样的原则，即当形语素属于不同的感觉域时，依据本义确定语素的归属。当形语素的本义和基本义在历时发展中属于同一感觉域，但是属性不同时，依据基本义确定其归属。比如"苦"的本义是"大苦，苓也"，是一种带有苦味的野菜。这种野菜的显著特征是"苦"，"苦"从带有苦味的野菜转指事物的特性"苦"的味道，"苦"的基本义古今一致。我们依据其基本义判定"苦"属于味觉域。

二、语素和汉字的关系

语素与汉字之间的关系极为复杂。虽然语素属于语言的语法（词汇）层，是语言的内部要素，汉字是在语言基础上产生的，具有第二性，但是在语义的联系下二者之间产生了复杂的关系。汉字作为一种表意文字，形、音、义之间构成一个有机的整体。语素作为语言中最小的音义结合体，必然会与音、义的载体汉字之间发生关系。

语素和汉字之间的关系主要有以下三种：一素一字、一素多字和多素一字。一般情况下，一个语素对应一个汉字，一个音义结合体总需要一个汉字作为载体。据尹斌庸的统计 90% 左右的汉字是一字一素。[①]虽然大多数汉字是一字一素的，但是语言中还是存在一素多字和多素一字的情况。李运富（2014）在谈到汉字功用方面的教学时，指出汉字的最大特点就是汉字功用的不确定性。单字与语言单位之间没有固定的对应关系，一字多用、多字同用成为汉语用字的普遍现象。一素多字主要体现为多字同用，主要原因是异体字、分化字和通假字的存在。比如"深"在《说文解字》中的本义是一条河的名字，表示空间形容词的"深"应该是"罙"。虽然在现代汉语层面"罙"已消失，"深"应归入一素一字的范畴，但是在"深"从河流名引申出空间义后，"深"和"罙"意思一样，它们应归入一素多字的范畴。多素一字指的是几个不同的语素由同一个汉字来记录，有些是由简化字导致的。比如在上古时期"干"的意思是"干犯、冒犯"；"乾"表示与"湿"相对的意思；"幹"表示树的主干。后来三个字都简化为"干"，也就是说一个"干"字代表了多种意思，形成了多素一字的情况。多素一字除了由汉字的简化造成，还存在于同音词之间。比如表示"白色"的"白"和表示"白话"的"白"虽然共用一个汉字，但是却表达不同的意思，而且两个意思之间没有联系。

　　语素与汉字之间这种复杂的关系势必会影响语素本义的分析，因此在分析语素本义时，既要从汉字的字形出发做好字本义的分析，又不能完全拘泥于字形，而忽略了语素义本身的系统性。

三、通感式复合词语素义分析

　　构成通感式复合词的语素既包括成词语素，也包括成词语素的同义不成词语素。通过对 114 个通感式复合词的分析，共得到构成通感式复合词的语素 77 个，这些语素分别属于不同的感觉域。具体情况见表 3-5。

---

① 尹斌庸 . 汉语语素的定量研究［J］. 中国语文，1984（5）：345.

表 3-5 构成通感式复合词的语素分类情况

感觉域	具体分类	例 词
视觉域	光线类	暗、黯、亮、明、光、晦、昏
	颜色类	黑、白、苍、红、碧、青、灰、黄、绿、乌
	空间类	大、微、高、细、纤、宽、敞、深、沉、浅、厚、薄、长
	形态类	圆、澄、方、瘪、清、素、浑、直、澈、浓、平、鲜
听觉域	听觉类	寂、静、闹、响
味觉域	味觉类	淡、苦、酸、腻、甜、辣
嗅觉域	嗅觉类	馨、香
肤觉域	触觉类	干、燥、潺、润、滑、涩、粗、轻、重、尖、锐、坚、嫩、柔、软、松、脆
	温觉类	凉、冷、寒、冽、热、温

在分析语素的本义时，主要借助《说文解字》《说文解字注》和《汉字形义分析字典》等工具书。我们以感觉域为基础，逐类说明各感觉域所包含语素的语义。因为视觉域和肤觉域都包含不同的小类，而听觉域、味觉域和嗅觉域所包含的语素较少，所以把它们分为三类。

（一）视觉域

视觉是人类最重要的感觉，人类对世界的感知大部分是通过视觉获得的。视觉域可以分为光线类、颜色类、空间类和形态类四个小类，每个小类下包含不同的形语素。

从字的本义来看，光线类形语素的本义大多与"日"或"火"有关，因为只有"日"或"火"才能对人的视觉器官产生刺激，相应地在语言中产生光线类形语素。直接表示光线强弱的形语素有"暗、亮、明、光"，从表示特定时间转指特定时间所具有的性状的形语素有"昏"和"晦"。"昏"和"晦"从本义上说都指某一具体时间，"昏"指黄昏，"晦"指农历每月的最后一天。"黄昏"和"月末"的特点是光线不明，因此才引申出表性状的形语素的用法。需要说明的是形语素"黯"，在现代汉语共时层面"黯"是"暗"

的同义语素，有固定的所属感觉域，可是从字的本义来看"黯"从黑，表示一种深黑色。我们依据"黯"的基本义将其归入光线类。

《说文解字》对颜色类形语素的表述主要有：用方位表示颜色，如"白、黑、青"；用具体事物的颜色代指抽象的颜色，如"红、绿"（帛的颜色）、"黄"（大地的颜色）、"苍"（草的颜色）；用事物代指颜色，如"灰"（灰烬代指颜色）、"乌"（乌鸦代指颜色）、"碧"（石头代指颜色）。这里需要说明的是，用事物代指颜色并不是所有事物都可以的，一般情况下，该事物需具有较显著的视觉特征。比如乌鸦的显著特征是它的黑色，具有显著视觉特征的事物才可以代指颜色。

空间类形语素可以分为以下四类。第一类是本义直接表示空间性状，如"浅、高、微、细、纤"；第二类是从具体空间性状引申为抽象空间性状，如"长、厚、宽、大"；第三类是从表示具体动作转指事物性状，如"沉"；第四类是本义与基本义之间是假借关系，如"薄"。

形态类形语素有本义直接表示形态的，如"浓、清、澄"；从具体事物转指形态的，如"素"。还有一种情况比较特殊，就是《说文解字》没有的字，如"瘪"，对于这类字需要从字形上进行分析，《玉篇》对"瘪"的解释是"枯病"。"瘪"的本义应该是一种令人干枯、干瘪的病，"瘪"的基本义是"物体表面凹下去，不饱满"。

（二）肤觉域

肤觉域可以分为触觉和温觉两类。触觉类形语素中本义直接表示触觉感受的有"燥、滑、潺、粗、脆、坚、锐、柔、重、涩"；从具体事物转指事物特性的有"尖、轻"；从泛指到特指的有"嫩"；本义和基本义之间无引申关系的有"软"。温觉类形语素基本都是直接表示温度感受的，只有语素"凉"比较特殊。"凉"在《说文解字》中的本义是"薄"，段玉裁认为"凉"的本义是薄酒，泛指薄。薄则生寒，又引申为寒。虽然"凉"从本义来说不属于温觉类范畴，但是从基本义来看属于温觉类范畴。

（三）听觉域、嗅觉域和味觉域

听觉类语素较少，本义直接表示听觉感受的有"寂"，从事物转指事物特性的有"响"。嗅觉类语素都属于本义直接表示嗅觉感受的。味觉类语素中本义直接表示味觉感受的有"淡"和"腻"，从事物转指事物特性的有"苦"和"酸"。需要着重说明的是语素"鲜"，一般情况下人们对"鲜"有一种误读，认为从字形上看"鲜"表示鱼肉和羊肉混合在一起烹制的美味佳肴，所以"鲜"应该表示一种味觉感受。其实"鲜"的本义是一种鱼，《说文解字》对"鲜"字义和字音的解释是"从鱼，羴省声"。从"活鱼"的本义泛指"新杀的鱼鳖鸟兽"。活物新杀则味美，引申为味道鲜美；新杀则不腐，引申为新鲜、鲜明。我们认为从"鲜"的本义出发可以分析出"鲜"语义的引申义列，几个意义之间有着紧密的联系。然而通过"鲜"的引申义列并不能分析出"鲜"属于哪一个感觉域，也就是说无法判断出是先有表示味觉的"鲜美"义，还是先有表示视觉的"鲜明"义。陆宗达、王宁在谈到词义运动的基本形式时指出"训诂对引申系列的整理，仅着眼于已有词义的平面系联，不着眼于词义引申的先后历史"[①]。这是否意味着我们将无法判断"鲜"所属的感觉域呢？我们认为虽然在现有情况下词义发展的过程错综复杂，上古文献资料匮乏、口语材料缺失，词义发展的历史确实很难探求，但是借助于现有的文献资料，同样可以分析出"鲜"所属的感觉域。我们的思路是从汉籍全文检索系统中找到典型的上古时期的文献，看"鲜"在文献中的语义。如果"鲜"除了本义只有表示味觉或视觉的意义，那么就可以判断出"鲜"所属的感觉域；如果"鲜"除了本义，既表味觉义，又表视觉义，那么就看表示不同感觉义所占的比例，比例高的即为常用义，也就是上古时期"鲜"的基本义，"鲜"就属于比例高的感觉域。当然这样的判断方法相对来说较费时费力，但是如果只是针对个别较难判断感觉域归属的形语素，那么这不失为一种行之有效的方法。

---

① 陆宗达，王宁.训诂与训诂学［M］.太原：山西教育出版社，1996：112—113.

根据对先秦语料《春秋左氏传》《论语》《战国策》《韩非子》的调查，"鲜"在先秦时期大多表"少"义，有时表"活鱼"。如：

（1）以欲从人则可，以人从欲鲜济。《春秋左氏传·僖公》

（2）治大国者若烹小鲜。《韩非子·解老第二十》

可见在先秦时期"鲜"既不表视觉义，也不表味觉义。我们又调查了两汉时期的语料《史记》和《汉书》，发现"鲜"除了表"少"义，还可以表示"鲜艳、鲜明"等视觉义。如：

（1）昭信复谮望卿曰："与我无礼，衣服常鲜于我，尽取善缯丐诸宫人。"（《汉书·卷五三列传第二三》）

（2）皆好车马衣服，其自奉养极为鲜明，而亡金银锦绣之物。（《汉书·卷七二列传第四二》）

通过对上古时期语料的梳理发现，"鲜"在先秦时期主要表"少"义，在两汉时期出现了视觉义，味觉义的出现比视觉义晚。由此判断"鲜"应归属于视觉域。

（四）语素义所属感觉域的判断

按照形语素是否在现代汉语共时层面属于不同感觉域，将 77 个构成通感式复合词的形语素分为两类，具体情况见表 3-6。

表 3-6　形语素感觉域归属情况分类

感觉域归属	数目（个）	比例	划定标准	例子
属于不同感觉域	22	29%	本义	薄、粗、脆、淡、厚、光
属于特定感觉域	55	71%	基本义	碧、瘪、苍、长、滑、响

从表 3-6 可知，29% 的构成通感式复合词的语素属于不同感觉域，依据本义确定其感觉域；71% 的构成通感式复合词的语素属于特定感觉域，依据基本义确定其感觉域。

在深入分析各感觉域下辖的不同形语素的语义之后，得出了一些规律性的结论。

（1）在分析感觉类形语素的语义时，如果形语素在现代汉语层面隶属于不同的感觉域，那么就要分析其本义，在分析本义时主要依据字形。如果本义的分析不足以揭示形语素所属的感觉域，那么就要看形语素在先秦文献中的使用频率，根据使用频率判断其所属感觉域。

（2）大部分形语素在现代汉语层面有固定的所属感觉域，这些形语素一般依据基本义判断其语义归属。从本义到基本义的引申过程一般分为三类：从具体事物转指事物特性；从具体动作转指事物特性；从特指到泛指。

（3）有些形语素在现代汉语共时层面隶属于某一感觉域，在追溯本义的过程中却出现了本义和基本义属于不同感觉域的情况，这时主要依据基本义判断其语义归属。

第三节　语素义的引申关系

一、语义引申

为了进一步明确感觉类形语素是以哪一个义位进入通感式复合词的，需要考察语素义的引申关系。陆宗达、王宁（1996）在《训诂与训诂学》中指出"词义引申是一种有规律的运动"，并把词义引申的方式分为三类九种，分别是理性的引申、状所的引申和礼俗的引申。感觉类形语素在语义引申的过程中也会发生这三种引申方式，其中状所引申中的通感引申是感觉类形语素的典型引申方式。

词义发展的总体规律是从具体到抽象，要考察词义的发展既可以从历时角度出发，依靠大量文献资料分析出词义的发展脉络，又可以从逻辑角度出发，依据现有辞书中词的义项推理出词义的引申关系。运用认知分析和逻辑推理，梳理出词义的引申关系相较于前者来说更加便捷和高效。这里所说的词义和语素义并不矛盾。在现代汉语层面，构成通感式复合词的形语素在入词前有些是词，有些是语素，为了便于称说我们统一使用语素^①这一术语。上古时期词汇的整体面貌是以单音节词为主，词的载体是字，很多时候词、语素、字合为一体，虽然它们属于不同的语言层面，但是大多数情况下对单音节词词义的分析就是对语素义的分析，而其载体就是字。因此，我们拟以《汉语大字典》作为语料来源，分析其中感觉类形语素的语义引申关系。

二、义项和义位的关系

一般情况下，人们认为义项和义位是词义的单位，与语素义没有关系。然而构成通感式复合词的语素在入词前大部分是词，即便是那些不成词语素也有其内在的语义引申脉络。我们不纠缠于义项和义位是否可以用来表述语素义，只从客观实际出发，分析出构成通感式复合词各语素的语义引申关系，其中必然会涉及义项和义位的关系问题。

张志毅、张庆云（2012）提出义位有大、中、小三种概念，并从中观概念即义位指一个义项出发，从六个角度对义位进行了界定。蒋绍愚（2005）认为粗略地说"义位"就是词典上所列的义项。但是要注意区分字词关系，同一个字有时会代表不同的词，只有先区分出词才能把属于同一个词的义项看作这个词的不同义位。

义项和义位既有区别又有联系。二者所属的学科领域不同，义项属于词典学术语；义位属于语义学术语。二者的本质不同，义项是义位在辞书中的表现形式，不同的辞书对同一个词义项的处理可能不同；义位是一个词从本义出发自然具备的客观语义属性。二者的构成成分不同，义项主要表现为词典中对词条的注释，词条可以是语素、词，也可以是词组；义项解释的内容既包括词条的语义属性，也包括词条的语用属性；义项解释的范围既包括多义词，也包括单义词；义位的构成成分是义素。二者的性质不同，义项是辞书编纂者在对义位进行梳理后呈现在词典中的状态，相对于义位来说具有主

---

① 语素和词属于不同的层级，如果把词放在语素层面来说就是成词语素。

观性；义位是一个词自然具备的语义属性，具有客观性。二者又是有联系的，义项是义位的反映，义位是概括和划分义项的依据。也就是说义项是显性的，义位是隐性的，可以通过对显性的义项的分析，总结归纳出隐性的义位的呈现规律。

苏宝荣、武建宇（1999）明确了义点、义位和义系的定义，并指出既可以从微观的义点归纳总结义位，又可以从宏观的义系调控义位。从多义词的语义系统（义系）入手，可以对词义有一个整体的把握，在整体把握的基础上才能更好地分析义位。基于此，在全面分析《汉语大字典》中各词义项的基础上分析整理出它们的义位，并以义位为线索梳理其语义引申关系。

三、各感觉类语素义的引申关系

（一）语素义分析流程

要分析构成通感式复合词语素义的引申关系，首要问题是从语素的本义入手，分析语素的义位，在此基础上，梳理出语素义的引申脉络。义位是词义的隐性存在，义项是义位在辞书中的反映。从《汉语大字典》中选取合适的义项，确立形语素的语义范畴，在对义项的归纳整理中分析出义位，以义位为线索梳理语素义的引申关系。

1. 选定义项

《汉语大字典》的"凡例"说明了该字典对多义字义项的排列顺序，即本义、引申义和通假义。在选定义项时也基本按照义项的顺序，一般只选取本义和引申义，排除通假义。在分析本义时如果发现《汉语大字典》有与《说文解字》相冲突的地方，以《说文解字》为参照。如果本义与基本义或引申义联系不够紧密，则排除本义的义项，选取基本义。如"方"的本义从字形上理解是"相并的两船"，由此引申出"并排""齐等""比拟"等义项，这些义项与"方"表形状的基本义关系不大，因此予以排除。在选定义项时还排除了与词义引申无关的义项，如专名、姓氏等。

形语素在组成通感式复合词时，大多数用法是表性状义，有时也可以用来表示动作行为义或名物义。具体情况见表 3-7。

表 3-7　形语素义项分类情况

分类	表性状义	表动作行为义	表名物义	其他
义项数（个）	377	149	125	25
比例	55.8%	22%	18.5%	3.7%

由表 3-7 可知，形语素表性状义的义项占所有义项数的一半以上，其次为表动作行为义和表名物义的义项。因此，我们一共选定了 77 个形语素的 377 个表性状义的义项，并以此为基础梳理形语素的语义引申脉络。

2. 整合义位

义位和义项关系密切，又有本质的区别。词典所列的义项只是一个词义位的反映，因此，需要结合词的本义借助义项整合出词的义位。在此基础上，才能更好地确立形语素各引申义的语义范畴，从而明确其语义引申关系。

辞书编纂者会根据辞书的规模和用途收录词和词的义项，不同辞书在选词和罗列义项方面都不尽相同，但是其所列义项基本涵盖了一个词的基本用法。规范的词典一般只收录词的语言义，而有些规模相对较大的词典比如《汉语大词典》不只收录了词的语言义，有时还会收录词的言语义。义位是一个词本身蕴含的意义，它在词典中的表现形式是义项，但又不完全等同于义项。义位体现了词的理性意义，是在词本义基础上的一种直接衍生义，与词的本义关系极为密切。可以通过分析本义和整理归纳义项对义位进行整合。

我们以空间类形语素"浅"为例，说明如何结合本义借助义项整合出义位。"浅"在《汉语大字典》中一共有 13 个义项，其中表性状的义项有 10 个。分别是：

① 水不深。② 从上到下或从外到内距离小（跟"深"相反）。③ 衣带宽松。④ 肤浅；不深刻。⑤ 明白易懂。⑥ 浅薄。指学问不深，见识短浅。⑦ 颜色淡薄。⑧ 狭；窄小。⑨ 微小。⑩ 不久；时间短暂。

其中"水不深"是"浅"的本义，从义项①到义项②是"浅"泛化的过程，即从表示"水浅"到泛指任何物体的空间距离小。义项②是"浅"的基本义，即空间方位义，从义项②引申出"浅"的其他8个义项。从这8个义项中可以整合出5个义位，分别是表示程度义的义项③和义项⑨，表示知识义的义项④⑤⑥，表示颜色义的义项⑦，表示空间面积义的义项⑧和表示时间义的义项⑩。其中义项⑧的义位与基本义最接近，是从基本义的直接引申；义项⑦的义位是从基本义所属的空间范畴到颜色范畴的引申，属于通感引申中的同觉异类引申；表程度义、知识义和时间义的义位是从基本义到这些义位的抽象引申。

3. 确立语义范畴

感觉类形语素在入词前大部分是感觉类形容词，主要表示人可以用感官感受到的物的性质，兼具主观性和客观性。符淮青（2006）在分析表性状词的意义时指出词典对性状词的释义主要有四种类型，其中"（适用对象）+性状的说明描写"式是表性状词的最主要的释义模式，其他三种类型基本都可以变换为这种最主要的释义模式。也就是说感觉类形容词的语义必然要和与其搭配的名词产生千丝万缕的联系。可以通过分析与形容词组合的名词的语义变化，分析形容词语义的变化。

现有的类义词典为分析名词所属的语义范畴奠定了基础。《现代汉语分类词典》以《同义词词林》为蓝本，在充分继承前人成果的基础上，收录了8.3万多条通用性词语，较《同义词词林》新增常用词2.9万条，按五级语义层编排，建构了一个词量庞大、覆盖面广、层次清楚、分类合理的词汇分类体系。[①] 该词典以语义作为划分名词小类的标准，把所有名词分为4个一级类，分别是生物、具体物、抽象事物和时空；又在各一级类下分出25个二级类；各二级类下分出139个三级类；各三级类下分出558个四级类。每一个类别名都为我们提供了一个语义范畴，其中一级类名是相对概括的语义范畴，而其他各级类名是相对具体的语义范畴。特定的名词语义范畴会与特定的形容词搭配，从而确定形容词所属的语义范畴。可以根据名词语义范畴的变化判断多义形容词的语义演变问题。

---

① 苏新春. 现代汉语分类词典［M］. 北京：商务印书馆，2013："前言"，1.

　　根据对 377 个表性状义义项的分析和统计，大致确立形容词（语素）各义项所属的语义范畴。各形语素从本义或基本义来说属于五种感觉范畴，即视觉范畴、听觉范畴、肤觉范畴、味觉范畴和嗅觉范畴。我们把视觉范畴分为光线范畴、空间范畴、颜色范畴和形态范畴四个小类；把肤觉范畴分为温觉范畴和触觉范畴两类。形语素各引申义所属的语义范畴如下：光线范畴、空间范畴、颜色范畴、形态范畴、听觉范畴、温觉范畴、触觉范畴、味觉范畴、心理范畴、品质范畴、情绪范畴、言辞范畴、程度范畴、经济范畴、情感范畴、时间范畴、知识范畴、数量范畴、评价范畴、态度范畴、年龄范畴、等级范畴、环境范畴、质地范畴、状态范畴、际遇范畴、感官范畴、政治范畴、智力范畴和事件范畴。其中前 8 种语义范畴属于具体感觉类语义范畴，同一语义范畴之间不发生引申关系，后 22 种语义范畴属于抽象语义范畴，形语素从某一具体感觉范畴会向抽象语义范畴发生语义引申。

　　4. 梳理语义引申关系

　　语义引申指的是词或语素以本义或基本义为源头不断向外辐射或衍生新词（语素）义的过程。引申义一般都会与词（语素）的本义或基本义有或多或少的联系。引申的方式一般分为连锁式引申、辐射式引申和综合引申。梳理语义引申关系是为了分析多义形语素各义项之间的内在联系，根据各义位所属语义范畴的变化分析形语素跨范畴引申的情况。考察语素的语义引申关系主要是为下一步判断形语素入词时的语义做准备。

　　我们以视觉域形态类形语素"清"为例说明其语义引申关系。"清"在《汉语大字典》中一共有 32 个义项，其中表性状的义项有 15 个。分别是：

　　①水纯净透明。②洁净；纯洁。③单纯。④闲暇。⑤清静；寂静；冷清。⑥清楚；明白。⑦公正。⑧廉洁，不贪求。⑨鲜。⑩眼珠明亮，黑白分明。⑪秀美。⑫高洁；卓越。⑬（声音）清越。⑭寒凉；冷。⑮安定；太平。

　　"水纯净透明"是"清"的本义，从义项①到义项②是"清"泛化的过程，"洁净；纯洁"是"清"的基本义，其他各义项均为"清"基本义的引申义。义项③⑦⑧⑫属于品质范畴，可整合出品质义位；义项④⑤属于环境范畴，可整合出环境义位；义项⑥属于心理范畴，可整合出心理义位；义项

⑨ 属于颜色范畴，可整合出颜色义位；义项 ⑩ 属于感官范畴，可整合出感官义位；义项 ⑪ 属于评价范畴，可整合出评价义位；义项 ⑬ 属于听觉范畴，可整合出听觉义位；义项 ⑭ 属于温觉范畴，可整合出温觉义位；义项 ⑮ 属于政治范畴，可整合出政治义位。从基本义到颜色范畴、听觉范畴、温觉范畴的引申属于通感引申；从基本义到品质范畴、环境范畴、心理范畴、感官范畴、评价范畴和政治范畴的引申属于抽象引申。

（二）各感觉类语素义引申关系

1. 视觉类语素义的引申

（1）光线类语素义的引申。

光线类形语素包括表示【光线强】的语素"亮""明""光"和表示【光线弱】的语素"暗""晦""昏"以及"暗"的同义语素"黯"。这些形语素的引申义涉及的语义范畴主要包括听觉范畴、触觉范畴、形态范畴、空间范畴、颜色范畴、心理范畴、政治范畴、智力范畴、品质范畴、状态范畴、程度范畴、情绪范畴、感官范畴、言辞范畴和数量范畴。光线类形语素从其本义或基本义向听觉范畴、触觉范畴、形态范畴、空间范畴、颜色范畴的语义引申属于通感引申，其中向听觉范畴和触觉范畴的引申是狭义的通感引申，向形态范畴、空间范畴和颜色范畴的引申属于视觉范畴内部不同类别之间的引申，是广义的通感引申。光线类形语素从其本义或基本义向心理范畴、政治范畴、智力范畴、品质范畴、状态范畴、程度范畴、情绪范畴、感官范畴、言辞范畴和数量范畴的引申属于抽象引申。

光线类形语素的 18 个引申义项分别属于 15 个不同的语义范畴，其中向心理范畴的引申最为常见。如"亮"和"明"的"明白；清楚"义、"暗"的"昏昧，不明白"义和"昏"的"昏聩、迷乱"义都属于心理范畴。光与人类的生活息息相关，它是视觉系统中的基础成员，如果人类感觉不到光的刺激，那么也就无法识别颜色和形状。心理学相关研究表明在所有主观反应评价中，动态干扰光对人的心理感受和情绪反应干扰程度要比对人的视觉功能干扰强烈。[①]虽然动态干扰光对人类心理和情绪的影响只是光与人类心理关系的一个特例，但是我们还是能从中得到启发。一般情况下，表示【光线强】的语素相对来说会给人积极的心理暗示，从而使人产生"明白、清楚"的心理反应；表示【光线弱】的语素相对来说会给人消极的心理暗示，从而使人产生"不明白、昏昧、迷乱"的心理反应。

（2）空间类语素义的引申。

空间类形语素包括具有【程度高】义的语素"厚""深""高""宽""大""长"以及"深"的同义语素"沉"和具有【程度低】义的语素"薄""浅""细"以及"细"的同义语素"纤"和"小"的同义语素"微"[②]。这些形语素的引申义涉及的语义范畴主要包括味觉范畴、触觉范畴、听觉范畴、光线范畴、颜色范畴、形态范畴、经济范畴、程度范畴、情感范畴、品质范畴、言辞范畴、状态范畴、时间范畴、等级范畴、年龄范畴、评价范畴、态度范畴、数量范畴、质地范畴、际遇范畴、知识范畴和事件范畴。空间类形语素从其本义或基本义向味觉范畴、触觉范畴、听觉范畴、光线范畴、颜色范畴和形态范畴的引申属于通感引申，其中向味觉范畴、触觉范畴和听觉范畴的引申是狭义的通感引申，向光线范畴、颜色范畴和形态范畴的引申属于视觉范畴内部不同类别之间的引申，是广义的通感引申。空间类形语素从其本义或基本义向经济范畴、程度范畴、情感范畴、品质范畴、言辞范畴、状态范畴、时间范畴、等级范畴、年龄范畴、评价范畴、态度范畴、数量范畴、质地范畴、际遇范畴、知识范畴和事件范畴的引申属于抽象引申。

空间类形语素的78个引申义项分别属于22个不同的语义范畴，其中向程度范畴的引申最为常见。如"厚"的"重、大、多"义；"深"的"重大""多""远"义；"高"的"大""远""浓，重"义；"大"的"极；很"义；"长"的"大"义；"沉"的"（程度）深"义；"浅"的"微小"义；

[①] 刘鸣，马剑，苏晓明，等.动态干扰光对人的视觉、心理、情绪的影响［J］.人类工效学，2009（4）：24.

[②] 语素"微"构成了通感式复合词"寒微"，语素"小"并没有构成通感式复合词，因此我们选择了语素"小"的同义语素"微"而没有选择"小"。

"细"的"分量轻，渺小"义；"微"的"少"义都属于程度范畴。空间类形语素一般指的是物体所具有的空间维度或空间位置。空间类形语素往往成对出现，成对出现的两个形语素的主要区别是程度的区别。因此，其基本义中暗含程度义，其引申义所属的范畴以程度范畴最常见也就顺理成章了。

（3）颜色类语素义的引申。

颜色类形语素包括语素"白""红""青""黄""灰""黑""乌""碧""苍"和"绿"。其中"乌"和"碧"都是从表具体物的本义引申出性状义，而且这两个语素都是只有一个性状义；"苍"和"绿"虽然有两个以上表性状的引申义，但是各引申义均属于颜色域范畴，因此以上两类语素的用法不予统计。通过考察"白""红""青""黄""灰"和"黑"六个语素的引申义，发现这些形语素的引申义涉及的语义范畴主要包括形态范畴、光线范畴、质地范畴、心理范畴、等级范畴、经济范畴、评价范畴、政治范畴、年龄范畴、事件范畴、情绪范畴、品质范畴和状态范畴。颜色类形语素从其本义或基本义向形态范畴和光线范畴的引申属于广义的通感引申；向质地范畴、心理范畴、等级范畴、经济范畴、评价范畴、政治范畴、年龄范畴、事件范畴、情绪范畴、品质范畴和状态范畴的引申属于抽象引申。

颜色类形语素的17个引申义项分别属于13个不同的语义范畴，其中向评价范畴的引申略多于向其他范畴的引申。颜色类形语素没有发生狭义的通感引申，只有3个义项发生了广义的通感引申。由此可见，颜色范畴主要是狭义通感引申的目标域而不是源域。颜色对人的生理和心理都会产生影响，不同的颜色还具有不同的象征意义，语言中也往往使用颜色词对人或物进行评价，如"红人""黑车"等。因此，颜色类形语素主要向评价范畴发生抽象引申。

（4）形态类语素义的引申。

形态类形语素包括表示物体形状的形语素"方""圆""直""平""瘪"；表示颜色程度的形语素"浓""素""鲜"；表示液体透明程度的形语素"清"和"浑"以及"清"的同义语素"澈"和"澄"。其中语素"瘪"的三个义项均为形态范畴，未发生向其他范畴的引申。语素"澄"只有一个表性状义的义项，因此排除这两个语素。通过考察"方""圆""直""平""浓""素""鲜""清""浑"和"澈"这10个语素的引申义，发现这些形语素的引申义涉及的语义范畴主要包括听觉范畴、温觉范畴、味觉范畴、颜色范畴、状态范畴、品质范畴、环境范畴、政治范畴、等级范畴、程度范畴、情感范畴、评价范畴、时间范畴、质地范畴、心理范畴、经济范畴和感官范畴。形态类形语素从其本义或基本义向听觉范畴、温觉范畴、味觉范畴和颜色范畴的引申属于通感引申，其中向听觉范畴、温觉范畴和味觉范畴的引申是狭义的通感引申，向颜色范畴的引申属于视觉范畴内部不同类别之间的引申，是广义的通感引申。形态类形语素从其本义或基本义向状态范畴、品质范畴、环境范畴、政治范畴、等级范畴、程度范畴、情感范畴、评价范畴、时间范畴、质地范畴、心理范畴、经济范畴和感官范畴的引申属于抽象引申。

形态类形语素的48个引申义项分别属于17个不同的语义范畴，其中向品质范畴的引申最常见。如"圆"的"圆通，灵活，圆滑"义；"方"的"方正，正直"义；"平"的"端正，公正"义；"直"的"正，合乎正义的"和"端正"义；"素"的"清淡无为"义；"清"的"单纯"义等。主要是借用物体的形状、颜色的素雅以及液体的透明程度来表示人的品行。物的形态特征和人的品质特点之间有相似性，属于从具体物到抽象物的隐喻。

2．肤觉类语素义的引申

（1）温觉类语素义的引申。

温觉类形语素主要包括表示环境温度变化的形语素"寒""冷""凉""温""热"以及"寒"的同义语素"冽"。其中"冽"只有一个表性状的义项，因此排除"冽"。通过考察"寒""冷""凉""温""热"的引申义，发现这些形语素的引申义涉及的语义范畴主要包括听觉范畴、形态范畴、经济范畴、等级范畴、态度范畴、状态范畴、评价范畴、环境范畴、品质范畴、情绪范畴和情感范畴。温觉类形语素从其本义或基本义向听觉范畴和形态范畴的引申属于通感引申，向经济范畴、等级范畴、态度范畴、状态范畴、评价范畴、环境范畴、品质范畴、情绪范畴和情感范畴的引申属于抽象引申。

温觉类形语素的 17 个引申义项分别属于 11 个不同的语义范畴，其中向态度范畴的引申略多于向其他范畴的引申。如"冷"的"冷静，冷淡，不热情"和"冷酷的，严峻的"义；"温"的"柔和，宽厚"义。这主要是用人体感受到的温度来表达人的态度，温度的变化与人的态度之间有相似性，是从具体温觉域向抽象态度域的投射，是一种隐喻。

（2）触觉类语素义的引申。

触觉类形语素主要包括表示物体尖锐程度的"尖"和"锐"，表示物体软硬程度的"坚""柔""嫩"和"软"，表示物体光滑程度的"滑""涩"和"粗"，表示物体干燥程度的"干""燥""润"和"溽"，表示物体酥脆程度的"脆"和"松"，表示物体轻重程度的"轻"和"重"。这些形语素的引申义涉及的语义范畴主要包括味觉范畴、听觉范畴、形态范畴、颜色范畴、空间范畴、评价范畴、感官范畴、言辞范畴、品质范畴、智力范畴、情绪范畴、状态范畴、态度范畴、程度范畴、年龄范畴、质地范畴、等级范畴和经济范畴。触觉类形语素从其本义或基本义向味觉范畴、听觉范畴、形态范畴、颜色范畴和空间范畴的引申属于通感引申，向评价范畴、感官范畴、言辞范畴、品质范畴、智力范畴、情绪范畴、状态范畴、态度范畴、程度范畴、年龄范畴、质地范畴、等级范畴和经济范畴的引申属于抽象引申。

触觉类形语素 59 个引申义项分别属于 18 个不同的语义范畴，其中向程度范畴的引申略多于向其他语义范畴的引申。如"嫩"的"轻；微"义，"轻"的"程度浅；数量少"义，"重"的"厚""浓厚"和"深"等义。形语素的典型特征之一是其程度性，在触觉类形语素中表现更为突出。从各语素本义或基本义所在的感觉范畴向抽象程度范畴的语义引申是一种隐喻，引申的基础是各语素在程度上的相似性。

3. 听觉类、味觉类和嗅觉类语素义的引申

因为听觉类、味觉类和嗅觉类形语素的成员较少，所以将这三个范畴的成员放在一起讨论。

（1）听觉类语素义的引申。

听觉类形语素反映物体给人带来的听觉感受，主要有"寂""静""闹"

和"响"。其中语素"响"只有一个表示性状的义项,因此不予统计。听觉类形语素的引申义涉及的语义范畴主要包括环境范畴、态度范畴、品质范畴和状态范畴。听觉类形语素只发生了抽象引申而未发生通感引申,也就是说听觉范畴在通感引申的过程中是目标域而不是源域。听觉类形语素的8个引申义项分别属于4个不同的语义范畴,其中向环境范畴的引申略多于向其他范畴的引申。如"寂"的"冷落、冷清"义,"静"的"安静,宁静"义等。人类的听觉感受与外界环境关系密切,可以说听觉的产生就是外界环境刺激在人体听觉方面的反映。因此,听觉类形语素的引申义主要属于环境范畴。

(2)味觉类语素义的引申。

味觉类形语素主要有"酸""甜""苦""辣""淡""腻",其引申义涉及的语义范畴主要包括触觉范畴、温觉范畴、颜色范畴、形态范畴、情绪范畴、环境范畴、品质范畴、经济范畴、心理范畴、评价范畴、状态范畴、数量范畴、态度范畴、言辞范畴、程度范畴、等级范畴和感官范畴。味觉类形语素从其本义或基本义向触觉范畴、温觉范畴、颜色范畴和形态范畴的引申属于通感引申,向情绪范畴、环境范畴、品质范畴、经济范畴、心理范畴、评价范畴、状态范畴、数量范畴、态度范畴、言辞范畴、程度范畴、等级范畴和感官范畴的引申属于抽象引申。

味觉类形语素的28个引申义项分别属于17个不同的语义范畴,其中向经济范畴的引申略多于向其他范畴的引申。如"酸"的"形容读书人的贫寒"义,"苦"的"穷困"义,"淡"的"生意不兴旺"义等。人体的味觉感受与人在经济贫困时所产生的心理感觉有相似性,属于从具体味觉域向抽象经济域的隐喻投射。

(3)嗅觉类语素义的引申。

嗅觉类形语素主要有"香"和"馨",其中"馨"只有一个表性状的义项,因此予以排除。"香"的引申义涉的语义范畴主要有味觉范畴、颜色范畴和程度范畴,其中从其本义或基本义向味觉范畴和颜色范畴的引申属于通感引申,向程度范畴的引申属于抽象引申。因为语素"香"只有三个义项,三个义项又分别属于不同的语义范畴,所以无法统计嗅觉类形语素引申义的主要倾向。从对以上各感觉类形语素引申义的统计分析，我们发现所有的感觉类形语素都不会发生向嗅觉范畴的引申，因此在通感引申中嗅觉范畴只能是源域而无法成为目标域。

（三）各感觉类语素义引申规律

感觉类形语素 377 个表性状的义项中有 276 个引申义项，这些引申义项分别属于 30 个语义范畴。排除的 101 个义项或者是形语素的本义或基本义，或者虽然与本义或基本义有细微差别但是同属于一个感觉域，或者是形语素只有一个表性状的义项而没有引申义。根据对感觉类形语素引申义项的统计和分析，我们发现了如下规律。

1. 凡发生通感引申的语素必发生抽象引申，而发生抽象引申的语素不一定发生通感引申

通感引申分为两类，一类是狭义的通感引申，即视、听、肤、味、嗅五种感觉域之间的引申；另一类是广义的通感引申，即视觉域内部四种小类之间的引申，或肤觉域内部两种小类之间的引申。不管是广义的通感引申还是狭义的通感引申，通感引申意味着两种具体感觉之间的引申关系，即从某一具体感觉范畴到另一具体感觉范畴的引申。抽象引申是从具体感觉范畴向心理、品质、程度、评价、态度等抽象语义范畴的引申，可以理解为是一种隐喻。也就是说只要有具体感觉之间的引申就一定会发生从具体域向抽象域的引申，反之则不成立。根据对具有引申义项的 67 个形语素的考察发现，发生通感引申与发生抽象引申的义项数基本持平。也就是说，所有有引申义项的形语素都发生了抽象引申，只有一半的形语素发生了通感引申。

2. 把同觉异类的通感单独列为一类，既有理论依据又有数据支持

同觉异类的通感是通感中的一个小类，是广义的通感。通过对各感觉域语素义引申关系的考察发现，光线类形语素主要向心理范畴引申，空间类形语素主要向程度范畴引申，颜色类形语素主要向评价范畴引申，形态类形语素主要向品质范畴引申。也就是说，视觉域下辖的四种小类中语素的引申义分别有各自的侧重，因此不宜笼统地将其归入视觉范畴，应该按照它们的区

别分为不同的范畴，并把四种范畴之间的引申关系按照同觉异类处理为广义的通感引申。温觉类形语素主要向态度范畴引申，触觉类形语素主要向程度范畴引申，二者也应该分为两个范畴，并将这两种范畴之间的引申关系按照同觉异类处理为广义的通感引申。

3.同一范畴内部的语素在发生语义引申时具有不平衡性

每一个感觉范畴内部都有大量的同义语素和反义语素，但是同义语素之间或反义语素之间的语义引申并不完全对应。我们以光线范畴为例加以说明，"明"和"亮"是同义语素，"明"只发生了抽象引申而未发生通感引申；"亮"既发生了通感引申又发生了抽象引申，从表示"明亮"到表示"声音响亮"是从视觉范畴到听觉范畴的通感引申，从表示"明亮"到表示"明白，清楚"是从视觉范畴到心理范畴的抽象引申。再来看反义语素"明"和"暗"，"明"只发生了抽象引申，"暗"既发生了抽象引申又发生了通感引申，但是"暗"的通感引申是广义的通感引申，即从光线范畴的"不明亮"义到颜色范畴的"不鲜艳"义。

4.各感觉域形语素发生通感引申时有不同的侧重范畴

各感觉域的形语素在发生通感引申时，都会从某一具体感觉域向另一具体感觉域发生语义偏移。所有的形语素都不会发生向嗅觉范畴的引申，这说明在通感引申中嗅觉域是源域而不是目标域。这一方面是因为心理学相关研究表明嗅觉与视觉等感觉相比，重要性不够，如果说通感引申是链条状的，那么嗅觉范畴处在该链条的较初级阶段；另一方面是因为嗅觉在语言中的表现，即嗅觉类词语相对较少，汉语中典型的嗅觉类形语素是"香"和"臭"，而"臭"又没有构成通感式复合词。嗅觉类词语少，发生通感引申的机会相应就会减少，最终使其成为典型的源域。

听觉类形语素没有发生通感引申，只发生了抽象引申，这说明听觉域是通感引申的目标域而不是源域。一方面是因为心理学相关研究表明听觉与视觉一样在人类的感官中具有较重要的地位，如果说通感引申是链条状的，那么听觉范畴处在该链条的较高级阶段；另一方面是因为听觉类词语相对较少，在语言中的表现形式少，发生通感引申的可能性就会相应减少，最终使其成为典型的目标域。

5.各感觉域形语素抽象引申的共性

各感觉域的形语素在发生抽象引申时，都会从某一具体感觉域向抽象语义域发生语义偏移。如光线范畴各语素的引申义主要向心理范畴引申，空间范畴各语素的引申义主要向程度范畴引申。下面我们将分析各感觉域的形语素在发生抽象引申时的相似点。感觉类形语素 276 个引申义项分别属于 30 个语义范畴，平均每个语义范畴有 9 种可能的义项数。我们先统计超过平均数的语义范畴，具体情况如下：程度范畴（40）[①]、品质范畴（30）、评价范畴（21）、态度范畴（17）、状态范畴（17）、质地范畴（13）、经济范畴（11）、环境范畴（10）、心理范畴（9）、等级范畴（9）。各感觉类形语素的引申义所在的语义范畴以程度范畴最多，接下来才是品质范畴、评价范畴等其他抽象语义范畴。也就是说各感觉类形语素在发生抽象引申时，基本都有向程度范畴迁移的倾向，向其他范畴的迁移依类递减。感觉类形语素反映的是客观事物通过感觉器官在人脑中的一种主观映像，兼具主观性和客观性。除此以外，感觉类形语素最重要的特性之一就是其程度性，程度范畴相较于品质范畴、心理范畴来说表义更抽象。从感觉类形语素本义或基本义所属的具体感觉范畴向抽象的程度范畴的引申是一种隐喻。通过对比抽象引申中各范畴作为目标域的具体数据发现，超过平均数的各语义范畴一般表义都较抽象，而未超过平均数的际遇范畴（1）、智力范畴（2）、事件范畴（3）、数量范畴（3）[②]等语义范畴表义一般较具体。也就是说，感觉类形语素在发生抽象引申的过程中，向各抽象语义范畴的引申也是分层级的。一般来说，向更抽象语义范畴的引申多于向较抽象语义范畴的引申。

---

① 括号中的数字为抽象引申中该语义范畴作为目标域的具体数字。

② 未超过平均数的语义范畴具体数据如下：际遇范畴（1）、智力范畴（2）、事件范畴（3）、数量范畴（3）、情感范畴（3）、感官范畴（4）、政治范畴（4）、知识范畴（5）、时间范畴（5）、年龄范畴（5）、情绪范畴（7）、言辞范畴（8）。

第四节　本章小结

本章主要从组成通感式复合词的语素义入手，分析其本义和语义引申关系。主要内容包括以下三个方面：第一，各语素所属的感觉域具有不平衡性；第二，构成通感式复合词的语素本义的确定；第三，语素义的引申关系。

在分析组成通感式复合词的语素之前，先来看五种感觉域的不平衡性。各感觉域的不平衡性不仅表现在不同感觉域内部成员数量的不平衡，还表现在同一感觉域内部成员构词能力的不平衡。第一种不平衡是直观的、显性的，第二种不平衡则需要结合语料加以分析。同一感觉域内部成员构词能力的不平衡性主要有三个方面的表现：与义位相关的构词能力的不平衡；与形语素特性相关的构词能力的不平衡；同义语素构词能力的不平衡。

组成通感式复合词的语素分为两种情况，一种是语素所属感觉域较为固定的，这类语素占所有语素总数的71%；另一种是语素属于不同感觉域的，这类语素占所有语素总数的29%。对于第一种情况，以语素的基本义作为判断其感觉域归属的依据；对于第二种情况，以语素的本义作为判断其感觉域归属的依据。其中本义和基本义属于不同的语言层面，与二者相对应而存在的概念不同，二者在语义演变过程中发挥的作用不同。我们主要以《说文解字》为依据，分析组成通感式复合词的77个形语素的本义及其感觉域归属问题。在分析中发现个别形语素的感觉域归属问题，不能仅仅停留在词典辞书的层面，还需要结合先秦语料进行细致的考察与分析。

在分析组成通感式复合词的语素义的引申关系之前，首先界定了语义引申以及义项和义位的关系，义项和义位既有联系又有区别。这也为我们选定义项、整合义位、确立语义范畴以及梳理语义引申关系奠定了基础。我们主要以视、听、肤、味、嗅五种感觉域内部的语素为语料，分析不同感觉域内语素义的引申关系。其中视觉被细分为光线类、空间类、颜色类和形态类四个小类；肤觉被分为温觉类和触觉类两个小类。五大类九小类语素在语义引申的过程中各有不同的侧重。最终得出如下语义引申规律：凡发生通感引申的语素必发生抽象引申，发生抽象引申的语素不一定发生通感引申。把同觉异类的通感单独列为一类，既有理论依据又有数据支持。同一范畴内部的语素在发生语义引申时具有不平衡性。各感觉域的形语素在发生通感引申时有不同的侧重范畴。各感觉域的形语素在发生抽象引申时具有共性，即感觉类形语素向各抽象语义范畴的引申是分层级的，一般来说向更抽象语义范畴的引申多于向较抽象语义范畴的引申。

第四章
通感式复合词词义与语素义的关系

第一节　词义和语素义的关系

前人对词义和语素义的关系问题有两种截然不同的观点。一种以符淮青等为代表，认为"词是由语素构成的，词义和构成它的语素的意义就有联系"[①]，在承认词义和语素义之间联系的基础上，才能进一步分析词义和语素义之间的具体关系。符淮青把合成词词义和构成它的语素义的关系大致分为六种常见的类型，[②]并指出"从第一种类型到第六种类型，语素的原有意义在词义所占的地位是递减的"[③]。这里需要注意的问题有两个，一个是符淮青在六种类型中举的所有例子都是单义双音合成词，如果一个词有两个或两个以上的意义，那么类型数是否会有变化？单义词的词义相对于多义词来说意义比较具体，也就相对易归入不同的类型。多义词的几个意义之间也是有联系的，在分析多义词几个义项的词义和语素义关系时，要把握好多义词义项之

---

① 符淮青. 现代汉语词汇（增订本）[M]. 北京：北京大学出版社，2004：213.

② 这六种常见的类型分别是：词义是语素义按照构词方式所确定的关系组合起来的意义；词义同组成它的两个语素相同、相近，这些都是并列结构的合成词；合成词的语素义表示了词义的某些内容（也可以说提示了事物的某些特征）；合成词的词义是语素义的比喻用法；合成词的词义是语素义的借代用法；合成词中有的语素失落原义。

③ 符淮青. 现代汉语词汇（增订本）[M]. 北京：北京大学出版社，2004：217.

间的关系。另一个问题是符淮青提出的"语素的原有意义"到底是语素的哪个意义，本义、基本义还是引申义？在分析复合词词义和语素义之间关系的时候，要分成两个不同的层面。一个层面是词义的层面，即分析词义是如何由语素义合成的；另一个层面是语素义的层面，即分析语素具体是以哪一个意义进入复合词的。从语素的本义或基本义出发，看语素是直接以本义或基本义入词，还是在发生引申后进入复合词的，如果发生了引申则要分析具体是哪一种引申。只有从两个不同的层面分别对词义和语素义进行深入细致的分析，才能更好地阐明词义和语素义之间的关系。

另一种以张绍麒等为代表，他指出前人在分析词义和词素义关系时，大都以词义为基础，认为词素义是词义的组成成分，以二者之间存在的一致性为理论假设，他认为这种理论假设是有问题的。张绍麒认为词素义和词义在词的结构中是能指与所指的关系，"词素义是被作为形式使用的意义，可以称之为内部语义形式，词素义与词义是表示或表现与被表示或被表现的关系，尽管许多情况下它们在语义上表现出程度不同的一致，但在本质上这种一致却不是必然的"①。张绍麒在分析词素义和词义关系时，是站在造词法的角度，以词义动态的发展为基础的。在词义产生和发展的过程中，的确不能硬性规定某一个词必须由哪几个语素组成，即词义必须由语素义来反映，因为语言是有任意性的。但是如果从静态的角度出发，从现有的合成词中，确实能发现词义和词素义之间的密切关系。基于此，我们认为这两种表面上截然不同的观点实际是从静态和动态两个角度，阐述了词义和语素义之间的关系，也充分体现了语言的任意性和规约性原则。

苏宝荣认为汉语语义研究的基本单位应分为语素与词两个层级。②受此观点启发，在分析通感式复合词词义与语素义的关系时，也应该从词义和语素义两个层面进行分析。一方面从词义的整体出发，看词义是如何由语素义构

---

① 张绍麒.词素义与词义的关系刍议［A］.《词汇学理论与应用》编委会编.词汇学理论与应用（四）［C］.北京：商务印书馆，2008：124—137.

② 苏宝荣.汉语语义研究的基本单位应分为语素与词两个层级［A］.苏宝荣.词汇学与辞书学研究［C］.北京：商务印书馆，2008：17—29.

成的；另一方面从语素义入手，看语素具体是以哪一个意义进入复合词的，即从语素本义到入词时的意义发生了何种引申。

第二节　以词义为基础的通感式复合词的意义类型

本节主要从词义的层面分析词义和语素义的关系，看词义是如何由语素义构成的，两语素义构成词义时有哪些具体的意义类型。我们以《现代汉语词典》对通感式复合词的释义为基础，分析发现 114 个通感式复合词共计 176 个义项，其中义项数为 1 的复合词数量最多，义项数为 4 的复合词数量最少。具体情况见表 4-1。

表 4-1　通感式复合词义项数统计情况

义项数	1 个义项	2 个义项	3 个义项	4 个义项
词数（个）	71	28	11	4
所占比例	62.3%	24.6%	9.6%	3.5%

从表 4-1 可知，从单义义项到多义义项，通感式复合词的数量和义项数成反比。单义义项数的通感式复合词占整个复合词总数的将近 2/3，大部分通感式复合词的表义都是单一、确定的。

通过对《现代汉语词典》中 114 个通感式复合词的 176 个义项的分析和考察，我们发现从词义层面入手，通感式复合词词义和语素义的关系有以下五种类型，分别是组合型、融合型、转指型、借代型和偏指型。组合型指的是词义由两个语素义直接组合而成，因为通感式复合词由来自两个不同感觉域的语素组成，不管复合词的结构是并列式还是偏正式，两语素都往往以直接组合的方式构成通感式复合词，所以组合型是通感式复合词意义类型中最主要的类型。融合型指的是词义由两个语素义相互融合而成，这是在组合基础上的进一步深化，只有在两语素义相近、相关或相通的基础上才能发生两语素的融合。转指型指的是词义与两个语素义都没有直接关系，是由两语素组合后转化而成。相对于单义通感式复合词来说，多义通感式复合词更易产生转指型的意义类型。借代型指的是词义是两语素义组合后产生的借代用法，借代型的词义与语素义之间也没有直接关系，它其实是转指型中比较特殊的一类，因用法特殊故单独设为一类。偏指型指的是词义与其中一个语素义相近相关。一般的偏义词只用一个语素的意义代表整个词的意义，另一个语素的意义已经脱落或意义变得模糊。通感式复合词中的偏指型不同于其他偏义词的一点是，词义与其中一个语素义相近相关，另一个语素义没有消失或脱落，而是已经从本义所在的感觉域转移到偏义语素所在的感觉域。从非偏义语素的本义来看，复合词的词义指向偏义语素，造成了非偏义语素在形式上的消失或脱落；从复合词词义来看，非偏义语素已经发生了从本义所在的感觉域向偏义语素即整个复合词词义所在感觉域的偏移。因此，从意义上来看，非偏义语素义并没有完全消失或脱落，而是变得与偏义语素义一致了。下面结合《现代汉语词典》对通感式复合词的释义，具体分析其意义类型。

一、组合型

（一）单义通感式复合词

单义通感式复合词有 71 个，分别是：白嫩、白润、苍润、长圆、敞亮、澄碧、粗浅、脆亮、大红、淡青、干冷、高寒、高燥、光滑、光润、寒苦、寒微、红润、滑腻、灰暗、晦涩、昏黑、昏黄、尖酸、坚苦、冷寂、冷清、明澈、明黄、明细、嫩红、嫩黄、嫩绿、浓重、平淡、平滑、平静、浅白、浅明、青涩、轻薄、轻淡、轻微、清寂、清静、清苦、清凉、清亮$_1$、清冽、清馨、热辣、柔细、溽热、深重、素淡、酸软、甜润、温厚、温柔、温馨、乌亮、细嫩、细润、纤柔、鲜红、鲜嫩、响亮、圆滑、燥热、直白和重大。

组合型的单义通感式复合词有 54 个，占所有单义通感式复合词总数的

76.1%。组合型通感式复合词的词义大致相当于两语素义的直接相加，反映在并列式复合词的释义中往往表现为用"而"将前后两个语素义组合在一起，或者是前后两个语素义的直接组合；反映在偏正式复合词的释义中往往表现为偏语素直接修饰正语素。例如：

【白嫩】白而细嫩。

【脆亮】（声音）清脆响亮。

【嫩红】像初开的杏花那样的浅红色。

词典中"白嫩"的释义是用"而"将前后两个语素义组合在一起，"脆亮"的释义是直接将前后两个语素义组合在一起，并加上对象，"嫩红"的释义是前语素修饰限制后语素，并加上具有这种性质的对象。

（二）多义通感式复合词

多义通感式复合词的意义类型与复合词的义项数密切相关，其中两个义项的通感式复合词中涉及组合型的主要有组合型—组合型、组合型—转指型、组合型—偏指型、转指型—组合型、组合型—借代型、融合型—组合型六种组合。3 个义项的通感式复合词中涉及组合型的主要有组合型—融合型—转指型、组合型—融合型—组合型、组合型—转指型—融合型、转指型—组合型—融合型、转指型—融合型—组合型五种组合。4 个义项的通感式复合词中涉及组合型的主要有组合型—融合型—组合型—转指型这一种组合。因为组合型多为两语素义的直接相加，所以往往是多义通感式复合词的第一个义项。

1. 两个义项的通感式复合词的意义类型

涉及组合型的两个义项的通感式复合词有 28 个，分别是：黯黑、苍凉、沉寂、沉静、沉重、粗大、干瘪、高明、光鲜、寒酸、黑暗、昏沉、苦寒、苦涩、冷静、明锐、平白、清白、清脆、清高、清寒、清冷、细腻、细软、鲜亮、鲜明、香甜和圆润。两个义项的通感式复合词的意义类型相对于单义通感式复合词来说情况要复杂一些。

（1）组合型—转指型。

"组合型—转指型"的通感式复合词有 12 个，占所有两个义项通感式复合词总数的 43%，是两个义项通感式复合词的典型意义类型。一般情况下，第一个义项是两语素的直接组合，可以理解为是字面上的显性意义，第二个义项会在第一个义项的基础上发生引申，转指其他意义，这种转指义是一种隐性意义，需要结合具体的语境来分析。例如：

【苦涩】①（味道）又苦又涩。②形容内心痛苦。

【干瘪】①干而收缩，不丰满。②（文辞等）内容贫乏，枯燥无味。

【香甜】①又香又甜。②形容睡得踏实，舒服。

"苦涩"的第一个义项用"又……又……"结构连接两个语素，表明两语素的组合关系，同时前加对象，进行完整释义。第二个义项从味觉域向心理域引申，表达内心的感受，发生了转指。"干瘪"的第一个义项用连词"而"连接两个语素，突显两语素之间的组合关系。第二个义项从视觉域向言辞域引申，表达内容的贫乏，发生了转指。

（2）组合型—组合型。

"组合型—组合型"的通感式复合词有 4 个，占所有两个义项通感式复合词总数的 14%。"组合型—组合型"的通感式复合词与"组合型—转指型"相比不具有典型性，一般两个义项都是从不同的具体感觉域对通感式复合词的运用。例如：

【清脆】①（声音）清楚悦耳。②（食物）脆而清香。

【明锐】①明亮而锐利。②聪明机敏。

"清脆"的第一个义项将前后两个语素义直接组合在一起，前加被陈述对象，第二个义项用连词"而"连接两个语素，同时前加被陈述对象。"明锐"的两个义项也是使用了连词"而"或者直接组合的方式将两个语素组合在一起。

（3）组合型—偏指型。

"组合型—偏指型"的通感式复合词只有 1 个，这类复合词与"组合型—转指型"的通感式复合词相近，都是第一个义项表示特定感觉域的性状，第二个义项表示抽象的性状，不同点是第二个义项的词义发生了向某一语素的偏移。例如：

【沉静】①寂静。②（性格、心情、神色）安静；平静。

"沉静"第二个义项的语义主要偏向语素"静"，表达的是"安静、平静"的意思，语素"沉"从其本义所在的空间域向复合词所在的心理域引申后入词。

（4）组合型—借代型。

"组合型—借代型"的通感式复合词只有1个，这类复合词与"组合型—转指型"的通感式复合词相近，都是第一个义项表示特定感觉域的性状，第二个义项表示抽象的性状，不同点是第二个义项的词义是两语素义组合后的借代用法。例如：

【细软】①纤细柔软。②名词，指珠宝、首饰、贵重衣物等便于携带的东西。

"细软"的第一个义项是两语素的直接组合，第二个义项是两语素组合后产生的借代用法，该义项已经从形容词发生了向名词的转类。

（5）融合型—组合型。

"融合型—组合型"的通感式复合词只有1个。

【清白】①纯洁；没有污点。②方言，清楚；明白。

"清白"的第一个义项两语素义已经融合在一起，共同形成了复合词的词义，第二个义项虽然是方言用法，但是却是两语素义的直接组合。

（6）转指型—组合型。

"转指型—组合型"的通感式复合词只有1个，我们认为这种类型是错误的类型，应该把两个义项的位置调换，归入"组合型—转指型"。因为在辨识一个词的意义时一般都是先从字面意义开始理解，在识解字面意义即组合义的基础上，才能理解它的隐性意义，即转指。如：

【清寒】①清贫。②清朗而有寒意。

当然对"清寒"这两个义项的分析也可以借助于对语料库的词频统计，选择常用义作为第一个义项，非常用义为第二个义项。但是如果从词义内在发展的角度来看，两个义项的位置应该调换。

2.三个义项的通感式复合词的意义类型

涉及组合型的三个义项的通感式复合词有8个，分别是：暗淡、大方、寒素、厚重、浑厚、清亮₂、清明和温润。三个义项的通感式复合词没有三个义项的意义类型是一致的，一般都是五种意义类型的自由组合。具体情况如下。

（1）组合型—融合型—转指型。

【暗淡】①（光线）昏暗；不明亮。②（色彩）不鲜明。③（前途）不光明；没有希望。

"暗淡"的第一个义项是两语素义的直接组合，前加被陈述对象；第二个义项是两语素义的融合，前加被陈述对象；第三个义项已经从视觉域向政治域发生了转移。

（2）组合型—融合型—组合型。

【厚重】①又厚又重。②丰厚。③敦厚持重。

"厚重"的第一个义项是用"又……又……"结构连接两语素，第二个义项是两语素义的融合，第三个义项是两语素义的直接组合，不过已经从具体感觉域向品质域发生了转移。

（3）组合型—转指型—融合型。

【浑厚】①淳朴老实。②（艺术风格等）朴实雄厚；不纤巧。③（声音）低沉有力。

"浑厚"的第一个义项是两语素的直接组合，第二个义项从具体感觉域转移到了状态域，第三个义项是两语素义的融合，前加对象。

（4）转指型—组合型—融合型。

【温润】①温和，（性情、态度、言语等）不严厉，不粗暴，使人感到亲切。②温暖润湿。③细润。

"温润"的第一个义项从具体感觉域转移到了态度域，第二个义项是两语素义的直接组合，第三个义项是两语素义的融合。

（5）转指型—融合型—组合型。

【清明】①（政治）有法度，有条理。②（头脑）清楚；清醒。③清澈而明朗。

"清明"的第一个义项从具体感觉域转移到了政治域，第二个义项是两语素义的融合，第三个义项用"而"连接两语素，是两语素义的组合。

3. 四个义项的通感式复合词的意义类型

涉及组合型的四个义项的通感式复合词有 2 个，分别是宽松和清淡，它们的意义类型都是组合型—融合型—组合型—转指型，例如：

【清淡】①（颜色、气味）清而淡。②（食物）含油脂少。③清新淡雅。④营业数额少。

"清淡"的第一个义项用"而"将两语素义连接，是两语素的组合；第二个义项是两语素义的融合；第三个义项是两语素义的直接组合；第四个义项从具体感觉域向经济域发生了转移。

二、融合型

（一）单义通感式复合词

融合型的单义通感式复合词有 4 个，占所有单义通感式复合词总数的5.6%。融合型通感式复合词的词义相当于两语素义的相互融合，反映在复合词的释义中往往表现为两语素义都不在释义中直接出现，而是换用另一种说法表达词义。例如：

【长圆】像鸡蛋之类的东西的形状。

【轻微】不重的；程度浅的。

【深重】（罪孽、灾难、危机、苦闷等）程度高。

这三个词的释义均未出现复合词内部的两个语素义，而是换用其他说法表达整个词义，是两语素义的融合。

（二）多义通感式复合词

两个义项的通感式复合词中涉及融合型的主要有融合型—转指型、融合型—借代型、融合型—组合型三种组合。3个义项的通感式复合词中涉及融合型的主要有组合型—融合型—转指型、组合型—融合型—组合型、组合型—转指型—融合型、转指型—组合型—融合型、转指型—融合型—组合型、转指型—借代型—融合型、转指型—转指型—融合型、融合型—转指型—融合型八种组合。4个义项的通感式复合词中涉及融合型的主要有组合型—融合型—组合型—转指型、融合型—融合型—转指型—转指型和融合型—融合型—转指型—借代型三种组合。下面将分义项进行说明，组合型中已经涉及过的通感式复合词不再重复举例。

1.两个义项的通感式复合词的意义类型

（1）融合型—转指型。

"融合型—转指型"的通感式复合词有3个，占所有两个义项通感式复合词总数的11%。"融合型—转指型"的通感式复合词与"组合型—转指型"的通感式复合词相近，都是第一个义项表示特定感觉域的性状，第二个义项表示抽象的性状，不同点是第一个义项是两语素意义的融合。例如：

【黑暗】①没有光。②形容社会状况、统治势力等腐败，落后，无公平正义。

【昏沉】①暗淡。②头脑迷糊，神志不清。

这两个词的第一个义项都表达具体感觉域，词义中并未出现语素义，是两语素义的融合，第二个义项都从具体感觉域向抽象语义域发生了转移。

（2）融合型—借代型。

"融合型—借代型"的通感式复合词只有1个。

【高明】①（见解、技能）高超。②名词，高明的人。

"高明"的第一个义项是两语素义的融合，第二个义项从性质状态域向事物域发生了转移，属于借代。

2. 三个义项的通感式复合词的意义类型

（1）转指型—借代型—融合型。

【寒素】①清贫。②名词，清贫的人。③朴素；简陋。

"寒素"的第一个义项从具体感觉域向经济域发生了转移，第二个义项从性质状态域向事物域发生了转移，第三个义项是两语素义的融合。

（2）转指型—转指型—融合型。

【大方】①对于财物不计较；不吝啬。②（言谈、举止）自然；不拘束。③（样式、颜色等）不俗气。

"大方"的第一个义项从具体感觉域向经济域发生了转移，第二个义项从具体感觉域向态度域发生了转移，第三个义项是两语素义的融合。

（3）融合型—转指型—融合型。

【清亮$_2$】①清澈。②明白。③方言，清楚；清晰。

"清亮$_2$"的第一和第三个义项是两语素义的融合，第二个义项从具体感觉域向心理域发生了转移。

3. 四个义项的通感式复合词的意义类型

（1）融合型—融合型—转指型—转指型。

【淡薄】①（云雾等）密度小。②（味道）不浓。③（感情、兴趣等）不浓厚。④（印象）因淡忘而模糊。

"淡薄"的前两个义项都表具体感觉义，是其内部两语素义的融合，后两个义项都从具体感觉域向抽象语义域发生了转移。

（2）融合型—融合型—转指型—借代型。

【明白】①内容、意思等使人容易了解；清楚；明确。②公开的；不含糊的。③聪明；懂道理。④动词，知道；了解。

"明白"的前两个义项的词义中未突显语素义，是两语素义的融合，第三个义项从具体感觉域向品质域发生了转移，第四个义项从性质状态域向动作行为域发生了转移。

三、转指型

（一）单义通感式复合词

转指型的单义通感式复合词有 9 个，占所有单义通感式复合词总数的 12.7%。转指型通感式复合词的词义与两语素义都没有直接的关系，而是两语素义组合后发生转化而成。反映在复合词的释义中往往表现为两语素义都不在释义中直接出现，而是两语素义组合后表达另外的意义。例如：

【寒微】指家世、出身贫苦，社会地位低下。

【晦涩】（诗文、乐曲等的含意）隐晦不易懂。

【尖酸】说话带刺儿，使人难受。

这三个词的词义中均未突显语素的具体感觉义，都是从具体感觉域向抽象语义域的转移。

（二）多义通感式复合词

两个义项的通感式复合词中涉及转指型的主要有转指型—转指型、组合型—转指型、融合型—转指型三种组合。3 个义项的通感式复合词中涉及转指型的主要有组合型—融合型—转指型、组合型—转指型—融合型、转指型—组合型—融合型、转指型—融合型—组合型、转指型—借代型—融合型、转指型—转指型—融合型、融合型—转指型—融合型、转指型—转指型—借代型、偏指型—转指型—转指型、转指型—借代型—借代型十种组合。4 个义项的通感式复合词中涉及转指型的主要有组合型—融合型—组合型—转指型、融合型—融合型—转指型—转指型和融合型—融合型—转指型—借代型三种组合。下面将分义项进行说明，组合型和融合型中已经涉及过的通感式复合词不再重复举例。

1. 两个义项的通感式复合词的意义类型

转指型—转指型的通感式复合词有 3 个，占所有两个义项通感式复合词总数的11%。"转指型—转指型"的通感式复合词与"组合型—转指型"相比也不具有典型性，一般两个义项都是从不同的抽象层面对通感式复合词的运用。例如：

【寒酸】①形容穷苦读书人的不大方的样子。②形容简陋或过于简朴而显得不体面。

【清高】①指人品纯洁高尚，不同流合污。②指人孤高，不合群。

这两个词的四个义项都是从具体感觉域向抽象语义域的转移。

2.三个义项的通感式复合词的意义类型

（1）转指型—转指型—借代型。

【冷淡】①不热闹；不兴盛。②不热情；不亲热；不关心。③动词，使受到冷淡的待遇。

"冷淡"的第一个义项从具体感觉域向环境域发生了转移，第二个义项从具体感觉域向态度域发生了转移，第三个义项从性质状态域向动作行为域发生了转移，属于借代。

（2）偏指型—转指型—转指型。

【浓厚】①（烟雾、云层等）很浓。②（色彩、意识、气氛）重。③（兴趣）大。

"浓厚"的第一个义项的词义偏向于语素"浓"的语素义，属于偏指型，后两个义项的词义都从具体感觉域向抽象语义域发生了转移，属于转指型。

（3）转指型—借代型—借代型。

【热闹】①（景象）繁盛活跃。②动词，使场面活跃，精神愉快。③名词，热闹的景象。

"热闹"的第一个义项从具体感觉域向环境域发生了转移，第二个义项从性质状态域向动作行为域发生了转移，第三个义项从性质状态域向事物域发生了转移。

四、借代型

单义通感式复合词的意义类型中没有借代型，多义通感式复合词中两个义项的通感式复合词中涉及借代型的主要有组合型—借代型和融合型—借代型两种组合，3 个义项的通感式复合词中涉及借代型的主要有转指型—转指型—借代型、转指型—借代型—借代型、转指型—借代型—融合型三种组合，4 个义项的通感式复合词中涉及借代型的只有融合型—融合型—转指型—借代型一种组合。因为在分析前三种意义类型时，多义通感式复合词均已涉及借代型，所以不再赘述。由此可见，借代型相较于其他意义类型所占比例较小，不是通感式复合词的主要意义类型。这主要是因为通感式复合词的词性大多为形容词，发生词性转化的词较少，所以借代型也随之减少。

五、偏指型

（一）单义通感式复合词

偏指型的单义通感式复合词有 4 个，占所有单义通感式复合词总数的 5.6%。偏指型通感式复合词的词义偏向其中一个语素义，反映在复合词的释义中往往表现为只有一个语素义出现，另一个语素义从本义所在的感觉域偏向整个复合词所在的感觉域。例如：

【光滑】物体表面平滑；不粗糙。

【响亮】（声音）洪大。

【粗浅】浅显；不深奥。

其中"光滑"中的语素"光"从其本义所在的视觉域向复合词所在的肤觉域引申后入词，复合词的语义偏向语素"滑"。"响亮"中的语素"亮"从其本义所在的视觉域向复合词所在的听觉域引申后入词，复合词的语义偏向语素"响"。"粗浅"中的语素"粗"从其本义所在的肤觉域向复合词所在的知识域引申后入词，复合词的语义偏向语素"浅"。

（二）多义通感式复合词

两个义项的通感式复合词中涉及偏指型的主要有偏指型—偏指型、组合型—偏指型、偏指型—组合型三种组合，3个义项中涉及偏指型的只有偏指型—转指型—转指型，4个义项的未涉及偏指型。涉及偏指型的多义通感式复合词数量较少，下面只分析偏指型—偏指型。该类通感式复合词只有1个。

【粗大】①（人体、物体）粗。②（声音）大。

"粗大"的第一个义项中，语素"粗"从其本义所在的肤觉域向复合词词义所在的视觉域引申后入词，词义指向语素"大"；第二个义项中，语素"大"从其本义所在的空间域向词义所在的听觉域引申后入词，词义指向语素"粗"。

通过对114个通感式复合词176个义项的分析，得出各意义类型在通感式复合词中的分布规律，具体情况见表4-2。

表4-2 以词义为基础的通感式复合词意义类型统计

意义类型	组合型	融合型	转指型	借代型	偏指型
义项数（个）	92	23	47	7	7
所占比例	52.3%	13%	26.7%	4%	4%

通过表4-2可知，通感式复合词各义项词义和语素义的意义类型的排序为：组合型 > 转指型 > 融合型 > 借代型 = 偏指型。组合型占到了各义项意义类型总数的一半以上，说明通感式复合词的词义一般由两语素义直接组合而成，还有将近一半的通感式复合词的词义是在两语素组合后经过引申或转化而构成词义。借代型和偏指型虽然数量相同但是所占比例均较小，说明通感式复合词的词义较少发生借代，也较少偏向其中的一个语素。

第三节　以语素义为基础的通感式复合词的意义类型

通感式复合词不同于其他类型复合词的显著特点，就在于构成通感式复合词的语素会发生从语素本义所在的感觉域向复合词所在感觉域的引申。如果只从词义层面考察分析通感式复合词词义和语素义的关系，还不足以充分体现该类复合词的特点。因此，我们还需要从语素本义入手，考察语素是以哪一个具体意义进入复合词的，在进入复合词时是否发生了引申，如果发生了引申又是何种引申。只有从语素义层面考察通感式复合词词义和语素义的关系，才能更好地体现通感式复合词的特点。

语素在入词前，大多是表达特定感觉的感觉类形容词，当然也有个别是不成词的形语素。感觉类形容词（语素）的语义引申情况我们已经在第三章做了详尽的分析。感觉类形容词（语素）一般都会发生通感引申和抽象引申，而且不同类别的感觉类形容词（语素）发生引申的情况各不相同，我们只是描述了感觉类形容词（语素）的一个总体的引申趋势和变化方向。每一个具体的通感式复合词中感觉类形语素发生了何种引申是我们本节研究的重点，只有分析清楚形语素在入词时的语义变化，才能更好地分析通感式复合词词义和语素义的关系。

构成通感式复合词的语素在入词时的语义一般分为以下三种情况：以本义入词、以通感引申义入词和以抽象引申义入词，后两种情况可以合称为以引申义入词。也就是说根据形语素是否以本义入词，可以把通感式复合词分为三类：两语素都以本义入词、两语素都以引申义入词和两语素中有一个以本义入词。按照这样的分类标准，分析 114 个通感式复合词的 176 个义项分别属于哪一种类型。判断语素义入词时的情况，还需要结合《现代汉语词典》对通感式复合词的释义。有些释义已经明确表明了产生特定性状的语义范畴，因而较好判断该性状属于哪一个具体感觉域或抽象语义域；有些释义只是罗列出性状的具体特征，而没有说明该性状所属的语义范畴，需要结合词典中具体的释例加以分析。

判断语素是以本义入词还是以引申义入词，相对来说较为容易。而判断语素以哪一个具体的引申义入词，相对来说较难。语素在入词前大多为感觉类形容词，有其自身的语义系统，从本义到引申义的发展也都符合语义的一般演变规律，语素的意义可以理解为一种语言义。语素入词之后会随着词义的变化而发生相应的变化，在特定复合词中体现出来的语素义相当于一种言语义。如何处理语素的语言义和言语义是本节研究的难点问题之一。在分析语素入词时的意义时，要以语言义为衡量标准，适当参考言语义。也就是说要以语素自身语义系统为依据，不能根据复合词词义的变化来确定其中的语素义。另外虽然我们研究的是现代汉语层面的通感式复合词，但是每一个复合词都有其历史来源。我们不能依据复合词在某一历史时期的语义来判断其在现代汉语层面的语素义，但是当现代汉语层面的某一个复合词的造词理据不明显，不足以显示其语素义时，可以根据历时发展中复合词的词义来推断其语素义。因为任何一个现代汉语层面的复合词都不是凭空产生的，都有其产生和发展的来源和脉络，所以现代汉语层面不易判断的语素义可以从历时中去寻找其演变的轨迹和语义的残留。只有把历时和共时相结合，才能全面地分析通感式复合词词义和语素义的关系，当然在结合历时考察共时现象时，也不能把二者混为一谈，分不清语素义发展的层次问题。

一、单义词的意义类型

单义词是在词典释义中只有一个义项的通感式复合词，有 71 个，占整个通感式复合词总数的 62.3%。根据语素是否以本义入词，将通感式复合词分为以下三类。这里的本义主要是针对那些属于不同感觉域的形语素来说的，当一个形语素在现代汉语层面兼属两个或两个以上的感觉域时，以该语素的本义作为判断其感觉域归属的依据。有些形语素只属于特定的感觉域，它的本义虽然也属于特定的感觉域，但是不是表性状的形语素，这时以基本义作为判断语素义入词时的标准。以基本义作为判断入词标准的形语素数量较少，因此还是统称为以本义入词。

（一）两语素均以本义入词的通感式复合词

两语素均以本义入词的通感式复合词有 18 个，分别是：白嫩、白润、长圆、敞亮、干冷、高寒、高燥、红润、昏黄、明澈、明黄、平滑、潺热、温馨、乌亮、纤柔、鲜红和燥热。按照各语素义所属的感觉域可以对该类通感式复合词进行分类，分类情况见表 4-3。

表 4-3　两语素均以本义入词的通感式复合词分类情况

感觉域	类型	例词	词数（个）
	视觉 + 肤觉	白嫩	7
	肤觉 + 嗅觉	温馨	1
视觉域	空间 + 形态	长圆	1
	形态 + 颜色	鲜红	1
	光线 + 颜色	昏黄	2
	空间 + 光线	敞亮	1
	颜色 + 光线	乌亮	1
	光线 + 形态	明澈	1
肤觉域	触觉 + 温觉	干冷	3

两语素均以本义入词的通感式复合词按照结构可以分为两种类型：一种是并列结构，一种是偏正结构。其中并列结构的复合词有 15 个，偏正结构的复合词有 3 个。并列结构通感式复合词的两个语素分别表示不同感觉域的性状或同觉异类的感觉域的性状。如果语素来自两个不同的感觉域，那么复合词兼表两个不同感觉域的性状，两语素分别向复合词所在的兼属感觉域交叉发生通感引申。如果语素来自两个同觉异类的感觉域，那么复合词表达两语

素上级感觉域的性状，两语素未发生通感引申。偏正结构的通感式复合词表达的是"正"语素所在的感觉域的性状，如果语素来自两个不同感觉域，则会发生从"偏"语素所在的感觉域向复合词词义的通感引申；如果语素来自两个同觉异类的感觉域，那么不会发生从语素义到词义的通感引申；通过以上分析，我们发现两语素均以本义入词的单义通感式复合词只会发生从语素本义所在感觉域向复合词所在感觉域的通感引申，而且必须是不同感觉域之间，同觉异类的不包括在内。因此，该类通感式复合词共发生了从视觉到肤觉和从肤觉到视觉的通感引申各 7 例，从肤觉到嗅觉和从嗅觉到肤觉的通感引申各 1 例。

（二）两语素中的一个以本义入词的通感式复合词

两语素中有一个以本义入词的通感式复合词有 26 个，分别是：苍润、澄碧、大红、淡青、光滑、光润、滑腻、灰暗、昏黑、冷寂、嫩红、嫩黄、嫩绿、浓重、青涩、清寂、清静、清凉、清冽、清馨、柔细、甜润、细嫩、细润、鲜嫩和响亮。其中前语素以本义入词的有：澄碧、滑腻、昏黑、浓重、青涩和响亮；后语素以本义入词的有：苍润、大红、淡青、光滑、光润、灰暗、冷寂、嫩红、嫩黄、嫩绿、清寂、清静、清凉、清冽、清馨、柔细、甜润、细嫩、细润和鲜嫩。按照以引申义入词的语素引申方式的不同可以对 26 个通感式复合词进行分类，分类情况见表 4-4。

表 4-4　两语素有一个以本义入词的通感式复合词引申方式分类情况

引申类型	引申方式 5	例词	词数（个）
通感引申	视觉范畴→肤觉范畴	光滑	6
	视觉范畴→听觉范畴	清寂	3
	味觉范畴→肤觉范畴	滑腻	1
	肤觉范畴→视觉范畴	柔细	1
	肤觉范畴→味觉范畴	青涩	1
	颜色范畴→形态范畴	澄碧	1
	颜色范畴→光线范畴	灰暗	2

续表

引申类型	引申方式5	例词	词数（个）
抽象引申	视觉范畴→状态范畴	苍润	1
	味觉范畴→评价范畴	甜润	1
	视觉范畴→评价范畴	鲜嫩	1
	肤觉范畴→程度范畴	浓重	4
	味觉范畴→程度范畴	淡青	1
	视觉范畴→程度范畴	大红	2
	肤觉范畴→环境范畴	冷寂	1

两语素中有一个以本义入词的通感式复合词按照引申类型可以分为两类：一类是通感引申，另一类是抽象引申。其中发生通感引申的复合词有15个，发生抽象引申的复合词有11个。发生通感引申的复合词既包括不同感觉域之间的引申，也包括同觉异类的引申。一般都是以引申义入词的语素从语素本义所在的感觉域向复合词所在的感觉域发生通感引申。发生抽象引申的复合词也可以分为两类：一类是偏正结构的通感式复合词，"偏"语素从其本义所在的感觉域向程度范畴引申，修饰限定"正"语素；另一类是并列结构的通感式复合词，以引申义入词的语素从语素本义所在的感觉域向复合词所在的语义范畴发生抽象引申。

（三）两语素均以引申义入词的通感式复合词

两语素均以引申义入词的通感式复合词有27个，分别是：粗浅、脆亮、寒苦、寒微、晦涩、尖酸、坚苦、冷清、明细、平淡、平静、浅白、浅明、轻薄、轻淡、轻微、清苦、清亮₁、热辣、深重、素淡、酸软、温厚、温柔、圆滑、直白和重大。按照两个语素引申方式的不同可以对27个通感式复合词进行分类，分类情况见表4-5。

表 4-5　两语素均以引申义入词的通感式复合词引申方式分类情况

引申类型	引申方式	例词	词数（个）
通感引申	视觉范畴→听觉范畴	脆亮	3
	肤觉范畴→听觉范畴	脆亮	1
	味觉范畴→视觉范畴	素淡	1
	形态范畴→颜色范畴	素淡	1
抽象引申	肤觉范畴→经济范畴	寒苦	2
	味觉范畴→经济范畴	清苦	2
	视觉范畴→经济范畴	寒微	2
	肤觉范畴→品质范畴	温厚	5
	视觉范畴→品质范畴	圆滑	2
	味觉范畴→品质范畴	坚苦	1
	肤觉范畴→程度范畴	轻微	4
	视觉范畴→程度范畴	深重	2
	味觉范畴→程度范畴	轻淡	1
	视觉范畴→环境范畴	冷清	2
	肤觉范畴→环境范畴	冷清	1
	听觉范畴→环境范畴	平静	1
	视觉范畴→事件范畴	明细	3
	视觉范畴→知识范畴	浅白	5
	肤觉范畴→知识范畴	粗浅	1
	视觉范畴→言辞范畴	直白	3
	肤觉范畴→言辞范畴	晦涩	2
	味觉范畴→言辞范畴	尖酸	1
	味觉范畴→感官范畴	酸软	1
	肤觉范畴→感官范畴	酸软	1
	肤觉范畴→情感范畴	热辣	1
	味觉范畴→情感范畴	热辣	1
	视觉范畴→等级范畴	平淡	1
	味觉范畴→等级范畴	平淡	1
	肤觉范畴→态度范畴	轻薄	1
	视觉范畴→态度范畴	轻薄	1

从表 4-5 可知，两语素均以引申义入词的通感式复合词发生抽象引申的比例远高于发生通感引申的比例。27 个复合词中的每个语素都分别向复合词所在的感觉域发生引申，一共有 54 次引申，其中只有 6 次通感引申，占所有引申方式总数的 11%。也就是说，只有 3 个词发生了从语素本义所在感觉域向复合词所在感觉域的通感引申，其他的 24 个词都发生了不同方式的抽象引申。

从对该类复合词引申方式的分析发现，两语素都会从各自本义所在的感觉域向复合词所在语义范畴发生引申，两语素在入词时基本都已发生了通感引申或抽象引申，它们在入词时的语素义基本都属于同一语义范畴。也就是说，构成通感式复合词的两个语素从本义来看属于不同的感觉域，从入词时的引申义来看基本属于同一语义范畴，两语素之间是相关或相近的关系。这也就形成了通感式复合词内部的两个语素从表面上看是同义场组合，实际是异义场组合的典型特征。

二、多义词的意义类型

（一）有两个义项的通感式复合词的意义类型

有两个义项的通感式复合词的意义类型分为两种情况：一种是两个义项意义类型一致，只是组成复合词的意义指向不同的语义范畴；另一种是两个义项的意义类型不一致，复合词的意义也不一致。

两个义项意义类型一致的通感式复合词可以按照语素义的入词情况分为三类：两语素均以本义入词的，如黯黑、干瘪、光鲜、黑暗、鲜亮、鲜明；两语素中有一个以本义入词的，如沉寂、苦涩、冷静、细软、圆润；两语素均以引申义入词的，如苍凉、粗大、高明、寒酸、平白、清高和细腻。该类复合词两个义项之间的关系可以分为以下四类：第一类是两个义项均属于感觉范畴，这类复合词有 2 个，分别是黯黑和粗大；第二类是两个义项中的一个属于感觉范畴，另一个属于抽象的语义范畴，这类复合词有 9 个，分别是沉寂、干瘪、光鲜、黑暗、苦涩、细腻、鲜亮、鲜明和圆润；第三类是两个义项均属于抽象的语义范畴，这类复合词有5个，分别是苍凉、寒酸、冷静、平白和清高；第四类的情况比较特殊，第一个义项属于感觉范畴或抽象语义范畴，第二个义项是第一个义项的借代用法，可以转喻为人，也可以转喻为物，这类复合词有2个，分别是高明和细软。

两个义项意义类型不一致的通感式复合词可以分为三类：第一类是第一个义项两语素中有一个以本义入词，第二个义项两语素均以引申义入词，如沉静、沉重、昏沉、苦寒、清白和清冷；第二类是第一个义项两语素均以引申义入词，第二个义项两语素中有一个以本义入词，如清脆和清寒；第三类是第一个义项两语素均以本义入词，第二个义项两语素均以引申义入词，如明锐和香甜。该类复合词两个义项之间的关系可以分为以下三类：第一类是两个义项均属于感觉范畴的，如清脆；第二类是两个义项中的一个属于感觉范畴，另一个属于抽象的语义范畴，这类复合词有8个，分别是沉静、沉重、昏沉、苦寒、明锐、清寒、清冷和香甜等；第三类是两个义项均属于抽象的语义范畴，如清白。

（二）有三个义项的通感式复合词的意义类型

有三个义项的通感式复合词的意义类型分为两种情况：一种是三个义项意义类型一致，只是组成的复合词的意义指向不同的语义范畴；另一种是三个义项的意义类型不一致，复合词的意义也不一致。

三个义项意义类型一致的通感式复合词内部两语素均以引申义入词，如寒素、浑厚和冷淡。这类复合词三个义项之间的关系可以分为以下两类：第一类是三个义项中的一个属于感觉范畴，另两个属于抽象的语义范畴，如大方和浑厚；第二类是三个义项中有一个或两个义项属于抽象语义范畴，必有一个义项是其中一个义项的借代用法，可以转喻为人，也可以转喻为物，还可以转喻为动作行为，如寒素、热闹和冷淡。

三个义项意义类型不一致的通感式复合词可以分为四类：第一类是三个义项分别属于不同的意义类型，即其中第一个义项是两语素均以引申义入词，第二个义项是两语素均以本义入词，第三个义项是两语素中有一个以本义入词，如温润；第二类是其中两个义项是两语素中有一个以本义入词，一个义项是两语素均以引申义入词，如暗淡；第三类是其中一个义项是两语素均以本义入词，两个义项是两语素均以引申义入词，如厚重、清明和清亮₂；第四类是其中一个义项是两语素中有一个以本义入词，两个义项是两语素均以引申义入词，如浓厚。该类复合词三个义项之间的关系一般都是其中必有一个义项属于感觉范畴，一个义项属于抽象范畴，第三个义项或者属于感觉范畴或者属于抽象范畴，以属于抽象范畴的更常见。

（三）有四个义项的通感式复合词的意义类型

有四个义项的通感式复合词的意义类型分为两种情况：一种是四个义项意义类型一致，只是组成的复合词的意义指向不同的语义范畴；另一种是四个义项的意义类型不一致，复合词的意义也不一致。

四个义项意义类型一致的通感式复合词有两个，分别是明白和清淡，其内部两语素均以引申义入词。该类复合词四个义项之间的关系分为两类：一类是四个义项中的三个都属于抽象语义范畴，有一个是其中一个义项的借代用法，从性状转喻为动作行为，如明白；另一类是四个义项中的三个都属于感觉范畴，只有一个义项属于抽象范畴，如清淡。

四个义项意义类型不一致的通感式复合词有两个，分别是淡薄和宽松。该类复合词四个义项之间的关系分为两类：一类是其中两个义项的两语素均以本义入词，另外两个义项的两语素均以引申义入词，如宽松；另一类是其中两个义项的两语素均以引申义入词，另外两个义项的两语素中的一个以本义入词，如淡薄。该类复合词四个义项之间的关系一般都是其中必有一个义项属于感觉范畴，一个义项属于抽象范畴，其他两个义项或者属于感觉范畴或者属于抽象范畴，以属于抽象范畴的更常见。

通过对114个通感式复合词176个义项的分析，可以得出各意义类型在通感式复合词中的分布规律，具体情况见表4-6。

表 4-6　以语素义为基础的通感式复合词意义类型统计

意义类型	两语素均以本义入词	两语素中的一个以本义入词	两语素均以引申义入词
义项数（个）	39	55	82
所占比例	22%	31%	47%

从表 4-6 可知，通感式复合词中两语素均以引申义入词的情况所占比例最高，占了复合词义项总数的将近一半，而两语素均以本义入词的复合词所占比例最低。我们认为通感式复合词的意义类型呈现出这样的格局是符合语言规律的。语素在入词前一般多是多义性的，各语素义之间有着或多或少的联系，语素有其自身的系统性。入词之后语素被限定在特定的词形中，语素义也会发生各种各样的变化，有些语素义入词后还保留原义，这个原义既可能是语素的本义，又可能是语素的引申义；有些语素义入词后消失，比如偏义复合词；有些语素义入词后会随着词义的变化而发生相应的变化。语言的发展势必要求词义表达的多样性和丰富性，因此语素在入词时不可能只保持它的本义或基本义，一定会随着词义的发展以引申义进入词义。

通感式复合词中，两语素均以本义入词的复合词的词义，一般只表示特定感觉范畴的性状，两语素义与复合词词义的关系较为明显，可以较为明确地判断出从语素义到词义所发生的通感引申的方式，可以称为显性通感式复合词。两语素均以引申义入词的通感式复合词表示抽象范畴的性状多于表示感觉范畴的性状，两语素虽然从本义上来说来自两个不同的感觉域，但是在入词时一旦以引申义入词，就会出现两个语素的引申义会从不同的感觉范畴转入相同的感觉范畴或抽象范畴的情况。也就是说，从本义来看是异语义场组合的通感式复合词，从整个词义来看更接近于同语义场组合。因此，两语素均以引申义入词的通感式复合词可以理解为是一种隐性通感式复合词。

第四节 两种意义类型的比较

我们分别从词义和语素义两个层面分析了通感式复合词的意义类型。从词义层面的分析发现五种意义类型的排列顺序如下：组合型、转指型、融合型、借代型和偏指型。从语素义层面的分析发现两语素均以引申义入词的通感式复合词数量最多，两语素均以本义入词的通感式复合词数量最少。

词义和语素义的关系极为密切，因此，按照词义和语素义划分的通感式复合词的意义类型之间也必然会有联系。同一个通感式复合词按照不同的划分标准会有不同的意义类型。下面我们将从词义和语素义两个层面分别考察通感式复合词的意义类型，看用两种不同标准划分的意义类型在同一个通感式复合词中的具体表现。

首先要看从词义层面划分出的组合型、转指型、融合型、借代型和偏指型通感式复合词内部两语素是以哪一个意义进入通感式复合词的，然后再分析从语素义层面划分出的两语素均以本义入词、两语素中有一个以本义入词和两语素均以引申义入词的通感式复合词在形成词义时是哪一种具体的意义类型。具体情况见表4-7。

表 4-7 两种意义类型的关系

单位：个

意义类型	两语素 均以本义入词	两语素中 有一个以本义入词	两语素 均以引申义入词
组合型	29	35	29
融合型	5	5	12
转指型	5	9	33
偏指型		3	4
借代型		3	4

从表4-7的横向来看，组合型的通感式复合词中两语素有一个以本义入词的情况最多，融合型、转指型、偏指型和借代型的通感式复合词中都是两语素均以引申义入词的情况最多，其中又以转指型通感式复合词中两语素均以引申义入词的情况最多。转指型通感式复合词指的是词义与两个语素义都没有直接关系，是由两语素组合后转化而成的词。词义与两语素义没有直接关系也就意味着语素往往不是直接以本义入词，而是以引申义入词。从表4-7的纵向来看，两语素均以本义入词的通感式复合词和两语素中有一个以本义入词的通感式复合词中都以组合型占优势，两语素均以引申义入词的通感式复合词中则以转指型占优势。

从词义和语素义两个层面综合考察通感式复合词，我们认为有两个最优组合：一个是组合型和两语素中有一个以本义入词的通感式复合词；另一个是转指型和两语素均以引申义入词的通感式复合词。两语素均以本义入词的通感式复合词中以组合型为最多，但不是最优组合。由此可见，显性的通感式复合词在通感式复合词这一词群中并不占主要地位，隐性的通感式复合词所占的比重较大，这也为我们在研究通感式复合词的语义系统时，对该类词群的分类提供了数据上的支持。

第五节　本章小结

本章从通感式复合词词义和语素义的关系入手，分析通感式复合词的意义类型。主要内容包括以下四个方面：第一，前人对词义和语素义关系的两种不同看法；第二，从词义层面看通感式复合词词义和语素义的关系；第三，从语素义层面看通感式复合词词义和语素义的关系；第四，两种不同层面所得通感式复合词意义类型的比较。

前人对词义和语素义的关系存在两种截然不同的观点：一种以符淮青等为代表，认为复合词词义和语素义之间有密切的关系，并把合成词词义和构成它的语素义的关系大致分为六种常见的类型；另一种以张绍麒等为代表，认为词素义和词义在词的结构中是能指与所指的关系，尽管许多情况下它们在语义上表现出程度不同的一致，但在本质上这种一致却不是必然的。通感式复合词词义和语素义之间存在着千丝万缕的联系，应该分别从词义和语素义两个层面入手，深入分析通感式复合词词义和语素义的关系。

从词义层面来看，通感式复合词词义和语素义的关系有以下五种类型，分别是组合型、融合型、转指型、借代型和偏指型。组合型指的是词义由两个语素义直接组合而成。融合型指的是词义由两个语素义相互融合而成，这是在组合基础上的进一步深化。转指型指的是词义与两个语素义都没有直接关系，是由两语素组合后转化而成。借代型指的是词义是在两语素义组合后产生的借代用法，借代型的词义与语素义之间也没有直接关系，它其实是转指型中比较特殊的一类。偏指型指的是词义与其中一个语素义相近相关。我们按照通感式复合词在《现代汉语词典》中的释义，按义项数的多少对其进行分类。在分类的基础上，考察每一个通感式复合词的意义类型。最终发现组合型在通感式复合词词义和语素义的关系中占有重要地位。

从语素义层面来看，通感式复合词词义和语素义的关系主要有以下三种类型，分别是：两语素均以本义入词、两语素均以引申义入词和两语素中有一个以本义入词。我们按照《现代汉语词典》对通感式复合词的释义，将其分为单义通感式复合词和多义通感式复合词，并分别考察每一个通感式复合词的意义类型。最终发现两语素均以引申义入词的通感式复合词所占比例最大。

词义和语素义的关系极为密切，按照词义和语素义划分的通感式复合词的意义类型之间也必然会有联系。同一个通感式复合词按照不同的划分标准会有不同的意义类型，主要通过对通感式复合词两种意义类型的比较分析二者之间的关系。从词义和语素义两个层面综合考察通感式复合词，研究发现最优组合有两个：一个是组合型和两语素中有一个以本义入词的通感式复合词；另一个是转指型和两语素均以引申义入词的通感式复合词。

第五章
语言层面通感式复合词语义分析

对通感式复合词语义的分析可以分为语言和言语两个层面。所谓语言层面指的是语言系统内部的发展变化，在语言层面分析通感式复合词的语义，主要是依据词典释义静态地分析其语义特点，适当考察其动态的语义变化。所谓言语层面指的是在语言的使用中考察通感式复合词的语义变化，依据现代汉语层面的典型语料，分析通感式复合词语义的变化规律。当然对语言层面和言语层面的语义分析也不是截然分开的，有时也需要针对具体考察对象，将二者有机结合起来。

第一节　通感式复合词的类型

一、按两语素所属感觉域的分类

构成通感式复合词的两语素分别来自不同的感觉域。心理学中一般认为感觉主要包括视、听、肤、味、嗅五种感觉，其中视觉和肤觉又可分为不同的小类，视觉和肤觉内部的不同小类之间也会产生同觉异类的通感。两语素来自同觉异类的通感式复合词，称为广义通感式复合词；两语素来自五种不同感觉域的通感式复合词，称为狭义通感式复合词。114 个通感式复合词具体分类如下。

广义通感式复合词（37个）：

黯黑、长圆、敞亮、澄碧、大方、大红、干冷、高明、光鲜、黑暗、灰暗、昏沉、昏黑、昏黄、浑厚、明白、明澈、明黄、明细、浓厚、平白、浅白、浅明、清白、清高、清亮₁、清亮₂、清明、溽热、温柔、温润、乌亮、鲜红、鲜亮、鲜明、燥热、直白

狭义通感式复合词（77个）：

暗淡、白嫩、白润、苍凉、苍润、沉寂、沉静、沉重、粗大、粗浅、脆亮、淡薄、淡青、干瘪、高寒、高燥、光滑、光润、寒苦、寒素、寒酸、寒微、红润、厚重、滑腻、晦涩、尖酸、坚苦、苦寒、苦涩、宽松、冷淡、冷寂、冷静、冷清、明锐、嫩红、嫩黄、嫩绿、浓重、平淡、平滑、平静、青涩、轻薄、轻淡、轻微、清脆、清淡、清寒、清寂、清静、清苦、清冷、清凉、清冽、清馨、热辣、热闹、柔细、深重、素淡、酸软、甜润、温厚、温馨、细嫩、细腻、细软、细润、鲜嫩、纤柔、香甜、响亮、圆滑、圆润、重大

二、按两语素之间相似性的分类

通感式复合词由两个本义或基本义来自不同感觉域的形语素组成。通感式复合词作为一个范畴，其内部成员之间并不是整齐划一的关系，其中有典型成员和非典型成员之分。范畴内部一般会具有一些范畴成员之间共有的属性，但是这些属性不是所有成员都具备的，而是有些成员具备某些属性，另一些成员具备其他属性，这也就是所谓的家族相似性。范畴成员之间具有家族相似性，范畴则会具有几个属性特征。如果范畴内部的某些成员具备了范畴所具有的大部分属性，那么这些成员就是典型成员；如果范畴内部的某些成员只具备范畴所具有的某个属性，那么这些成员就是非典型成员。

通感式复合词所具有的属性，一个是两语素来自"不同感觉域"，另一个是两语素之间具有"相似性"。具有这两个属性的通感式复合词是典型通

感式复合词，只具有"不同感觉域"属性的通感式复合词是非典型通感式复合词。通感式复合词有单义和多义之分，单义通感式复合词较易从词义判断出两语素之间是否具有相似性。多义通感式复合词的各义项中有一个是基本义，其他义项多从基本义引申而来，或与基本义之间有或多或少的联系，因此只根据多义通感式复合词的基本义判断其典型性。114个通感式复合词的具体分类如下。

典型通感式复合词（85个）：

暗淡、黯黑、敞亮、沉重、粗大、粗浅、脆亮、淡薄、干瘪、高寒、高明、光滑、光润、光鲜、寒苦、寒素、寒酸、寒微、黑暗、滑腻、晦涩、昏沉、昏黑、浑厚、厚重、尖酸、坚苦、苦寒、苦涩、宽松、冷淡、冷寂、冷静、冷清、明澈、明锐、明细、浓厚、浓重、平淡、平滑、平静、浅白、浅明、青涩、轻薄、轻淡、轻微、清白、清脆、清淡、清高、清寒、清寂、清静、清苦、清冷、清凉、清亮$_1$、清亮$_2$、清冽、清明、热辣、热闹、柔细、深重、素淡、酸软、甜润、温厚、温柔、细嫩、细腻、细润、细软、纤柔、鲜亮、鲜明、鲜嫩、香甜、响亮、圆滑、圆润、直白、重大

非典型通感式复合词（29个）：

白嫩、白润、红润、灰暗、昏黄、温馨、干冷、高燥、溽热、燥热、苍润、澄碧、苍凉、温润、乌亮、明白、长圆、明黄、鲜红、大红、淡青、嫩红、嫩黄、嫩绿、清馨、沉寂、沉静、平白、大方

根据两语素之间是否具有"相似性"给通感式复合词分类，分类的结果表明典型通感式复合词均为并列结构，非典型通感式复合词中的大部分是偏正结构，个别并列结构的非典型通感式复合词内部一定含有颜色或温度类语素。

三、按两语素是否以本义入词的分类

根据两语素是否以本义入词，可以把通感式复合词分为显性通感式复合词和隐性通感式复合词。显性通感式复合词的两语素均以本义入词，可以较

清晰地反映出两语素所属的感觉域，同时表明通感式复合词所属的感觉域。隐性通感式复合词的两语素均以引申义入词，一般隐性通感式复合词所表示的性状多属于抽象范畴。两语素中有一个以本义入词的通感式复合词根据其相似性进行划分，两语素具有相似性的属于显性通感式复合词，两语素不具有相似性的属于隐性通感式复合词。通感式复合词有单义和多义之分，多义词有两个义项、三个义项和四个义项之分。复合词表义不同，其内部语素是否以本义入词会随着整体词义而发生变化。如果多义通感式复合词的几个义项之间语素义关系一致，那么就不再为该复合词单独列出义项，如果几个义项之间的语素关系不一致，则要为该复合词单独列出义项①。114个通感式复合词的144个义项的具体分类如下。

显性通感式复合词（68个）：

白嫩、白润、长圆、敞亮、干冷、高寒、高燥、红润、昏黄、明澈、明黄、平滑、溽热、温馨、乌亮、纤柔、鲜红、燥热、光滑、光润、滑腻、灰暗、昏黑、冷寂、浓重、青涩、清寂、清静、清凉、清冽、柔细、甜润、细嫩、细润、鲜嫩、响亮、黯黑、干瘪、光鲜、黑暗、鲜亮、鲜明、苦涩、冷静、细软、圆润、明锐①、香甜①、沉重①、昏沉①、苦寒①、清白①、清脆②、清寒②、清冷①、热闹、暗淡①、暗淡②、厚重①、清亮₂①、清明③、浓厚①、温润②、淡薄②、淡薄③、宽松①、宽松②、清淡①

隐性通感式复合词（76个）：

粗浅、脆亮、寒苦、寒微、晦涩、尖酸、坚苦、冷清、明细、平淡、平静、浅白、浅明、轻薄、轻淡、轻微、清苦、清亮₁、热辣、深重、素淡、酸软、温厚、温柔、圆滑、直白、重大、苍润、澄碧、大红、淡青、嫩红、嫩黄、嫩绿、清馨、苍凉、粗大、高明、寒酸、平白、清高、细腻、沉寂、沉静、沉重②、昏沉②、苦寒②、明锐②、清白②、清脆①、清寒①、清冷②、香甜②、寒素、浑厚、冷淡、大方、暗淡③、厚重②、厚重③、清

亮 $_2$②、清亮 $_2$③、清明 ①、清明 ②、浓厚 ②、浓厚 ③、温润 ①、温润 ③、
淡薄 ①、淡薄 ④、宽松 ③、宽松 ④、明白、清淡 ②、清淡 ③、清淡 ④

第二节　不同类型通感式复合词语义分析

一、广义通感式复合词和狭义通感式复合词语义分析

（一）广义通感式复合词语义分析

广义通感式复合词指的是其内部两个语素分别来自视觉或肤觉的下级感
觉域的复合词。即视觉中的颜色类、形态类、空间类和光线类四种范畴之间
的两两互通；肤觉中的温觉和触觉之间的互通。114 个通感式复合词中共有
广义通感式复合词 37 个，根据两语素所属感觉范畴的不同，可以对复合词进
行分类，分类结果见表 5-1。

表 5-1　广义通感式复合词分类情况

感觉域	类型	例词	词数（个）
视觉域	形态＋光线	清亮 $_1$、清亮 $_2$、清明、鲜亮、鲜明	5
	形态＋颜色	澄碧、平白、清白、鲜红、直白	5
	形态＋空间	浑厚、浓厚、清高	3
	光线＋颜色	黲黑、昏黑、昏黄、明白、明黄	5
	光线＋空间	昏沉、明细	2
	光线＋形态	光鲜、明澈	2
	空间＋光线	敞亮、高明、浅明	3
	空间＋颜色	大红、浅白	2
	空间＋形态	长圆、大方	2
	颜色＋光线	黑暗、灰暗、乌亮	3
肤觉域	触觉＋温觉	干冷、溽热、燥热	3
	温觉＋触觉	温柔、温润	2

1.视觉域内的广义通感式复合词

视觉域下辖的范畴共有四个，分别是颜色类、形态类、空间类和光线类四种范畴，四种范畴之间两两相通，按照排列组合原则应该有 12 种可能的组合方式，可是语言实际中只有 10 种组合，没有"颜色＋形态"和"颜色＋空间"的组合，说明颜色类形语素常作为后语素参与构词。视觉域的 32 个广义通感式复合词中属于偏正结构的有 5 个，分别是长圆、大方、大红、明黄和鲜红，其余 27 个词均为并列结构。32 个广义通感式复合词的内部语素分别来自四种不同的范畴，由来自四种不同范畴的语素两两组合构成的通感式复合词的语义，不仅会体现为以上四种感觉范畴的性状，也会体现为其他感觉范畴或抽象范畴的性状。同一个复合词的不同义项可能会属于不同的语义范畴，因此义项将作为统计复合词所属语义范畴的基础。具体情况见表 5-2。

表 5-2　广义通感式复合词语义范畴分布情况

语义范畴	所占比例	具体语义范畴	例词	义项数（个）
感觉范畴	48%	颜色范畴	大红、明黄	5
		光线范畴	黑暗①、灰暗	8
		形态范畴	长圆、敞亮	10
		听觉范畴	清亮₁、浑厚③	2
抽象范畴	52%	程度范畴	浓厚③	1
		品质范畴	光鲜②、清白①	5
		心理范畴	清白②、明白①	5
		状态范畴	浑厚②、明白②	2
		态度范畴	清高②、鲜明②	3
		评价范畴	鲜亮②	1
		政治范畴	黑暗②、清明①	3
		经济范畴	大方①	1
		知识范畴	高明①、浅白	3
		言辞范畴	平白②、直白	2
		感官范畴	昏沉②	1

通过表 5-2 可知，虽然构成广义通感式复合词的语素分别来自四个感觉范畴，可是所构成的复合词的语义属于感觉范畴和属于抽象范畴的比例基本持平，抽象范畴略高于感觉范畴。构成广义通感式复合词的语素大多是从感觉范畴向抽象范畴发生引申后才入词的，语素大多以引申义入词，这也就导致了广义通感式复合词的语义也会随之发生从感觉范畴向抽象范畴的引申。

下面将着重探讨以颜色类形语素为后语素的广义通感式复合词。《现代汉语词典》中收录的该类复合词一共有 12 个，分别是澄碧、平白、清白、鲜红、直白；黯黑、昏黑、昏黄、明白、明黄；大红、浅白。其中表颜色的词有鲜红、黯黑、昏黑、昏黄、明黄和大红。现代汉语层面的大多数词和词组具有共同的结构，因此我们将把"X+颜色"扩展到词组层面进行研究。色彩从外表特征上分为无彩色和有彩色，无彩色指黑、白、灰三色，是没有色彩倾向的中性色，它们只有明暗的变化。光谱与色谱中的所有色彩称为有彩色，包括它们与黑、白、灰之间混合出来的色彩，是具有色彩倾向的颜色。[①]色彩三属性主要包括色相、明度和纯度。色相是眼睛对可见光中的每种波长范围的视觉反应，也就是指色彩相貌的特征倾向。明度即色彩的明暗度，它取决于反射光的亮度和波长。纯度是指色彩的饱和度，它涉及一种色彩中光的性质，一种颜色的纯度取决于这一色相反射光的单一程度。[②]色相、明度和纯度在语言层面有各自不同的语言表现，其中"色相"主要指的是红、黄、蓝、白、黑等颜色；"明度"指的是颜色的明暗程度，反映在语言中就是"光线类形语素+颜色类形语素"，其中光线类形语素主要包括明、暗、亮、昏等；"纯度"指的是颜色的浓度，反映在语言中就是"空间类形语素/形态类形语素+颜色类形语素"，其中空间类形语素主要包括深、浅、大等，形态类形语素主要包括浓、淡、鲜和嫩等[③]。我们以"黑、白、红、黄、绿、蓝"为例，分析"X+颜色"结构的语义问题。其中 X 包括光线类语素、形

---

① 周信华，胡家康.色彩基础与应用［M］.上海：东华大学出版社，2006：23.

② 周信华，胡家康.色彩基础与应用［M］.上海：东华大学出版社，2006：38—41.

③ 其中"浓"和"鲜"的本义属于形态类范畴，"淡"的本义属于味觉范畴，从味觉域通感引申至形态类范畴，"嫩"的本义属于触觉范畴，从触觉范畴通感引申至形态类范畴。

态类语素和空间类语素，"X+颜色"结构既可以是词也可以是词组，但必须表颜色义。

（1）X+无彩色。

无彩色只具有色彩三属性中的明度，不具有色相和纯度。其中白色的明度最高，黑色的明度最低，因此不管 X 是光线类语素、空间类语素或形态类语素，其描述的均为无彩色的明度。我们以北京大学 CCL 现代汉语语料库为语料来源，以无彩色中的白和黑为例，考察"X+无彩色"结构。

语料库中未出现"明黑""大黑""鲜黑"和"嫩黑"结构，"X+黑"结构在语料库中的出现次数由多到少分别是：暗黑（346）>浓黑（193）>深黑（142）>昏黑（139）>浅黑（62）>淡黑（27）>亮黑（3）[①]，其中暗黑、浓黑、深黑、昏黑出现的次数均超过 100 次，而亮黑只出现了 3 次。色彩的色相、明度和纯度三者之间的关系可以用三维空间结构来体现，即色立体或色树。其球状的纵轴为明度，顶部明度高，底部明度低，顶部是白色，底部是黑色。黑色作为明度最低的颜色，一般只能与表示程度高的"暗""浓""深"等组合，而不能或较少与表示程度低的"明""淡""浅"等组合。

语料库中未出现"昏白"和"鲜白"，"明白"和"大白"不表颜色，"X+白"结构在语料库中的出现次数由多到少分别是：淡白（106）>嫩白（39）>浅白[②]（20）>亮白（9）、浓白（9）>暗白（5）>深白（2），其中淡白、嫩白、浅白出现次数相对较多。白色作为明度最高的颜色，一般只能与表示亮度高的"淡""嫩""浅"等组合，而不能或较少与表示亮度低的"暗""深"等组合。

由此可见，"X+无彩色"结构中 X 的选择与无彩色自身的属性关系密切，黑和白作为一对反义词，与其组合的 X 也基本是对立互补的。沈家煊（1999）在《不对称和标记论》中指出了反义词的不对称现象，并用标记理

---

① 括号内数字为该结构在语料库中出现的次数。

② "浅白"表颜色时是偏正结构的词组，不是并列结构的复合词。

论加以解释。空间类形语素中的"深"、光线类形语素中的"暗"、形态类形语素中的"浓"属于无标记项，它们属于认知上的肯定项。一般情况下无标记项的构词能力强于有标记项，而"黑"和"白"自身的语义决定了"黑"常与无标记项组合，"白"常与有标记项组合。

（2）X+有彩色。

有彩色具有色彩三属性，当表示有彩色的明度时常用"光线类形语素+有彩色"，当表示有彩色的纯度时常用"空间类形语素/形态类形语素+有彩色"。我们以北京大学CCL现代汉语语料库为语料来源，以有彩色中的红、黄、蓝、绿为例，考察"X+有彩色"结构。

语料库中未出现"明红"结构，"大红"已经是复合词，其余各结构出现次数由多到少分别是：鲜红（1679）>淡红（440）>深红（433）>暗红（410）>浅红（153）>嫩红（38）>亮红（12）>昏红（9）>浓红（2），其中鲜红、淡红、深红、暗红、浅红的出现次数均超过100次，而浓红只出现了2次。我们认为出现次数较多的鲜红、淡红、深红、暗红和浅红以及已经成为复合词的大红是"X+红"结构的典型用法，我们只分析其典型用法。"深红"和"浅红"都表示红的程度，或者说红的纯度，二者形成一对反义词；"暗红"是从红的明度上来说的，虽然"亮红"出现的次数较少，但是有"鲜红"与之对应；原则上与"淡红"对应的"浓红"出现次数较少，但是有"大红"与之对应。也就是说"X+红"结构的典型用法内部也存在着对应关系，形成二元对立。

"X+黄"结构中"大黄"是一种药材，不表颜色，"明黄"已经是一个复合词。其余各结构出现次数由多到少分别是：淡黄（786）>昏黄（361）>浅黄（266）>深黄（121）>暗黄（87）>嫩黄（84）>鲜黄（52）>亮黄（14）>浓黄（6），其中出现次数较多的淡黄、昏黄、浅黄、深黄以及已经成为复合词的明黄是"X+黄"结构的典型用法。"深黄"和"浅黄"都表示黄的程度，即黄的纯度，二者形成一对反义词；"昏黄"是从黄的明度上来说的，与"明黄""淡黄"相对应。

"X+蓝"结构中各结构出现次数由多到少分别是：深蓝（703）>淡蓝

（393）＞浅蓝（337）＞暗蓝（68）＞亮蓝（24）＞明蓝（9）＞鲜蓝（5）＞嫩蓝（3）＞大蓝＝浓蓝（2，多为对举时使用）＞昏蓝（1），其中出现次数较多的深蓝、淡蓝、浅蓝是"X＋蓝"结构的典型用法。"深蓝"和"浅蓝"都表示蓝的程度，即蓝的纯度，二者形成一对反义词；"淡蓝"也是从蓝的纯度上来说的，但是与其对应的"浓蓝"用法较少，在语料库中只有两例是和"澄碧""翠绿"对举使用的。

"X＋绿"结构中无"昏绿"结构，其余各结构出现次数由多到少分别是：淡绿（282）＞深绿（257）＞嫩绿（218）＞浅绿（209）＞浓绿（155）＞暗绿（142）＞大绿（79，与大红对举）＞鲜绿（63）＞亮绿（11）＞明绿（3），其中出现次数较多的淡绿、深绿、嫩绿、浅绿、浓绿、暗绿是"X＋绿"结构的典型用法。"淡绿"和"浓绿"都表示绿的纯度，是一对反义词；"深绿"和"浅绿"都表示绿的程度，即绿的纯度，也是一对反义词；"暗绿"主要表示绿的明度，而"明绿"的用法较少，但是有"嫩绿"与之对应。

我们从有彩色中选取较为典型的三原色"红、黄、蓝"以及"红"的对比色"绿"来分析"X＋有彩色"结构的语义。从上面的例子中发现四种有彩色都可以用表示其明度的"亮"或"明"和"暗"来修饰，特别是在其典型用法中，除了"蓝"其他各颜色都有表示其明度的用法，如暗红、明黄、暗绿。表示有彩色纯度的用法相对明度来说较多，可以用"深、浅、浓、淡"等修饰。在有彩色的典型用法中各颜色都可以用"深"和"浅"修饰，表达颜色的纯度。"深"和"浅"作为一对本义来自空间范畴的形容词，其引申用法中最典型的就是向程度范畴的引申，即表达程度义，而颜色恰好具有不同的纯度，这使得二者的组合成为一种语义的必然。

通过对典型颜色词的考察，我们发现除"黄"以外，"深"和颜色词的组合一般都多于"浅"和颜色词的组合，这符合反义词的不对称现象。即无标记项的构词能力强于有标记项，或者说无标记项的组合能力强于有标记项。表示颜色明度的"暗"和"亮"或"明"与颜色词的组合也符合这一原则。可是"浓"和颜色词的组合都少于"淡"和颜色词的组合，这貌似不符合不对称和标记论。我们认为这一方面是由"浓"和"淡"的语义决定的，另一方面也体现了词汇的系统性原则。"深"和"浅"从本义上来说都表示空间类性状，"暗"和"明"或"亮"从本义上来说都表示光线类性状，而"浓"的本义是"露多也"，表示形态类性状，"淡"的本义是"薄味也"，表示味觉类性状。"淡"从味觉范畴通感引申至形态范畴，与"浓"形成一对反义词。"淡"在与颜色词组合时主要表达程度低的意思，与"浅"义近。"浓"在语义引申的过程中更多地表达一种抽象的"所含某种成分多"的意思，只能偶尔与颜色词组合。从系统论观点来看，语言的词汇体系是一个具有自我调节功能的系统。词汇系统主要受两种原则的支配，一个是"省力原则"，一个是"理解原则"。省力原则要求最大限度地增加本系统现有成员的交际效能，限制新词的产生，从而减少系统内的剩余度。理解原则用来抵抗信息传递过程中遇到的各种实体干扰，保证信息传递效果，使系统内剩余度提高。[①]词汇系统在两种原则的制衡下不断发展。表达颜色词纯度的系统成员主要有"深、浓、大"等词，受省力原则的支配，"深"的引申义主要表程度义，与颜色词的特性相符，是该系统的典型成员。因此会限制"浓"在该系统中的作用，"浓"更多地表达抽象义，而较少与颜色词组合。

2. 肤觉域内的广义通感式复合词

肤觉域内的广义通感式复合词分为两类：一类是"触觉 + 温觉"，如干冷、潴热、燥热；另一类是"温觉 + 触觉"，如温柔、温润。这类复合词的能产性不强，其中涉及的触觉类语素主要是表示干湿类的"干、燥、潴、润"和表示软硬类的"柔"；温觉类语素主要是表示温度感觉的"冷、热、温"。其中"干"和"温"作后语素时会转化为名语素，因此它们在通感式复合词中多为前语素。这五个复合词中只有"温柔"不表示肤觉感受，"温润"作为一个多义词有表示肤觉感受的义项，其余各词均表肤觉感受。表示肤觉感受的复合词均为并列结构，但两个语素之间不具有相似性，是非典型的广义通感式复合词。下面我们来分析两语素之间不具有相似性的原因。感觉类形

---

① 张绍麒. 使用系统方法研究汉语词义演变的一个尝试——"臭"的词义演变新探［J］. 烟台师范学院学报（哲学社会科学版），1989（1）：24—25.

语素既具有主观性又具有客观性，是辩证的统一。其下辖的肤觉域内可以分为触觉、温觉和痛觉，三种感觉组成一个连续统。相对来说，触觉具有更多的客观性，痛觉具有更多的主观性，温觉居于二者之间，既具有客观性又具有主观性。如下例：

（1）天气异常冷。（马烽《吕梁英雄传》）

（2）饿了，身上冷。（王朔《过把瘾就死》）

例（1）中的"冷"指的是客观环境，例（2）中的"冷"指的是主观感受。正是因为温觉类词语兼具客观性和主观性，所以当它和触觉类词语组合时会带有主观性。比如词典中有复合词"干冷"，言语实际中就会有"湿冷"与之对应。触觉感受与温觉感受之间不存在相似性。

"温柔"虽然从本义来看是由表温觉的"温"和表触觉的"柔"组合而成的通感式复合词，但是两语素在入词时都已发生了从感觉域向态度域的抽象引申，两语素均以引申义入词。虽然从本义来看"温"和"柔"不具有相似性，但是从引申义来看两语素之间具有相似性。

从上面的分析可见，当温觉类语素和触觉类语素均以本义入词时，两语素之间不具有相似性，组成的通感式复合词是非典型的通感式复合词；当温觉类语素和触觉类语素均以引申义入词时，两语素会向共同的语义范畴引申，导致两语素之间具有相似性，形成典型的通感式复合词。

（二）狭义通感式复合词语义分析

狭义的通感式复合词指的是其内部两个语素分别来自视、听、肤、味、嗅五种感觉域。狭义的通感不再对视觉域和肤觉域内部进行下位切分，只考察五种感觉之间的两两互通。114 个通感式复合词中共有狭义通感式复合词 77 个，根据两语素所属感觉范畴的不同，可以对复合词进行分类，分类结果见表 5-3。

表 5-3　狭义通感式复合词分类情况

类型	例词	词数（个）
视觉＋肤觉	白嫩、高寒	30
肤觉＋视觉	粗大、脆亮	15
肤觉＋味觉	寒苦、滑腻	8
视觉＋味觉	暗淡、清苦	6
视觉＋听觉	清寂、平静	5
味觉＋肤觉	苦寒、酸软	4
肤觉＋听觉	冷寂、热闹	3
味觉＋视觉	淡薄、淡青	2
视觉＋嗅觉	清馨	1
肤觉＋嗅觉	温馨	1
嗅觉＋味觉	香甜	1
听觉＋视觉	响亮	1

　　五种感觉范畴之间两两相通，按照排列组合原则应该有 20 种可能的组合方式。如表 5-3 所示，语言实际中只有 12 种组合，没有"听觉＋肤觉""听觉＋味觉""听觉＋嗅觉""味觉＋听觉""味觉＋嗅觉""嗅觉＋视觉""嗅觉＋听觉"和"嗅觉＋肤觉"这 8 种组合。说明视觉类和肤觉类形语素作为前语素参与构词时可以和其他四种感觉范畴内的形语素组合，听觉类和味觉类形语素常作为后语素参与构词，嗅觉类形语素较少参与构词。一方面是因为调查的语料中视觉范畴和肤觉范畴内的小类和形语素数量较多，而听觉范畴和嗅觉范畴内的形语素数量较少；另一方面复合词内部的组合也受语音和语义规律的限制。

　　狭义通感式复合词中属于偏正结构的有 5 个，分别是嫩红、嫩黄、嫩绿、淡青和清馨，其余 72 个词均为并列结构。偏正结构的狭义通感式复合词大多含有颜色类形语素，非颜色类形语素都是从某一具体感觉范畴转移至程度范畴，修饰限制颜色类形语素的。我们在讨论广义通感式复合词时已经有所涉及，这里不再赘述。同一个通感式复合词的不同义项会随着语义的变化而发生不同的结构转变。比如《现代汉语词典》中"苦寒"一词有两个义项，分别是 ① 极端寒冷；严寒，② 贫寒；寒苦。"苦寒"在义项 ① 下是偏正结构，在义项 ② 下是并列结构。

72 个狭义通感式复合词的内部语素分别来自视、听、肤、味、嗅五种不同的感觉范畴，复合词的语义不仅会表现为以上五种感觉范畴的性状，也会表现为其他感觉范畴或抽象范畴的性状。同一个复合词的不同义项可能会属于不同的语义范畴，因此以义项作为统计复合词所属语义范畴的基础。在统计狭义通感式复合词的语义时，我们发现有一类词两语素之间结合不够紧密，复合词的词义可以兼指两个或两个以上的感觉范畴，即可以兼指两语素所属的感觉范畴，有时也会指向两语素复合后的感觉范畴。这类复合词因为其兼属特性不宜在语义范畴分布表中体现，所以不予统计[①]。还有一类狭义通感式复合词的义项发生了词性的转移，如寒素 ②、热闹 ③、细软 ②、冷淡 ③等，这类复合词已经发生了从性状向人或事物或动作行为的转移，因此不予统计。具体情况见表 5-4。

表 5-4 狭义通感式复合词语义范畴分布情况

语义范畴	所占比例	具体语义范畴	例词	义项数（个）
感觉范畴	36%	视觉范畴	暗淡 ①、干瘪 ①	9
		听觉范畴	沉寂 ①、沉静 ①	6
		肤觉范畴	光滑、光润	13
		味觉范畴	淡薄 ②、苦涩 ①	3
抽象范畴	64%	政治范畴	暗淡 ③	1
		环境范畴	冷清、清寂	9
		际遇范畴	苍凉 ②	1
		状态范畴	沉寂 ②、淡薄 ④	4
		心理范畴	沉静 ②、苦涩 ②	2
		情绪范畴	沉重 ②	1
		知识范畴	粗浅	1

[①] 这类词分别是白嫩、白润、红润、明锐 ①、浓重、平滑、平静、青涩、清脆 ②、清淡 ①、甜润、温馨、细软 ①、纤柔、香甜 ①、圆润 ①、宽松 ③。

续表

语义范畴	所占比例	具体语义范畴	例词	义项数（个）
抽象范畴	64%	程度范畴	轻淡、轻微	5
		情感范畴	淡薄③、热辣	2
		言辞范畴	晦涩、尖酸	4
		经济范畴	寒苦、寒微	10
		质地范畴	寒素③	1
		品质范畴	坚苦、温厚	5
		态度范畴	冷淡②、冷静②	3
		等级范畴	平淡	1
		感官范畴	酸软	1
		评价范畴	鲜嫩、香甜②	3

通过表 5-4 可知，虽然构成狭义通感式复合词的语素分别来自五种不同的感觉范畴，可是所构成的复合词的语义属于抽象范畴的比例明显高于感觉范畴。与广义通感式复合词相比，狭义通感式复合词的语义一般不局限于感觉范畴，而更趋向于抽象范畴。构成狭义通感式复合词的语素大多是从感觉范畴向抽象范畴引申后才入词的，这也就导致了狭义通感式复合词的语义也会随之发生从感觉范畴向抽象范畴的引申。

1. 感觉范畴狭义通感式复合词语义分析

狭义通感式复合词的语义一般只指向视觉、听觉、肤觉和味觉范畴，而不指向嗅觉范畴，这主要是因为来自嗅觉范畴的形语素数量较少。在分析狭义通感式复合词的语义归属问题时以义项为单位。狭义通感式复合词语义的分类情况如下：暗淡①、暗淡②、苍润、干瘪①、宽松①、清淡③、粗大①、柔细和素淡属于视觉范畴；沉寂①、沉静①、粗大②、脆亮、清脆①和响亮属于听觉范畴；沉重①、光滑、光润、厚重①、滑腻、清寒②、清冷①、清凉、细嫩、细润、细腻①、高寒和高燥属于肤觉范畴；淡薄②、苦涩①和清淡②属于味觉范畴。

一般情况下，各感觉范畴的狭义通感式复合词总有一个语素与复合词所属语义范畴一致，其中视觉范畴和味觉范畴的所有狭义通感式复合词必有一个语素与复合词所属语义范畴一致，肤觉范畴的大部分狭义通感式复合词有一个语素与复合词所属语义范畴一致，听觉范畴中50%的狭义通感式复合词有一个语素与复合词所属语义范畴一致。与复合词所属语义范畴不一致的语素，都会发生从本义所属感觉范畴向复合词语义所属感觉范畴的引申。由此可见，感觉范畴内的大部分狭义通感式复合词都可以从语素义推导出复合词义，复合词义往往与其中某一个语素义所属的语义范畴一致。

　　我们在统计狭义通感式复合词语义范畴分布情况时忽略了兼属两个及两个以上语义范畴的复合词，其语义范畴兼属情况见表5-5。

表5-5　狭义通感式复合词兼属情况

兼属的语义范畴	例词	义项数（个）	所占比例
视觉范畴和肤觉范畴	白嫩、红润	8	47%
视觉范畴和嗅觉范畴	浓重、清淡①	2	12%
听觉范畴和味觉范畴	甜润	1	6%
味觉范畴和肤觉范畴	清脆②	1	6%
味觉范畴和嗅觉范畴	香甜①	1	6%
情绪范畴和环境范畴	平静	1	6%
心理范畴和环境范畴	宽松③	1	6%
视觉范畴、味觉范畴和评价范畴	青涩	1	6%
肤觉范畴、嗅觉范畴和环境范畴	温馨	1	6%

　　通过表5-5可知，17个兼属类狭义通感式复合词中有将近一半兼属视觉范畴和肤觉范畴，其他的兼属类型相对比较分散。一般情况下，如果兼属类狭义通感式复合词中的两个语素均为成词语素，那么两个语素之间往往结合得不够紧密，复合词可转化为"又……又……"结构。从语言层面来说，复合词的词义相当于两语素义的组合，可是在不同的语境中，复合词的词义会发生向其中某个语素的偏移，即复合词的词义由其中某一个语素义来体现，这时另一个语素会发生从本义所在的语义范畴向复合词词义所在语义范畴的引申。因为复合词的词义与其中另一个语素所属的语义范畴一致，所以从形式上看就好像两语素之间发生了通感引申。

2. 抽象范畴狭义通感式复合词语义分析

如表 5-4 所示，44 个狭义通感式复合词的 54 个义项共涉及 17 个抽象语义范畴，其中经济范畴和环境范畴的狭义通感式复合词所占比例最大，其他语义范畴的狭义通感式复合词则较为分散。下面我们以经济范畴和环境范畴的狭义通感式复合词为例分析其语义问题。

经济范畴的狭义通感式复合词主要有：寒苦、寒素①、寒酸①、寒微、厚重②、苦寒②、宽松④、清淡④、清寒①、清苦；环境范畴的狭义通感式复合词主要有：苍凉①、冷淡①、冷静①、冷清、清冷②、热闹①、清寂、清静。经济范畴的 10 个狭义通感式复合词中有 6 个都有语素"寒"，在这里语素"寒"从其本义所在的温觉范畴抽象引申至经济范畴，表达"穷困"的意思，复合词的词义也倾向于语素"寒"所表达的语义，证明了复合词词义和语素义之间关系密切。环境范畴的 9 个狭义通感式复合词中有 6 个都含有温觉类语素，如"凉""冷""热"等，这些语素从本义所在的温觉范畴抽象引申至环境范畴，复合词的词义也倾向于这些语素所表达的语义。由此可见，温觉类语素既可以抽象引申至经济范畴，又可以抽象引申至环境范畴，还可以引申至其他抽象范畴。这与第三章讨论的温觉类语素义的引申情况不谋而合。环境范畴的另外两个狭义通感式复合词中含有听觉类语素"寂"和"静"，这些语素从本义所在的听觉范畴抽象引申至环境范畴，与我们在第三章讨论的听觉类语素义的引申规律一致，即听觉类形语素向环境范畴的引申略多于向其他范畴的引申。

二、典型通感式复合词和非典型通感式复合词语义分析

（一）典型通感式复合词语义分析

典型通感式复合词的内部语素必须同时具有两个属性：一是两语素来自不同的感觉域；二是两语素之间具有相似性。两语素之间的相似性是通感的基础，正是因为来自不同感觉域的两语素之间能够产生相似性联想，才会使

得两语素之间发生通感。从表层上看两语素来自不同的感觉域，二者之间没有必然的联系，可是从深层上看两语素之间是一种类义关系，二者之间存在相似性，组成复合词的两个形语素一般会同时处于语义标尺的正极或负极。在探讨典型通感式复合词的语义问题时，首先要探寻两语素之间的相似性因子，看属于不同感觉域的语素在组合时是否存在共性。其次要分析典型通感式复合词内部的语素序问题，看制约其语素序的机制是语音还是语义。

1. 提取相似性因子

所谓相似性因子，指的是存在于组成典型通感式复合词两语素之间的一种抽象关系，它是两语素之间发生通感的首要前提。在提取相似性因子时以各感觉域为依托，在各感觉域的对比中发现相似性因子的共性和特点。

形容词的典型特征是它的程度性，在修饰名词时，主要用来表示事物的性质或状态。当形容词降级到语素层面，成为通感式复合词的构词成分时，感觉类形语素的属性并不改变。属于不同感觉域的感觉类形语素基于相似性组成典型通感式复合词，其主要的相似因子是程度性。从语义上看，程度性可以分为高程度性和低程度性。下面以典型通感式复合词"响亮"为例，提取其中的相似性因子。"响亮"在《现代汉语词典》中的释义是"（声音）洪大"，语素"响"的本义是"回声"，基本义是"声音大"，本义和基本义都属于听觉域，语素"亮"的本义是"光线强"，在进入通感式复合词"响亮"时，发生了从视觉范畴向听觉范畴的通感引申。感觉类形语素"响"和"亮"组合的基础是二者之间的相似性，"响"指"声音大"，蕴含着程度高的意味，"亮"指"光线强"，也蕴含着程度高的意味，两语素正是在相似性因子"程度高"的基础上发生了通感引申。

在研究中还发现有些典型通感式复合词内部语素之间联系的纽带不是程度性，而是一种内在的逻辑联系，我们称之为逻辑相似。下面以典型通感式复合词"高寒"为例，提取其中的相似性因子。"高寒"在《现代汉语词典》中的释义是"地势高而寒冷的"，语素"高"的本义是"从下向上距离大，离地面远"，属于视觉域中的空间类形语素；语素"寒"的本义是"温度低"，属于肤觉域中的温觉类形语素。从程度性上来说，"高"相对于"低"，其程度性高；"寒"相对于"热"，其程度性低，二者没有程度上的相似性。从内在逻辑上来说，地势高的地方一般较为寒冷。如我们常说的"一山有四季，十里不同天"指的就是由于地形高度变化大，致使气温产生差异。不同气候条件下，产生了不同的自然面貌。因此二者之间具有逻辑相似的关系。

根据组成典型通感式复合词的形语素的性质及其内部关系，把相似性因子分为两类：一类是程度相似；另一类是逻辑相似。其中程度相似又根据其程度性的高低分为高程度性和低程度性。语义区分指的是形语素是以本义还是引申义入词。下面我们将根据85个典型通感式复合词相似性因子的区别对其进行分类，具体情况见表5-6。

表5-6　典型通感式复合词相似性因子分类情况

相似性因子	类别	语义	例词	词数（个）	总数（个）
程度相似	高程度性	本义	粗大、响亮	18	22
		引申义	脆亮、清脆	4	
	低程度性	本义	暗淡、纤柔	11	19
		引申义	粗浅、浅白	8	
逻辑相似		本义	高寒、干瘪	9	44
		引申义	寒苦、尖酸	35	

从表5-6可知，85个典型通感式复合词中程度相似和逻辑相似的比例基本持平，逻辑相似略占优势。在程度相似中，不管是高程度性还是低程度性的典型通感式复合词，其语素以本义入词的比例均高于以引申义入词的比例；在逻辑相似中的情况恰与之相反。由此可见，当两语素表达特定感觉域的性质或状态时，两语素之间更易形成程度相似；当两语素表达抽象范畴的性质或状态时，两语素之间更易形成逻辑相似。

2.典型通感式复合词的语素序

典型通感式复合词由具有相似性且来自不同感觉域的两语素组成，从结构上看典型通感式复合词均为并列结构。在分析其语素序时，主要看决定两语素构词顺序的内在因素是语音还是语义。

并列式复合词的语素序问题一直以来都是语言学研究的重点和难点。组成并列式复合词两语素的顺序不受语法关系的制约，因此只能从语音和语义这两个角度分析其语素序问题。前人对这一问题的研究成果颇丰，陈爱文、于平（1979）在《并列式双音词的字序》一文中，首次对现代汉语普通话中的 525 个并列式复合词的语素序进行探讨，文章从现代汉语声调系统和中古汉语声调系统两个层面对组成并列式复合词语素的声调进行全面的梳理，最终得出结论"并列双音词的字序，如果两个字属于强制性的意义，由意义决定；其余主要是由声调决定的"①。这一结论被后人称为"调序说"，后人的研究中有用新论据支持这一观点的，也有对其提出质疑的。张博（1996）为了避免陈、于二人选词的繁杂和缺乏时地界限等弊端，选取了先秦时期的五部典籍，对其中的并列式连用做穷尽性统计，最终不仅得出了"调序对连用词序有很强的制约力"这一结论，还分析了干扰连用词依调序排列的 8 个因素。杨吉春穷尽性地统计了并列双音复合词的下位范畴反义复词的调序和义序，最终得出了如下结论"反义复词两语素的声调结构顺序更符合古声调的排列顺序"②，"义序对反义复词两语素的组合顺序所起的作用远远大于调序"③。

　　典型通感式复合词的两语素之间具有相似性，是类义关系。类义关系的并列式复合词的语素序受何种因素制约，是我们下面要解决的问题。

　　（1）两语素调序统计。

　　①两语素现代汉语声调顺序统计。

　　声调是音节的高低升降形式，主要由音高决定。现代汉语普通话有四个声调，分别是阴平、阳平、上声和去声。轻声不是一种单独的声调，而是四声的一种特殊音变，即在一定的条件下读得又短又轻的调子。一般情况下，在构词时语素的声调顺序即为普通话四声的顺序，在有轻声出现的时候，其顺序是先普通话四声后轻声。我们依据《现代汉语词典》的标音情况统计出典型通感式复合词两语素之间的声调顺序，具体情况见表 5-7。

---

① 陈爱文，于平.并列式双音词的字序［J］.中国语文，1979（2）：104.

② 杨吉春.汉语反义复词研究［M］.北京：中华书局，2007：68.

③ 杨吉春.汉语反义复词研究［M］.北京：中华书局，2007：80.

表 5-7 两语素现代汉语调序统计情况

同调	词数（个）	例词	异调顺序	词数（个）	例词	异调逆序	词数（个）	例词
阴阴	6	光鲜、昏黑	阴阳	14	高寒、光滑	阳阴	2	寒酸、寒微
阳阳	3	平滑、圆滑	阴上	6	粗浅、干瘪			
去去	10	暗淡、脆亮	阴去	14	粗大、光润	去阴	1	黯黑
合计	19		阳上	1	寒苦	上阳	3	苦寒、浅白
			阳去	14	沉重、寒素	去阳	1	淡薄
			上去	6	敞亮、苦涩	去上	1	细软
			X①+轻声	3	冷清、热闹	合计	8	
			合计	58				

注：①X 表示普通话四声中的任意一个。

由表 5-7 可知，如果排除同调的情况，异调顺序和逆序的典型通感式复合词共计66个，其中顺序的占88%，逆序的占12%。其中顺序的排列以"阴阳""阴去"和"阳去"所占比例最大，逆序排列中未见"上阴"的排列形式，其余各逆序形式数量较分散。

②两语素中古汉语声调顺序统计。

典型通感式复合词有些源自现代汉语层面，有些源自古代汉语层面。除统计现代汉语普通话中的声调顺序外，还需要分析其在古代汉语层面的声调顺序。我们主要以中古音作为古代汉语声调的代表，语素的中古声调以《广韵》为主要依据。中古汉语有平、上、去、入四个声调，也就是所谓的四声。一般情况下，在构词时语素的声调顺序即为中古汉语四声的顺序。两语素在中古汉语的声调顺序见表5-8。

表 5-8 两语素中古汉语调序统计情况

同调	词数（个）	例词	异调顺序	词数（个）	例词	异调逆序	词数（个）	例词
平平	16	粗浅、高寒	平上	4	平静、清冷	上平	1	冷清
上上	1	冷静	平去	19	沉重、粗大	去平	3	苦寒、轻微
去去	14	厚重、轻淡	平入	11	黯黑、干瘪			

同调	词数（个）	例词	异调顺序	词数（个）	例词	异调逆序	词数（个）	例词
入入	2	直白、热辣	上去	4	敞亮、浑厚	去上	1	细软
合计	33		上入	1	冷寂			
			去入	5	淡薄、光滑	入去	3	黑暗、滑腻
			合计	44		合计	8	

由表 5-8 可知，如果排除同调的情况，异调顺序和逆序的典型通感式复合词共计 52 个，其中顺序的占 85%，逆序的占 15%。其中顺序的排列以"平去"和"平入"所占比例较大，逆序排列中未见"入平"和"入上"的排列形式，其余各逆序形式数量较分散。与现代汉语普通话的调序相比，中古汉语两语素同调的情况明显占优势。

③ 两语素古今调序比较。

通过对比构成典型通感式复合词两语素的古今调序，可以明确典型通感式复合词的语素序是更符合古调序还是今调序。通过整合表 5-7 和表 5-8 来分析两语素古今调序不同类型之间的差异，具体情况见表 5-9。

表 5-9　古今调序对比情况

类别	同调（个）	合调序（个）	所占百分比	不合调序（个）	所占百分比
今调序	19	58	88%	8	12%
古调序	33	44	85%	8	15%

从表 5-9 可以看出，两语素合今调序的比例略高于合古调序的比例，古今调序之间相差 3%。这说明典型通感式复合词两语素的声调顺序更符合今声调的排列顺序。

以上古今调序的比较只是一个宏观的对比，我们还需要从每一个典型通感式复合词入手，分析其是否合古今调序，通过对比其古今调序的一致性，判断典型通感式复合词受语音影响的整体情况。具体情况见表 5-10。

表 5-10　古今调序综合对比情况

单位：个

古＼今	同调	合调序	不合调序
同调	14	16	3
合调序	4	37	3
不合调序	1	5	2

表 5-10 中的横行代表两语素在现代汉语中的声调顺序，纵列代表两语素在中古汉语中的声调顺序，在不同的语音层面两语素所组成的典型通感式复合词分别有三种情况：同调、合调序和不合调序。表中的数字分别代表了各种组合的复合词数量，如 14 表示古今均同调的典型通感式复合词有 14 个，其余以此类推。表 5-10 中古今调序的 9 种组合可以分为三种情况：作合调序理解、作不合调序理解和不作合调序理解，只要古今调序中含有"合调序"的即作合调序理解，含有"不合调序"的即作不合调序理解，其他情况不作合调序理解。"作合调序理解"的包括古同调今合调序、古今均合调序和古合调序今同调三种情况，共计 57 个词；"作不合调序理解"的包括古同调今不合调序、古合调序今不合调序和古今均不合调序三种情况，共计 8 个词；"不作合调序理解"的包括古今均同调、古不合调序今同调和古不合调序今合调序三种情况，共计 20 个词。三种情况分别占典型通感式复合词总数的 67%、9% 和 24%，如果排除"不作合调序理解"的情况，那么合调序和不合调序的比例分别是 88% 和 12%。也就是说典型通感式复合词的语素序与其内部两语素的声调有关，并且有 2/3 的典型通感式复合词的语素序由声调决定。

（2）两语素义序统计。

典型通感式复合词的义序指的是复合词内部语素的排列主要依据意义，是逻辑性在词内排列组合的反映。典型通感式复合词中既有广义通感式复合词，又有狭义通感式复合词。狭义通感式复合词的语素序相对来说较为客观，一般以人们对五种感觉的认知为依据，即按照人们常说的"视、听、肤、味、嗅"五种感官的顺序排列。在第二章提取通感式复合词时，曾经涉及心理学对感觉的分类，其中视觉是人类最重要的一种感觉，人类获得的外界信息中有 80% 来自视觉。除视觉外，另一种最重要的感觉是听觉，听觉在动物和人的适应行为中有重要的作用。肤觉、味觉和嗅觉统称为其他感觉，在人类的生产生活中虽然也起着重要的作用，但是其重要性不及视觉和听觉。狭义通感式复合词两语素义序统计情况见表 5-11。

表 5-11 狭义通感式复合词两语素义序统计情况

类型	视 + 听	视 + 肤	视 + 味	听 + 肤	肤 + 味	味 + 嗅	合义序
词数（个）	3	24	6	0	8	0	41
类型	听 + 视	肤 + 视	味 + 视	肤 + 听	味 + 肤	嗅 + 味	不合义序
词数（个）	1	12	1	3	4	1	22

表 5-11 主要反映的是典型通感式复合词中狭义通感式复合词两语素的义序情况，其中各语素所属的感觉域均为该语素本义所在的感觉域，合义序与不合义序的狭义通感式复合词共计 63 个，其中合义序的占 65%，不合义序的占 35%。

广义通感式复合词指的是两语素来自视觉域或肤觉域下辖感觉范畴的复合词，其中视觉域下辖的语义范畴主要包括颜色范畴、空间范畴、光线范畴和形态范畴；肤觉域下辖的语义范畴主要包括触觉范畴和温觉范畴。视觉域和肤觉域下辖的感觉范畴之间是否存在逻辑顺序，是判断两语素是否合义序的关键。

假设视觉域和肤觉域各下位感觉范畴之间存在逻辑顺序，那么就可以从具体实例中分析出其内在顺序。如表 5-11 所示，狭义通感式复合词内部两语素之间基本都存在两种相反的组合形式，一般情况下数量较多的是合义序的，数量较少的是不合义序的。鉴于此，可以从广义通感式复合词的具体组合中分析出其内在的逻辑顺序。具体情况见表 5-12。

表 5-12　广义通感式复合词两语素义序统计情况

类型	光线＋颜色	空间＋光线	形态＋光线	形态＋空间	形态＋颜色	空间＋颜色	合义序
词数（个）	2	3	5	3	2	1	16
类型	颜色＋光线	光线＋空间	光线＋形态				不合义序
词数（个）	1	2	2				5

表 5-12 中各语素所属的感觉域均为该语素本义所在的感觉域。通过对具体实例的分析发现"光线"和"颜色"、"空间"和"光线"以及"形态"和"光线"各范畴之间都存在互逆的情况，其中数量较多的为符合内在逻辑的用法，即合义序。以上各范畴的顺序为：光线＞颜色，空间＞光线，形态＞光线，推理可得空间、形态＞光线＞颜色这一顺序。因为在实例中发现了"形态＋空间"这一组合的复合词，而没有发现"空间＋形态"的组合，所以可以把形态和空间之间的顺序拟定为形态＞空间。即四个下位范畴之间的逻辑顺序为：形态＞空间＞光线＞颜色。从语义上看，形态范畴较为直观，可以直接观察到；空间范畴一般指的是空间方位，意义相对来说比较抽象；光线范畴内的语素数量较少，这类语素引申义较少；颜色范畴内的语素一般多为复合词中的后语素，当它为前语素时多修饰限制后语素，会改变复合词的词性。实际语料中只有一例属于肤觉范畴的下位范畴温觉和触觉之间的组合，较难判断其语序。综上所述，22 个广义通感式复合词中，除 1 例较难判断是否合义序外，合义序与不合义序的广义通感式复合词共计 21 个，其中合义序的占 76%，不合义序的占 24%。

在考察典型通感式复合词是否合义序时，既要分析广义通感式复合词，也要分析狭义通感式复合词，结合表 5-11 和表 5-12，发现典型通感式复合词中合义序的占 68%，不合义序的占 32%。

（3）两语素调序和义序比较。

通过前面对两语素调序和义序的定量统计分析，发现二者比较的结果如下。

表 5-13　调序和义序对比情况

类型	顺序（个）	所占百分比	逆序顺序（个）	所占百分比	总数顺序（个）
调序	57	88%	8	12%	65
义序	57	68%	27	32%	84

从表 5-13 可知，典型通感式复合词中合调序的比例比合义序的比例高出 20%，这是否意味着调序在典型通感式复合词的语素序中起着决定性作用，还需要进行综合考察。如表 5-13 所示，在分析调序时排除了"不作合调序理解"的情况，在分析义序时排除了较难判断是否合义序的情况，二者的基数不统一，不具有可比性。下面将从 85 个典型通感式复合词的整体出发，综合考察调序和义序的对比情况。比较结果见表 5-14。

表 5-14　调序和义序综合对比情况

类型	合调序	不合调序	不作合调序	合义序	不合义序	难分义序
数量（个）	57	8	20	57	27	1
百分比	67%	9%	24%	67%	32%	1%

如表 5-14 所示，合调序和合义序的典型通感式复合词所占比例一致，可是不合调序的典型通感式复合词比不合义序的典型通感式复合词少，由此可以推断出典型通感式复合词两语素之间顺序的决定性因素是调序。声调是一种客观的存在，虽然在不同的历史时期会发生变化，但是其变化是一种有规律的变化，相对来说较为客观。语义具有主观性，往往会受特定民族和社会等主观因素的制约，有时就是一种约定俗成。因此，具有相对客观性的调序作为典型通感式复合词两语素语序的主要制约因素是合理的。

（二）非典型通感式复合词语义分析

非典型通感式复合词指的是两语素虽然来自不同的感觉域，但是不具有相似性的复合词。非典型通感式复合词共计 29 个，其中属于偏正结构的复合词有 12 个，属于并列结构的复合词有 17 个。

1. 偏正结构非典型通感式复合词

偏正结构的非典型通感式复合词不管从形式上还是语义上来看，都与典型通感式复合词存在较大差异，所以有些学者认为它们不属于通感式复合词。可是从通感式复合词的定义出发，只要具备两个语素本义或基本义来自不同感觉域这一属性，即可视为通感式复合词，只是它们与典型通感式复合词相比，不具有相似性而已。偏正结构的非典型通感式复合词大多表颜色，如淡青、嫩黄等，"偏"语素从本义所在的感觉域引申至程度范畴，然后修饰限制"正"语素。各复合词所属具体语义范畴情况见表5-15。

表5-15 偏正结构非典型通感式复合词语义范畴分布

语义范畴	例词	词数（个）	所占百分比
颜色范畴	明黄、鲜红	7	58%
形态范畴	长圆	1	8%
嗅觉范畴	清馨	1	8%
听觉范畴	沉寂、沉静	2	17%
抽象范畴	大方	1	8%

从表5-15可知，偏正结构非典型通感式复合词中属于颜色范畴的复合词占该类复合词总数的一半以上。属于感觉范畴的非典型通感式复合词占92%，属于抽象范畴的非典型通感式复合词占8%。也就是说，大多数偏正结构非典型通感式复合词的语义属于感觉范畴。

2. 并列结构非典型通感式复合词

并列结构的非典型通感式复合词与典型通感式复合词相比，外部结构类型一致，两语素内部语义关系不同。非典型通感式复合词两语素之间不具有相似性，典型通感式复合词两语素之间具有程度相似性或逻辑相似性。根据我们对语料的调查，并列结构非典型通感式复合词两语素中必有一个是颜色类形语素或温觉类形语素。具体情况见表5-16。

表 5-16　并列结构非典型通感式复合词统计

类型	例词	词数（个）	所占百分比
含颜色类形语素	白润、红润	11	64.7%
含温觉类形语素	温馨、干冷	6	35.3%

从表 5-16 可知，并列结构的非典型通感式复合词中含颜色类形语素的占 64.7%，含温觉类形语素的占 35.3%。下面试分析含颜色类形语素和温觉类形语素的并列结构通感式复合词易形成非典型通感式复合词的原因。在通感作用下颜色似乎会有冷暖之分，虽然颜色可以与温觉类词语产生通感，形成暖色、冷色等通感式复合词，但是当这些具体的颜色类形语素参与构词时，各种具体的颜色较难与其他感觉域的感觉类形语素产生相似性。因此，所形成的通感式复合词是非典型通感式复合词。温觉类形语素在组成通感式复合词时，也较难与其他感觉类形语素产生相似性，如"干冷"一词，天气状况既有可能是干燥而寒冷，也有可能是潮湿而寒冷，两语素之间无相似性，故无法形成典型通感式复合词。各复合词所属具体语义范畴情况见表 5-17。

表 5-17　并列结构非典型通感式复合词语义范畴分布

语义范畴	例词	词数（个）	所占百分比
视觉范畴	灰暗、昏黄	5	29.4%
肤觉范畴	干冷、高燥	4	23.5%
视觉范畴和肤觉范畴	白润、白嫩	3	17.6%
视觉范畴、嗅觉范畴和环境范畴	温馨	1	5.9%
抽象范畴	苍凉、明白	4	23.5%

从表 5-17 可知，并列结构非典型通感式复合词中属于感觉范畴的非典型通感式复合词占 76.5%，属于抽象范畴的非典型通感式复合词占 23.5%。也就是说，大多数并列结构非典型通感式复合词的语义属于感觉范畴。

三、显性通感式复合词和隐性通感式复合词语义分析

在统计显性通感式复合词和隐性通感式复合词的数量时，以义项为依据，同一个词的不同义项之间会因为语素内部意义的差异而存在不同类的情况，这就使其语义问题略显繁杂。鉴于此，在分析显性通感式复合词和隐性通感式复合词时只分析单义词，多义词的语义问题将在通感式复合词的语义引申方式一节中讨论。

（一）显性通感式复合词语义分析

所谓显性通感式复合词指的是两语素均以本义入词，或两语素中有一个以本义入词且两语素之间具有相似性的复合词。单义显性通感式复合词共有36个，分别是：白嫩、白润、长圆、敞亮、干冷、高寒、高燥、光滑、光润、红润、滑腻、灰暗、昏黑、昏黄、冷寂、浓重、明澈、明黄、平滑、青涩、清寂、清静、清凉、清冽、柔细、溽热、甜润、温馨、乌亮、细嫩、细润、纤柔、鲜红、鲜嫩、响亮和燥热。在第四章中主要从语素义和词义的关系分析单义通感式复合词的语义问题，本节主要从词义角度，分析单义显性通感式复合词的语义。

显性通感式复合词分为两类：一类是两语素均以本义入词的通感式复合词，共计18个；另一类是两语素中有一个以本义入词且两语素之间存在相似性的通感式复合词，共计18个，二者比例持平。

1. 两语素均以本义入词的显性通感式复合词

根据两语素所属感觉域的不同，可以首先把这类通感式复合词分为两类：一类是广义显性通感式复合词；另一类是狭义显性通感式复合词。广义显性通感式复合词共计10个，分别是：长圆、敞亮、干冷、昏黄、明澈、明黄、溽热、乌亮、鲜红、燥热，其中偏正结构的复合词3个，其余均为并列结构。狭义显性通感式复合词共计8个，分别是：白嫩、白润、高寒、高燥、红润、平滑、温馨、纤柔，这些复合词均为并列结构。因为两语素均以本义入词，

所以组成的大部分复合词兼具两个语素所属感觉范畴的两种属性。一般情况下，并列结构的广义显性通感式复合词的语义指向两种下位范畴所属的上位感觉范畴，偏正结构的广义显性通感式复合词的语义指向正语素所属的感觉范畴。狭义显性通感式复合词的语义分为两种情况：第一种是兼属两语素所属的语义范畴；第二种是指向其中某一个语素所属的语义范畴。具体分类情况见表5-18。

表5-18　两语素均以本义入词的显性通感式复合词语义范畴统计

类型	语义范畴	例词	词数（个）
广义显性通感式复合词	视觉范畴	敞亮、明黄	7
	肤觉范畴	干冷、潮热	3
狭义显性通感式复合词	视觉和肤觉	白嫩、白润	5
	肤觉和环境	温馨	1
	肤觉范畴	高寒、高燥	2

从表5-18可知，大部分两语素均以本义入词的显性通感式复合词的语义属于视觉范畴或肤觉范畴，个别词兼属其他感觉范畴或抽象范畴。

2. 两语素中有一个以本义入词的显性通感式复合词

两语素中有一个以本义入词的显性通感式复合词中以狭义通感式复合词居多，只有2个广义显性通感式复合词。狭义显性通感式复合词共计16个，分别是：光滑、光润、滑腻、冷寂、浓重、青涩、清寂、清静、清凉、清冽、柔细、甜润、细嫩、细润、鲜嫩和响亮，这些复合词均为并列结构。一般情况下，属于感觉类语义范畴的显性通感式复合词的语义与两语素中以本义入词的语素所属的语义范畴一致。以引申义入词的语素分为两种情况：一种是从其本义所在的感觉范畴向以本义入词的语素所在的感觉范畴即复合词词义引申，如"光滑、响亮"等；另一种是从其本义所在的感觉范畴向以本义入词的语素所在的感觉范畴的上位语义范畴引申，如"滑腻、细嫩"等。具体情况见表5-19。

表 5-19 两语素之一以本义入词的显性通感式复合词语义范畴统计

类型	语义范畴	例词	词数（个）
广义显性通感式复合词	视觉范畴	灰暗、昏黑	2
狭义显性通感式复合词	肤觉范畴	光滑、滑腻	7
	视觉范畴	柔细	1
	听觉范畴	响亮	1
	环境范畴	清寂、清静	3
	评价范畴	鲜嫩	1
	听觉和味觉	甜润	1
	视觉和嗅觉	浓重	1
	视觉、味觉、评价	青涩	1

从表 5-19 可知，广义显性通感式复合词内的颜色类语素多从具体的颜色范畴指向词义所在的视觉范畴。狭义显性通感式复合词的词义以指向肤觉范畴的居多。听觉类语素所在的听觉范畴与抽象范畴中的环境范畴之间的关系较为密切。从表 5-18 和表 5-19 的对比中，我们发现随着两语素中以引申义入词的语素数量的增加，复合词词义兼属的情况不断减少，指向抽象语义范畴的复合词数量不断增加。

（二）隐性通感式复合词语义分析

隐性通感式复合词指的是两语素均以引申义入词，或两语素中有一个以本义入词且两语素之间不具有相似性的通感式复合词。因为两语素不再以本义入词，或两语素间不具有相似性，从表面上看较难判断该类词是否发生通感，所以称为隐性通感式复合词。在这里只探讨单义隐性通感式复合词的语义问题。单义隐性通感式复合词共计 35 个，分别是：粗浅、脆亮、寒苦、寒微、晦涩、尖酸、坚苦、冷清、明细、平淡、平静、浅白、浅明、轻薄、轻淡、轻微、清苦、清亮」、热辣、深重、素淡、酸软、温厚、温柔、圆滑、直白、重大、苍润、澄碧、大红、淡青、嫩红、嫩黄、嫩绿和清馨。隐性通感式复合词分为两类：一类是两语素中有一个以本义入词且两语素之间不具有相似性的通感式复合词，共计 8 个；另一类是两语素均以引申义入词的通感式复合词，共计 27 个。

1. 两语素中有一个以本义入词的隐性通感式复合词

根据两语素所属感觉域的不同可以首先把这类通感式复合词分为两类：一类是广义隐性通感式复合词；另一类是狭义隐性通感式复合词。两语素中有一个以本义入词的隐性通感式复合词中以狭义通感式复合词居多，只有 2 个广义隐性通感式复合词。狭义隐性通感式复合词共计 6 个，分别是：苍润、淡青、嫩红、嫩黄、嫩绿和清馨，除"苍润"之外，其他复合词均为偏正结构。偏正结构复合词的语义与"正"语素本义所在的感觉范畴一致。一般情况下，该类隐性通感式复合词的语义与两语素中以本义入词的语素所在的语义范畴一致。以引申义入词的语素分为两种情况：一种是从本义所在的感觉范畴向抽象的程度范畴引申，如"淡青、嫩黄"等；另一种是从本义所在的感觉范畴向以本义入词的语素所在的感觉范畴的上位语义范畴引申，如"苍润、澄碧"等。具体情况见表 5-20。

表 5-20　两语素之一以本义入词的隐性通感式复合词语义范畴统计

类型	语义范畴	例词	词数（个）
广义隐性通感式复合词	视觉范畴	澄碧、大红	2
狭义隐性通感式复合词	视觉范畴	苍润、淡青	5
	嗅觉范畴	清馨	1

从表 5-20 可知，并列结构的广义隐性通感式复合词内的颜色类语素多发生通感引申，从具体的颜色范畴迁移至词义所在的视觉范畴。偏正结构的广义隐性通感式复合词内的颜色类语素多为"正"语素，以本义入词，另一语素发生从本义所在语义范畴向程度范畴的引申。狭义隐性通感式复合词的语义以指向视觉范畴的居多，且多为偏正结构。

2. 两语素均以引申义入词的隐性通感式复合词

该类复合词中的广义隐性通感式复合词共计 6 个，分别是：明细、浅白、浅明、清亮₁、温柔和直白，这些复合词均为并列结构。狭义隐性通感式复合词共计 21 个，分别是：粗浅、脆亮、寒苦、寒微、晦涩、尖酸、坚苦、冷清、平淡、平静、轻薄、轻淡、轻微、清苦、热辣、深重、素淡、酸软、温厚、圆滑和重大，这些复合词也均为并列结构。因为两语素均以引申义入词，所以组成复合词的词义多指向抽象语义范畴。具体情况见表 5-21。

表 5-21 两语素均以引申义入词的隐性通感式复合词语义范畴统计

类型	上位语义范畴	下位语义范畴	例词	词数（个）
广义隐性通感式复合词	感觉范畴	听觉范畴	清亮₁	1
	抽象范畴	事件范畴	明细	1
		知识范畴	浅白、浅明	2
		品质范畴	温柔	1
		言辞范畴	直白	1
狭义隐性通感式复合词	感觉范畴	听觉范畴	脆亮	1
		视觉范畴	素淡	1
	抽象范畴	知识范畴	粗浅	1
		经济范畴	寒苦、寒微	3
		言辞范畴	晦涩、尖酸	2
		品质范畴	坚苦、温厚	3
		环境范畴	冷清、平静	2
		等级范畴	平淡	1
		态度范畴	轻薄	1
		程度范畴	轻淡、深重	4
		情感范畴	热辣	1
		感官范畴	酸软	1

从表 5-21 可知，两语素均以引申义入词的隐性通感式复合词的语义多指向抽象语义范畴且较为分散，只有个别复合词指向感觉范畴中的听觉范畴和视觉范畴。从表 5-20 和表 5-21 的对比中，我们发现随着两语素中以引申义入词的语素数量的增加，指向抽象语义范畴的复合词数量不断增加。由此可见，通感式复合词的词义和语素义的关系极为密切。两语素以本义入词的通感式复合词的语义多指向感觉范畴，两语素以引申义入词的通感式复合词

的语义多指向抽象语义范畴。语素本义和感觉范畴，以及语素引申义和抽象
语义范畴之间呈现出正相关。

第三节　通感式复合词的语义引申

在本章第二节讨论显性通感式复合词和隐性通感式复合词的语义问题时，
只分析了单义显性通感式复合词和单义隐性通感式复合词，这一节主要讨论
多义通感式复合词的语义引申问题。多义通感式复合词共涉及 43 个通感式复
合词的 105 个义项，主要从语义引申方式和语义引申机制两个方面来讨论。

一、通感式复合词的语义引申方式

所谓语义引申指的是一个词从本义向其他语义范畴发生转移的过程。对
于通感式复合词来说，它的本义就是最接近其内部两语素组合义的意义，两
语素的组合义既可以是语素本义的组合，又可以是引申义的组合。一般情况
下，常见的语义引申方式指的是辐射式引申、连锁式引申以及综合二者的综
合式引申。然而针对不同词群的特点，词的语义引申方式可以有不同的分类
标准。比如针对通感式复合词这一词群的典型特点，还可以把语义引申方式
分为通感引申和抽象引申。所谓通感引申指的是复合词从某一具体感觉域向
另一具体感觉域发生词义的转移。所谓抽象引申指的是复合词从某一具体感
觉域或抽象语义域向另一抽象语义域发生词义的转移。在分析通感式复合词
的语义引申方式时先从共性角度分析其语义引申方式，再分析其典型的语义
引申方式。

（一）普遍的语义引申方式

本节涉及的多义通感式复合词共包括两个义项的复合词 28 个、三个义项

的复合词 11 个和四个义项的复合词 4 个。在探讨具有共性的语义引申方式时，只涉及三个及三个以上义项的通感式复合词 15 个。在分析通感式复合词的语义引申方式时，以《现代汉语词典》中所列的义项为参照。语义引申的源头是复合词的本义，复合词的本义是两语素义的直接组合。在分析各通感式复合词的不同义项时，我们发现有些复合词的义项中会罗列出两语素的直接组合义，有些复合词的义项中则不会列出。鉴于此，我们把复合词的本义统一规定为两语素义的直接组合（可能是语素本义或引申义的组合），如果词典中列出的话则以此义项为本义，如果词典未列出的话则依据语素义组合出复合词的本义。

1. 辐射式引申

所谓辐射式引申指的是以复合词本义为中心，向其他语义范畴发生语义迁移的过程，复合词的各义项都与本义之间有或多或少的联系。通感式复合词中发生辐射式引申的复合词数量较多，共计 11 个，占复合词总数的 73%，分别是：厚重、热闹、清亮$_2$、清明、清淡、温润、宽松、大方、浑厚、浓厚和淡薄。其中复合词本义出现在义项中的有 7 个，以"厚重"为代表。"厚重"在《现代汉语词典》中的释义如下：① 又厚又重。② 丰厚。③ 敦厚持重。其中义项 ① 是"厚重"的本义，义项 ② 是义项 ① 向经济范畴引申的结果，义项 ③ 是义项 ① 向品质范畴引申的结果，义项 ② 和义项 ③ 都与义项 ① 有关系，而二者之间是并列关系。复合词本义未出现在义项中的有 4 个，以"淡薄"为代表。"淡薄"在《现代汉语词典》中的释义如下：①（云雾等）密度小。②（味道）不浓。③（感情、兴趣等）不浓厚。④（印象）因淡忘而模糊。"淡"的本义是"味薄也"，属于味觉域；"薄"的本义是"扁平物上下两面之间的距离小"，属于视觉域中的空间域。两语素基于低程度性相似组成通感式复合词。其本义具有程度轻的意思，义项 ① 是本义向程度范畴引申的结果，义项 ② 是本义向味觉范畴引申的结果，义项 ③ 是本义向情感范畴引申的结果，义项 ④ 是本义向状态范畴引申的结果。4 个义项都与本义有或多或少的联系，而它们之间是并列关系。

2. 连锁式引申

所谓连锁式引申指的是以复合词本义为原点，依次向其他语义范畴发生语义迁移的过程，从本义到每一个引申义是层层引申的关系，它们之间有一条语义链将其联系在一起。通感式复合词中发生连锁式引申的复合词数量不多，共计 3 个，占复合词总数的 20%，分别是：暗淡、寒素和冷淡。我们以"寒素"为例分析连锁式引申方式。"寒素"在《现代汉语词典》中的释义是：① 清贫。② 清贫的人。③ 朴素；简陋。语素"寒"的本义是温度低，属于肤觉域，引申为"穷困"；语素"素"的本义是"颜色单纯，不艳丽"，属于视觉域中的形态域，引申为"朴素"。义项 ③ 较接近"寒素"的本义，从义项 ③ 引申出义项 ①，又从义项 ① 引申出义项 ②。

3. 综合式引申

所谓综合式引申指的是复合词语义引申的过程中既有辐射式引申又有连锁式引申。杨吉春在《汉语反义复词研究》中指出："综合式引申的最大特点是词义的义项数必须在 4 个或 4 个以上才有可能形成。"[1] 通感式复合词中义项数在 4 个以上的只有四个词，因此发生综合式引申的通感式复合词数量极少，只有 1 个，是"明白"。"明白"在《现代汉语词典》中的释义是：① 内容、意思等使人容易了解；清楚；明确。② 公开的；不含糊的。③ 聪明；懂道理。④ 知道；了解。语素"明"的本义是"光线亮"，属于视觉域中的光线域；语素"白"的本义是一种颜色，属于视觉域中的颜色域。二者属于同觉异类的通感式引申，组成广义通感式复合词"明白"。"明白"的本义主要由语素"明"来体现，"明"有"明白；清楚""懂得；了解"等引申义。从"明白"的本义首先发生辐射式引申，产生义项 ①、②、③，三个义项之间是并列关系，然后从义项 ① 连锁式引申出义项 ④。

（二）典型的语义引申方式

如果说普遍的语义引申方式是所有词语发生语义引申的共性的话，那么

---

[1] 杨吉春. 汉语反义复词研究 [M]. 北京：中华书局，2007：402.

典型的语义引申方式则是通感式复合词语义引申的特点。通感式复合词在语义引申的过程中既会发生从一种具体感觉域到另一种具体感觉域的通感引申，也会发生从一种具体感觉域或抽象语义域向另一种抽象语义域的抽象引申。我们将从 43 个多义通感式复合词的 105 个义项中，分析其典型的语义引申方式。

1.通感引申

所谓通感引申指的是复合词的本义属于某一具体感觉域，引申后的语义属于另一具体感觉域，这样的语义迁移过程就是通感引申。两语素组合后的语义为复合词的本义，两语素的本义一般都来自特定的感觉域，因此复合词的本义也属于特定的感觉域。我们以"粗大"为例说明通感引申的过程，"粗大"在《现代汉语词典》中的释义如下：①（人体、物体）粗。②（声音）大。义项 ① 属于视觉域，义项 ② 属于听觉域，从义项 ① 到义项 ② 的引申是通感引申。

2.抽象引申

所谓抽象引申指的是复合词的本义属于某一具体感觉域或抽象语义域，引申后的语义属于某一抽象语义域，这样的语义迁移过程就是抽象引申。抽象引申分为两种情况，一种是从具体感觉域向抽象语义域的引申，多发生在两个义项的多义通感式复合词中；另一种是从某一抽象语义域向另一抽象语义域的引申，多发生在三个及三个以上义项的多义通感式复合词中。下面分别举例说明这两种情况。"苦涩"在《现代汉语词典》中的释义如下：①（味道）又苦又涩。②形容内心痛苦。其中义项 ① 是本义，义项 ② 是从本义所在的味觉域向心理域的引申，即抽象引申。从某一抽象语义域向另一抽象语义域的抽象引申相对来说数量较少，如上面所举的通感式复合词"明白"在发生连锁引申时就是从某一抽象范畴向另一抽象范畴的引申。

一般情况下，多义通感式复合词中发生通感引申的义项相对发生抽象引申的义项来说，意义更具体明确，与通感式复合词的本义更接近，因此在词典义项的排序中应该更靠前。下面统计通感式复合词中发生通感引申和抽象引申的数量，具体情况见表 5-22。

表 5-22　通感式复合词典型语义引申方式统计

类型	例词	义项数（个）	百分比
通感引申	黯黑、粗大	37	35%
抽象引申	寒素、高明	68	65%

从表 5-22 可知，多义通感式复合词中发生抽象引申的比例远高于发生通感引申的比例。由此可见，通感式复合词的义项数与其引申情况关系极为密切。在总结通感式复合词的语义引申规律时，需要结合其义项数进行综合考察。

根据统计，同一个通感式复合词有时会同时兼具两种语义引申方式，第一种语义引申方式是语义引申的共性，第二种语义引申方式是通感式复合词语义引申的典型特点。因为第一种语义引申方式对复合词义项数的要求较高，所以对通感式复合词来说，发生第二种语义引申方式的词比第一种多。

二、通感式复合词的语义引申机制

通感式复合词由两个来自不同感觉域的语素组合而成，复合词的本义与语素义之间的关系极为密切。从通感式复合词的本义通过通感引申或抽象引申产生通感式复合词的不同义项，本节将探讨语义引申产生的原因即语义引申的机制。通感式复合词语义引申的原因主要是基于各义项之间的相似性或邻近性。从认知语言学角度来说，基于相似性关系产生的语义引申是隐喻，基于邻近性关系产生的语义引申是转喻。

（一）隐喻机制

1. 概念隐喻

概念隐喻理论是认知语言学最重要的理论之一。其理论的核心内容是"隐喻是跨概念域的系统映射"。李福印将概念隐喻理论的核心内容概括为以下八条"隐喻是认知手段；隐喻的本质是概念性的；隐喻是跨概念域的系统映射；映射遵循恒定原则；映射的基础是人体的经验；概念系统的本质是隐喻的；概念隐喻的使用是潜意识的；概念隐喻是人类共有的"[1]。随着对概念隐喻理论研究的深入，学者们已经发现了概念隐喻理论的诸多问题，但是依然不能否认概念隐喻理论在认知语言学中的重要性。概念隐喻理论对很多语言现象有较强的解释力。

隐喻指的是源域向目标域的系统性投射，源域和目标域属于不同的概念域，二者之间具有相似性。一般情况下，源域所指物较为具体，目标域所指物较为抽象。隐喻对于解释词义的发展起着至关重要的作用。如"干瘪"在《现代汉语词典》中的释义是：① 干而收缩，不丰满。②（文辞等）内容贫乏，枯燥无味。义项 ① 主要是从视觉形态上表达人或物的状态，给人一种比较直观的视觉感受，义项 ② 用来形容文章或言辞，相对来说较抽象。两个义项虽然属于不同的语义范畴，但是二者之间具有相似性，因此从义项 ① 到义项 ② 是从具体视觉范畴向抽象言辞范畴的投射，是一种概念隐喻。

2. 通感隐喻

前人研究中对于通感是否是隐喻的问题存在争论，我们认为通感是一种非典型的隐喻。如果把隐喻理论的核心内容当作隐喻存在的条件或隐喻的属性来理解，那么隐喻的属性主要包括：① 必须存在两个概念域；② 两个概念域之间具有相似性；③ 概念域之间的投射是有方向性的；④ 源域相对来说比较具体，目标域相对来说比较抽象。

通感是两种具体感觉之间的互通，具有隐喻的属性 ① 和属性 ②，即通感中有两个感觉域，两个感觉域之间具有相似性。大部分感觉域之间的通感没有方向性，是循环可逆的。通感中的两个概念域都是感觉域，感觉域都是具体的，没有抽象的。对比隐喻的四个属性，通感只具有其中的两个属性，因此通感是一种非典型的隐喻，在这里称为通感隐喻。

下面以通感式复合词"暗淡"为例，分析通感隐喻在复合词语义引申中的作用。"暗淡"在《现代汉语词典》中的释义是：①（光线）昏暗；不明

---

① 李福印. 认知语言学概论 [M]. 北京：北京大学出版社，2008：132—133.

亮。②（色彩）不鲜明。③（前途）不光明；没有希望。义项 ① 表达的是视觉中光线的状态，义项 ② 表达的是视觉中颜色的状态，义项 ① 和义项 ② 分别属于视觉域的下位范畴光线范畴和颜色范畴，从义项 ① 到义项 ② 的语义引申是从具体的光线范畴向具体的颜色范畴的投射，是视觉的两个下位范畴基于相似性的通感隐喻。

（二）转喻机制

转喻理论也是认知语言学最重要的理论之一，前人对隐喻的研究较多，而对转喻的研究还不够深入。近几年随着学者对转喻研究的重视，转喻研究逐渐成为认知语言学研究的重点问题之一。对转喻性质的认识有两种不同的观点，一种认为转喻与隐喻相对立而存在，二者之间有较大的差异；另一种认为转喻和隐喻处于一个连续统中，二者之间存在较多的共性。

我们在这里是把转喻看作和隐喻一样同等重要的认知方式，更关注二者的差异性。转喻存在于两个概念域之间，是从源域向目标域的投射，与隐喻最大的区别是，两个概念域属于同一认知域，二者之间具有邻近性。转喻主要分为两类，一类是整体与其部分之间的转喻，另一类是整体中不同部分之间的转喻。[①] 通感式复合词在语义引申的过程中主要涉及的是整体与其部分之间的转喻，可以分为两类。

1．"性质→事物／人"的转喻

通感式复合词中的两语素均为来自不同感觉域的形语素，因此构成的通感式复合词一般多表示事物的性质或状态。在通感式复合词语义引申的过程中常出现用事物的主要特征或性质来替代事物或人的转喻。如"高明"在《现代汉语词典》中的释义是：①（见解、技能）高超。② 高明的人。从义项 ① 到义项 ② 是用事物的主要特征来代指具有这种特征的人。与这种情况类似的还有"细软、寒素"等。

---

① 李福印．认知语言学概论［M］．北京：北京大学出版社，2008：153—159．

2."性质→行为"的转喻

在通感式复合词语义迁移的过程中还常出现用事物的主要特征或性质来代指动作行为的转喻。如"冷淡"在《现代汉语词典》中的释义是：① 不热闹；不兴盛。② 不热情；不亲热；不关心。③ 使受到冷淡的待遇。从义项 ② 到义项 ③ 是用事物的主要特征来代指使人感受到这种特征的动作行为。当然这种情况比较少见。

在转喻机制作用下发生的语义引申常常伴随着词性的转化。第一类"性质到事物或人"的转喻，一般源域的词性是形容词，目标域的词性是名词；第二类"性质到行为"的转喻，一般源域的词性是形容词，目标域的词性是动词。

（三）二者的比较及分析

我们把多义通感式复合词发生语义引申的情况列表如下，其中要分别说明语义引申是受隐喻机制还是转喻机制的影响。具体情况见表 5-23。

表 5-23　通感式复合词语义引申机制对比

引申机制	例词	词数（个）	所占百分比
隐喻	苦涩、香甜	25	58%
转喻	高明、细软	7	16%
不明	大方、浑厚	11	26%

从表 5-23 可知，在通感式复合词语义引申的过程中，由隐喻引起的语义引申的比例明显高于转喻。我们试分析产生这种不平衡性的原因。首先，构成隐喻和转喻的认知域之间的关系不同。虽然隐喻和转喻都是从源域向目标域的投射，但是二者之间源域和目标域的关系不同。隐喻中的源域和目标域之间是相似关系，而转喻中的源域和目标域之间是邻近关系。通感式复合词是由两个来自不同感觉域的形语素组成的，典型的通感式复合词两语素之间具有相似性。复合词的不同义项之间也较易产生相似性，因此隐喻产生的语义引申多于转喻。其次，构成隐喻和转喻的认知域的范围不同。隐喻是两

个不同认知域之间的投射，转喻是同一认知域内部分与整体或部分与部分之间的投射。通感式复合词的语义一般属于不同的语义范畴，大致可以分为两类，一类是感觉范畴，另一类是抽象范畴，两类范畴下又有不同的下位语义范畴。一个语义范畴可视为一个认知域，因此通感式复合词不同义项之间的引申往往是不同认知域之间基于相似性的投射，即隐喻。最后，构成隐喻和转喻的认知域的性质不同。隐喻一般是从具体认知域向抽象认知域的投射，当然也存在从某一具体认知域向另一具体认知域的投射，如通感隐喻；转喻中的两个认知域之间既可以同为具体或抽象认知域，也可以是不同性质的认知域。通感式复合词语义引申的方式一般分为两种，一种是通过通感引申产生具体感觉义；另一种是通过抽象引申产生抽象概念义。这两种语义引申的方式恰与通感隐喻和概念隐喻机制不谋而合。而在转喻机制的作用下，通感式复合词在语义引申的同时往往需要发生词性的转移，这就与复合词本身的词性相冲突，因此转喻机制在通感式复合词语义引申的过程中并没有起到重要的作用。

第四节　本章小结

本章从语言层面对通感式复合词的语义问题进行全面描写。主要内容包括以下三个方面：第一，按照不同标准对通感式复合词进行合理分类；第二，分别对三大类六小类通感式复合词的语义系统进行描写；第三，在全面描写的基础上，对通感式复合词的语义引申方式和语义引申机制进行探索和分析。

所谓语言层面的通感式复合词，主要是以词典释义为依据，分析通感式复合词的语义系统。针对不同考察对象，会兼顾动态的分析。为了对通感式复合词进行全面描写，根据三种不同的标准把通感式复合词分为六个小类进行研究。具体分类如下：根据两语素所属感觉域的不同，将通感式复合词分为广义通感式复合词和狭义通感式复合词；根据两语素之间是否具有相似性，将通感式复合词分为典型通感式复合词和非典型通感式复合词；根据两语素是否以本义入词，将通感式复合词分为显性通感式复合词和隐性通感式复合词。

广义通感式复合词指的是其内部两个语素分别来自视觉或肤觉的下级感觉域的复合词。其中视觉域下辖的广义通感式复合词主要以含有颜色类形语素的居多。虽然构成视觉域广义通感式复合词的语素分别来自四个感觉范畴，可是所构成的复合词的语义属于感觉范畴和属于抽象范畴的比例基本持平，抽象范畴略高于感觉范畴。肤觉域下辖的广义通感式复合词，当两语素均以本义入词时，组成非典型通感式复合词；当两语素均以引申义入词时，组成典型通感式复合词。狭义通感式复合词指的是其内部两个语素分别来自视、听、肤、味、嗅五种感觉域的复合词。虽然构成狭义通感式复合词的语素分别来自五种不同的感觉范畴，可是所构成的复合词的语义属于抽象范畴的比例明显高于感觉范畴。典型通感式复合词指的是其内部语素必须同时具有两个属性：一是两语素来自不同的感觉域；二是两语素之间具有相似性。典型通感式复合词两语素之间具有相似性因子，或者是程度相似，或者是逻辑相似。从结构上来说，典型通感式复合词均为并列结构，其内部语素序的决定性因素是调序。非典型通感式复合词指的是两语素虽然来自不同的感觉域，但是不具有相似性的复合词。从结构上来说，主要分为偏正结构和并列结构两类。两种结构非典型通感式复合词的语义属于感觉范畴的比例明显高于抽象范畴。显性通感式复合词指的是两语素均以本义入词，或两语素中有一个以本义入词且两语素之间具有相似性的复合词。隐性通感式复合词指的是两语素均以引申义入词，或两语素中有一个以本义入词且两语素之间不具有相似性的复合词。我们发现随着两语素中以引申义入词的语素数量的增加，复合词词义兼属的情况不断减少，指向抽象语义范畴的复合词数量不断增加。针对六类通感式复合词的不同特点，采用不同方法分别分析六类通感式复合词的语义系统。分析的过程始终围绕一个主线，即通感式复合词词义与语素义的关系。

　　在全面描写通感式复合词语义系统的基础上，分析了多义通感式复合词语义引申的方式和机制。通感式复合词在语义引申的过程中，既遵循共性的语义引申方式，即辐射式引申、连锁式引申和综合式引申等语义引申方式；又遵循个性的语义引申方式，即通感引申和抽象引申。数据显示：辐射式引申是通感式复合词语义引申的主要方式，通感式复合词发生抽象引申的比例远高于通感引申。通感式复合词语义引申的机制主要是受基于相似性的隐喻和基于邻近性的转喻的影响。其中隐喻包括概念隐喻和通感隐喻，转喻包括从性质到事物或人的转喻和从性质到行为的转喻。相比较而言，隐喻在通感式复合词语义引申过程中所起的作用大于转喻。

第六章
言语层面通感式复合词语义分析

　　第五章主要从语言层面研究通感式复合词的语义问题。语言层面的通感式复合词相对来说语义较简单，用法较单一。本章将从言语层面入手，运用典型的现代汉语语料，分析通感式复合词在语言使用中的语义问题。

　　瑞士语言学家索绪尔被誉为现代语言学之父，他在《普通语言学教程》中首次区分了语言和言语问题。语言是一种用于人类交际的音义结合的符号系统，言语是个人说的行为和结果。[①]语言义一般指语言的抽象、概括性的意义，具体来说包括词汇意义和语法意义。言语义是指语言的指称意义或语用意义。语言义是产生言语义的基础，言语义是语言义的变体。[②]对于通感式复合词的语义研究来说，语言层面的研究主要研究通感式复合词的语言义，即通过考察通感式复合词在词典辞书中的释义分析其语义系统，言语层面的研究主要研究通感式复合词的言语义，即通过考察通感式复合词在现代汉语典型语料中的语言表现，分析其语义变体。

　　词义具有概括性，语言层面通感式复合词的词义是从语言实际中总结归纳出来的词的一般用法，具有概括性、客观性和抽象性。言语层面通感式复合词的词义在言语交际过程中会被具体化和主观化。也就是说，概括的语言

---

　　① 周静，刘冬冰编著.语言学概论［M］.开封：河南大学出版社，1999：14.
　　② 常敬宇.谈语言义向言语义的转化［J］.语文研究，1991（4）：14.

层面的词义在言语层面会因交际的需要而出现不同的变体。在言语层面分析通感式复合词的语义，就是要从实际语料中发现其语义变体，并分析其产生的原因。

根据第四章的统计，通感式复合词中单义词的数量占其总数的62.3%，在语言的实际运用中一些单义词会在不同的语境中产生新的词义，一些单义词的词义不发生变化。多义词的不同义位在语言使用中也会存在比例的差异。鉴于此，有必要从语言实际出发，描写通感式复合词的语义变化，并阐释其语义变化的原因。通感式复合词的语义变化不仅体现在词汇搭配层面，还体现在句法层面，我们将从不同层面分析通感式复合词的语义变化规律。

第一节　通感式复合词的语义特征

张庆云（1994）认为"语义特征"有广义和狭义、本用和后用之分。语义特征本来的用法是狭义的，是受音位学的启发而提出的，人们习惯上把由义位分析出来的语义成分叫语义特征。广义的语义特征除了用于分析义位，还用于分析语素、词、词组、句子、句群及其结构的语法性。文章客观地指出："通过语义成分分析找出语义特征，已广泛地应用于语义、语法和语用研究，它已成为大家公认的语言研究的较通行的方法。"[①]分析通感式复合词的语义特征要将狭义概念和广义概念相结合，既从通感式复合词的内部义位出发，分析出复合词的基义和陪义，也从复合词所在的句子出发，考察语义特征与语法功能之间的关系。

---

①张庆云.说"语义特征"［J］.外语与外语教学（大连外国语学院学报），1994（4）：22—24.

一、通感式复合词基本语义特征

（一）有生和无生

王珏（2004）在前人研究的基础上，用【+生命】义的有无作为判别标准，将形容词分为有生形容词和无生形容词两大类。并指出形容词语义结构中【+生命】与【－生命】的对立，可从辞书对形容词的释义中直接得到证明。作者通过将形容词词义的义素分为类义素和主义素，使得形容词词义的有生性或无生性得到凸显。① 现代汉语通感式复合词多为形容词，个别词的个别义项有名词或动词。依据【+生命】义的有无作为判断复合词不同义项有生性或无生性的标准是可行的。以通感式复合词的义项作为分类依据，在分类时以语义场为基础，分别讨论不同类型通感式复合词的语义特征。

1. 单义通感式复合词

分析形容词的有生性和无生性需排除通感式复合词中非形容词性的义项。单义通感式复合词除了语言层面的 71 个单义通感式复合词外，还包括高明①、平白②、热闹① 和细软①，共计 75 个词。75 个单义通感式复合词按照所属语义域分为具体感觉类通感式复合词、抽象类通感式复合词和两属类通感式复合词。其中包括具体感觉类通感式复合词 35 个，如柔细、敞亮等；抽象类通感式复合词 30 个，如寒苦、冷寂等；两属类通感式复合词 10 个，如红润、浓重等。根据单义通感式复合词语义是否含【+有生】指向义，分为有生形容词、无生形容词和共相形容词。其中有生形容词的语义特征是【+有生】，只能和有生名词搭配，有生名词包括人、动物和植物等，还包括与人、动物和植物有关的属性。无生形容词的语义特征是【－有生】，只能和无生名词搭配。共相形容词的语义特征是【±有生】，既可以和有生名词搭配，也可以和无生名词搭配。75 个单义通感式复合词有生性分析情况见表 6-1。

---

① 王珏.汉语生命范畴初论［M］.上海：华东师范大学出版社，2004：301—306.

表 6-1 单义通感式复合词有生性统计

单位：个

类型	有生形容词	无生形容词	共相形容词	总计
单义感觉类通感式复合词	5（22%）	27（59%）	3（50%）	35
单义抽象类通感式复合词	14（61%）	16（35%）	0	30
单义两属类通感式复合词	4（17%）	3（6%）	3（50%）	10
总计	23（31%）	46（61%）	6（8%）	75

由表 6-1 可知，在单义通感式复合词中，无生形容词占 61%，将近三分之二。在有生形容词、无生形容词和共相形容词中，通感式复合词各类型所占比例也不相同。其中有生形容词中抽象类通感式复合词所占比例最大，无生形容词中感觉类通感式复合词所占比例最大，共相形容词中没有抽象类通感式复合词，感觉类和两属类通感式复合词各占一半。统计结果表明，感觉类通感式复合词主要包括视、听、肤、味、嗅五种不同感觉的词，这些词大多用来修饰颜色、形态、空间、光线、声音、温度、味道等客观事物带给人的主观感受，与【＋生命】义特征不符。抽象类通感式复合词主要包括言辞、品质、感官、环境等语义域的词，这些词主要用来修饰人或与人有关事物的主观感受，与【＋生命】义特征大致相符。这种规律从两属类通感式复合词中可见一斑，如果两属类通感式复合词属于两个具体感觉语义域，那么该复合词多属于无生形容词，如甜润、浓重等。如果两属类通感式复合词属于一个具体感觉语义域、一个抽象语义域或两个抽象语义域，那么该复合词多属于有生形容词，如青涩、平静等。

2. 多义通感式复合词

39 个多义通感式复合词的 93 个义项，按照所属语义域，分为具体感觉类通感式复合词、抽象类通感式复合词和两属类通感式复合词。其中包括具体感觉类通感式复合词 27 个，抽象类通感式复合词 10 个和两属类通感式复合词 2 个。93 个义项分别包括属于具体感觉语义域的义项 31 个，如粗大①、沉寂①等；属于抽象语义域的义项 56 个，如苍凉②、沉重①等；属于两属语义域的义项 6 个，如浓厚②、明锐①等。根据 93 个义项是否含有【＋有生】

语义特征对其进行分类，具体情况见表6-2。

表6-2 多义通感式复合词有生性统计

单位：个

类型	有生形容词义项数	无生形容词义项数	共相形容词义项数	总计
感觉语义域	2（5.3%）	28（51.9%）	1（100%）	31
抽象语义域	34（89.4%）	22（40.7%）	0	56
两属语义域	2（5.3%）	4（7.4%）	0	6
总计	38（41%）	54（58%）	1（1%）	93

由表6-2可知，在多义通感式复合词中，无生形容词的义项数占一半以上。有生形容词中抽象语义域所占比例最大，无生形容词中感觉语义域所占比例最大，共相形容词中只有感觉语义域。通过对比表6-1和表6-2，我们发现多义通感式复合词中有生形容词义项数的比例与单义通感式复合词相比有明显上升。多义通感式复合词中有生形容词各义项以抽象语义域所占比例最大，无生形容词各义项以感觉语义域所占比例最大。这说明单义通感式复合词和多义通感式复合词在有生性上趋于一致。有生性与语义域类型之间存在对应关系，其中有生性与抽象语义域呈正相关，无生性与感觉语义域呈正相关，随着两属类通感式复合词（语义域）的减少，共相形容词（义项数）也随之减少。

（二）自主和非自主

自主和非自主这一对语义特征最早是由马庆株先生提出的，用于对动词的语义分类。马先生指出："广义的动词可以包括形容词，按照分类标准，基本上可以划入非自主动词。"[1]他的研究一般不涉及形容词，但是关于动词的论述，对于形容词基本上也是适用的。陆俭明认为形容词也有自主和非自

① 马庆株.自主动词和非自主动词［A］载著名中年语言学家自选集·马庆株卷［M］.合肥：安徽教育出版社，2002：168.

主的区分。① 朱景松（2002）从性质形容词能动意义的确定和提取入手，分析形容词的自主和非自主语义特征，并提出了两个形式上的标准：A"放＋形容词＋些／点儿"和 B"动词（得）＋形容词＋些／点儿"。其中符合 A 标准的形容词是内在形容词，主要用于表示人的气质、涵养、品行、心态、行为、表现等，包含着人的应变能力。符合 B 标准的形容词是外在形容词，主要用于刻画事物的性状（包括人的外表），这些性状可以通过主体的努力来获取或加深。两式中的动词都可以不出现，两个框架在"形容词＋些／点儿"上是一致的，其作用是使性质在程度上加重或显现，这种加重或显现是主体的能动行为。② 现代汉语通感式复合词是从语义角度提取属于不同感觉范畴的形语素组成的复合词，从语法角度看其内部成员相对较冗杂，既包括性质形容词又包括状态形容词，还包括区别词。自主和非自主这一对语义特征是针对性质形容词来说的，因此，在分析统计时，排除状态形容词和区别词。在确定性质形容词时，主要运用两个标准：一是看该复合词能否受程度副词修饰，能受程度副词修饰的是性质形容词；二是看该复合词的重叠形式是否是 AABB 式。其中第一个标准是主要标准，第二个标准是辅助标准。我们发现在排除掉的 21 个③ 非性质形容词中，视觉类词有 14 个，肤觉类词有 5 个，两属类和抽象类词各 1 个，而且基本都是单义词。

1. 单义通感式复合词

排除掉状态形容词和区别词后，57 个单义通感式复合词按照所属语义域的不同可以分为具体感觉类通感式复合词、抽象类通感式复合词和两属类通感式复合词。其中包括具体感觉类通感式复合词 18 个，如光滑、灰暗等；抽象类通感式复合词 29 个，如温柔、清静等；两属类通感式复合词 10 个，如平静、白嫩等。我们利用 A 和 B 两个形式上的标准，判断单义通感式复合词的自主性。具体情况见表 6-3。

---

① 陆俭明. 语义特征分析在汉语语法研究中的运用［J］. 汉语学习，1991（1）：7—9.

② 朱景松. 形容词能动意义的确定和提取［J］. 语言教学与研究，2002（3）：22—29.

③ 21 个词分别是：黯黑、苍润、长圆、澄碧、大红、淡青、干冷、高寒、高燥、昏黑、昏黄、坚苦、苦寒、明黄、明锐、嫩红、嫩黄、嫩绿、溽热、乌亮和鲜红。

表 6-3　单义通感式复合词自主性统计

单位：个

类型	自主形容词		非自主形容词	总计
	内在形容词	外在形容词		
感觉类通感式复合词	0	9（28%）	9（45%）	18
抽象类通感式复合词	4（80%）	16（50%）	9（45%）	29
两属类通感式复合词	1（20%）	7（22%）	2（10%）	10
总计	5（9%）	32（56%）	20（35%）	57

在统计单义通感式复合词的自主性时，凡是能进入格式 A 和 B 的即为自主形容词，凡是不能进入这两个格式的即为非自主形容词。在对自主形容词进行内部分类时，除了根据形式标准，还结合意义标准，因为 A、B 两格式都可以省略其中的动词，形成一致性。由表 6-3 可知，单义通感式复合词中自主形容词的比例高于非自主形容词，其中外在形容词的比例高于内在形容词。内在形容词和外在形容词中都以抽象类通感式复合词所占比例最大，非自主形容词中感觉类通感式复合词和抽象类通感式复合词所占比例持平。说明抽象类通感式复合词的自主性高于感觉类和两属类通感式复合词。

2. 多义通感式复合词

36 个多义通感式复合词的 87 个义项，按照所属语义域的不同，分为具体感觉类通感式复合词、抽象类通感式复合词和两属类通感式复合词。其中包括具体感觉类通感式复合词 25 个，抽象类通感式复合词 10 个和两属类通感式复合词 1 个。87 个义项分别包括属于具体感觉语义域的义项 28 个，如粗大①、沉寂①等；属于抽象语义域的义项 54 个，如寒酸①、苍凉①等；属于两属语义域的义项 5 个，如宽松③、浓厚②等。我们根据 87 个义项是否能够进入 A、B 两格式对其进行分类，具体情况见表 6-4。

表 6-4　多义通感式复合词自主性统计

单位：个

类型	自主形容词义项数		非自主形容词义项数	总计
	内在形容词义项数	外在形容词义项数		
感觉语义域	0	16（31.4%）	12（42.9%）	28
抽象语义域	7（87.5%）	31（60.8%）	16（57.1%）	54
两属语义域	1（12.5%）	4（7.8%）	0	5
总计	8（9.2%）	51（58.6%）	28（32.2%）	87

由表 6-4 可知，多义通感式复合词中自主形容词义项数多于非自主形容词，自主形容词中以外在形容词所占比例较大。自主形容词和非自主形容词各义项属于抽象语义域的比例均高于具体感觉语义域，其中内在形容词和外在形容词各义项属于抽象语义域和具体感觉语义域的比例差距较大，而非自主形容词各义项属于抽象语义域和具体感觉语义域的比例差距较小。通过对比表 6-3 和表 6-4，我们发现随着通感式复合词义项的增加，自主形容词的比例略有上升，非自主形容词的比例略有下降。自主形容词内部内在形容词和外在形容词比例均略有上升。自主形容词中属于抽象语义域的比例上升，说明复合词的自主性与抽象性成正比。

一般情况下，通感式复合词中的感觉类通感式复合词主要用来描写视、听、肤、味、嗅五种感觉，多与表达五种感觉的名词搭配，如颜色、声音、皮肤、味道等，这些形容词在句中一般直接充当定语，不具有自主性和可控性，常表示客观的存在。抽象类通感式复合词多从经济、品质、态度、情绪等和人有关的范畴出发，描写其性质和状态，一般在句中除充当定语外，还经常充当谓语和补语，具有自主性和可控性，常表达人的主观感受或与人有关的事物状态。

二、通感式复合词附属语义特征

附属语义特征是一个词基本义之外的含义，虽然它的交际价值没有基本语义特征重要，但是它能在一定程度上提高语言的表达效果，加强表达功能。张志毅、张庆云（2012）在各家研究成果的基础上，提出了十元论，即语义的类型包括"属性语义、情态语义、形象语义、风格语义、语体语义、时域语义、地域语义、语域语义、外来语义和文化语义"①。对于现代汉语通感式复合词来说，其附属语义特征主要包括情态语义、形象语义、语体语义、地域语义和语域语义，其中又以情态语义和形象语义为主要类型。下面将从这五个方面分别考察通感式复合词的附属语义特征。

（一）情态语义特征

情态语义特征主要包括情感、态度和评价，张志毅、张庆云（2012）以《现代汉语词典》为语料来源，按其标注的小类类名和义位的区别，将情态语义特征分为16个类型。其中属于评价类，兼有态度类的"褒义"和"贬义"是通感式复合词最主要的情态语义特征。形容词主要表示事物的性质或状态，在修饰限制事物的过程中总会带有一定的主观性，其主观性的典型表现就是对事物的性质或状态进行评价，并表达人们对事物的态度。因此形容词的典型情态语义特征就是褒义和贬义，除褒贬义之外，通感式复合词中还存在大量的中性词，即不带固定感情色彩的复合词。如光鲜、大方、浑厚、温柔等为褒义词，尖酸、晦涩、圆滑、寒酸等为贬义词，白嫩、白润、光滑、响亮等为中性词。从通感式复合词的基本语义特征来看，表示具体感觉义的通感式复合词多为中性词，表示抽象义的通感式复合词多为褒义词或贬义词。这主要是因为表具体感觉义的通感式复合词相对来说较客观，主要表达不同感官给人带来的具体感受，只是一种客观的陈述。抽象义通感式复合词可表评价、态度、品质、情绪等主观感受，常带有感情色彩，可表褒义或贬义。

（二）形象语义特征

形象语义特征是"由于表象想象的心理活动，词能在人脑中生出所反映

---

① 张志毅，张庆云．词汇语义学（第3版）[M]．北京：商务印书馆，2012：36．

对象的形貌这种情况"①，也就是能够生动地反映事物形貌特征的词所具有的语义特征。一般情况下，事物的形貌特征主要包括声音、颜色、形态、味道等不同方面。通感式复合词中的感觉类通感式复合词表达视、听、肤、味、嗅五种感觉的性质或状态，具有形象语义特征。如表声音形象的脆亮、清亮₁等；表颜色形象的鲜红、昏黑等；表味觉形象的香甜、苦涩等；表肤觉形象的细润、光润等。抽象类通感式复合词一般不具有形象语义特征。

（三）语体语义特征

语体语义特征指的是"不同的词适用于社会交际的不同范围，适用于不同文体这种情况"②。也就是说，有些词适用于各种社会交际范围和文体，而另一些词只适用于特定的社会交际范围和文体。语体语义特征主要分为口语和书面语两类，在词典中一般有标注。《现代汉语词典》中标注的通感式复合词主要是书面语语义特征，没有口语语义特征。如明锐、圆润、寒素、厚重等。单义词在标注语体语义特征时一般没有问题，如清馨；多义词在标注时分为两种情况，一种是多义词的所有义项都具有书面语语义特征，〈书〉标注在所有义项号之前，如寒素；另一种是多义词的个别义项具有书面语语义特征，〈书〉标注在个别义项号之后，释义之前，如明锐。现代汉语通感式复合词中的大多数词都没有标〈书〉或〈口〉，说明大多数复合词适用于各种社会交际范围和文体，不具有语体语义特征，只有个别词具有语体语义特征。个别词具有的书面语语义特征也是造成其在实际语料中用例较少的原因之一。

（四）地域语义特征

所谓地域语义特征指的是"语言的地方变体的附属义"③，在《现代汉语词典》中一般标为〈方〉。也就是说具有地域语义特征的通感式复合词或其某一个义项一般是属于特定方言区的用法，如光鲜、鲜亮、清白、清亮₂等。

---

① 符淮青.现代汉语词汇（增订本）[M].北京：北京大学出版社，2004：54.
② 符淮青.现代汉语词汇（增订本）[M].北京：北京大学出版社，2004：57.
③ 张志毅、张庆云.词汇语义学（第3版）[M].北京：商务印书馆，2012：48.

多义通感式复合词在标注地域语义特征时分为两种情况，一种是多义词的所有义项都具有地域语义特征，〈方〉标注在所有义项号之前，如光鲜和鲜亮；另一种是多义词的个别义项具有地域语义特征，〈方〉标注在个别义项号之后，释义之前，如清白和清亮₂。现代汉语通感式复合词中的大多数词都没有标〈方〉，说明大多数复合词不具有地域语义特征，只有个别词具有地域语义特征。同语体语义特征一样，个别词具有的地域语义特征也是造成其在实际语料中用例较少的原因之一。

（五）语域语义特征

张志毅、张庆云认为："语域指语言应用领域或交际范围，是社会情景制约的语言变体，是同职业（或兴趣）群体常用词语、用法的集合。"[①]一般包括社团语言变体、行业语言变体和环境语言变体。现代汉语通感式复合词所涉及的语域语义特征主要属于行业语言变体，因为现代汉语通感式复合词大多为形容词，所以其语域语义特征没有名词和动词明显。一般根据与通感式复合词搭配的名词来判断其语域语义特征。如苍润、圆润具有书画域语义特征；高寒、高燥、干冷、燥热等具有地理域语义特征；嫩黄、嫩绿、淡青等具有颜色域语义特征等。一般情况下，具有特定语域语义特征的通感式复合词多具有单义性，一般只和特定语义域的名词搭配。

第二节　通感式复合词的语义搭配

一、确立语义域

在语言层面分析通感式复合词的语义问题时主要从义项和义素入手，是从复合词的不同义项和其内部义素组合进行的分析。在言语层面分析通感式

---

①张志毅，张庆云.词汇语义学（第3版）[M].北京：商务印书馆，2012：49.

复合词的语义，需要扩大范围，即从与复合词搭配的成分来分析。构成通感式复合词的两语素是来自两个不同感觉域的形语素，由形语素组成的通感式复合词大多是表示事物性质或状态的形容词。形容词一般具有较强的附属性，总是通过与其搭配的名词或动词反映其语义。在分析这些搭配成分的语义问题时，要涉及语义域，语义域就是一个词或一类词在语言的具体使用中所体现出来的意义范围。

（一）义域

张志毅、张庆云指明了义域的概念和类别，他们认为"义域"是"义位的量，是义位的意义范围和使用范围"，义域可以分为"大小域、多少域、伙伴域和适用域"①。其中"大小域"和"多少域"是从义位自身所含成分的大小、多少来说的，"伙伴域"分为显性伙伴域和隐性伙伴域，都是指义位与其组合成分之间的关系，"适用域"从义位的陪义角度表明义位的使用范围。

张志毅、张庆云（2012）提出的"义域"概念，是从语言层面即词典释义的角度分析的，其义位的意义范围和使用范围都是针对词典学和辞书学中特定的词语释义展开的。特别是在给义域进行分类时，完全以具体的词典释义为依据。这样的"义域"概念虽然有其适用的范围，但是如果用来分析言语层面通感式复合词的语义问题，契合度不够。因此，我们在"义域"概念的基础上，结合对"认知域"的理解，提出了"语义域"的概念。

（二）认知域

认知域是认知语言学提出的概念，认知语言学认为："所有语言单位都具有一定程度的语境依赖性。用于描写语义单位的语境称为认知域。"②认知域可以分为基本认知域和抽象认知域。基本认知域可以理解为一种参照概念，人的感觉能力可以提供多种基本认知域。其中视、听、肤、味、嗅五种感觉

①张志毅，张庆云.词汇语义学（第3版）[M].北京：商务印书馆，2012：59—63.
②[美]兰盖克.认知语法基础（第一卷）：理论前提[M].牛保义，等，译.北京：北京大学出版社，2013：152.

都可以成为基本认知域，也可以成为基本认知域的上位概念，如视觉域可以切分为空间域、颜色域、光线域和形态域等认知域；肤觉域可以分为触觉域、温觉域和痛觉域等认知域。由此可见，认知域之间是具有层次性的。抽象认知域是在基本认知域基础上形成的，是"为定义高级阶概念而充当认知域的任何概念或概念复合体"[①]。基本认知域和抽象认知域之间的区别不是清晰可辨的。

认知域的概念主要是基于词典和百科全书式的知识提出的，也就是说语言只有在使用中才能体现意义，语义与语用之间的关系密不可分，它们之间的区分只是个程度问题。基本认知域和抽象认知域之间往往具有相似性，存在投射关系。可以说认知域这一概念对分析通感式复合词的语义问题极具启发性，语义和语用之间虽然关系密切，但是还是有区别的。任何语义问题都必须基于语言实际，而不能单纯从语用角度判断其语义归属。也就是说任何一个通感式复合词都有其固有的语义域，只是在使用中发生语义的转移和变化，在言语中分析这种语义变化的基础是其在语言层面的语义表现。

（三）语义域

在分析言语层面通感式复合词的语义问题时，主要是通过分析与通感式复合词搭配成分的语义域来看其语义变化。这里使用的"语义域"概念吸收了词典学中的"义域"概念和认知语言学中的"认知域"概念，可以说是对二者的结合，同时也扬弃了二者的缺点。"义域"概念过于具体，是从词典辞书义项的对比中发现语义的细微差别；"认知域"概念过于主观，妄图用语用取代语义。"语义域"概念从表面上看与"义域"相同，其实是集客观性和主观性于一身，在语言的实际使用中通过语义对比和合并，分析出每一个通感式复合词的语义使用范围。这里使用的"语义域"概念大致相当于张志毅、张庆云（2012）所涉及的"伙伴域"中的"隐性伙伴域"。即不是在辞书释语的正文或夹注中所体现出来的明显的组合关系，而是在语言的具体使

---

①［美］兰盖克. 认知语法基础（第一卷）：理论前提［M］. 牛保义，等，译. 北京：北京大学出版社，2013：155.

用中，潜在的经常性的组合义位或义类。也就是说张志毅、张庆云（2012）提出的"义域"概念范围较大，是从语言层面即词典释义的角度来分析的，而本章所涉及的"语义域"概念只是一种组合搭配关系，是从言语层面即语言的具体使用中分析其语义变化。

二、语义域的提取

明确了语义域的概念，就要提取语义域，这里的语义域是通感式复合词所属的语义域。鉴于通感式复合词的附属性，要通过与其搭配的成分判断其语义域。首先根据通感式复合词的语义进行分类，其次分别考察与各类通感式复合词搭配成分的语义域。对通感式复合词的语义分类主要是从语言层面根据复合词本义将其划入不同的语义范畴，在此基础上，考察通感式复合词在具体语言环境中的语义变化，而这些语义变化主要是通过与通感式复合词搭配成分的语义域的不同来体现的。

（一）通感式复合词的语义类

第五章主要根据构成通感式复合词内部语素的语义，对通感式复合词进行语义分类，本节主要从语言层面的复合词词义入手，对通感式复合词进行分类。单义复合词相对来说较好分类，可以根据复合词词义划入不同的感觉域或抽象语义域。多义复合词有两个或两个以上的义项，在分类时较为复杂，主要根据多义复合词的本义或基本义进行分类。一般来说，复合词的本义是历时角度的分类，是造词之初的意义，也往往是两个语素义的直接组合。复合词的基本义是共时角度的分类，是从使用频率上来说的，使用频率较高的意义是基本义。多义复合词的其他各义项都是从本义通过隐喻或转喻引申而来的，因此虽然本章主要从言语层面考察通感式复合词的语义，复合词的基本义非常重要，但是还是要以复合词的本义作为分类的依据。具体分类情况见表6-5。

表 6-5　通感式复合词语义分类情况

语义范畴	语义类	通感式复合词	词数（个）	所占百分比
感觉语义范畴 65%	视觉类	敞亮、灰暗、昏黑、昏黄、乌亮、大红、淡青、明黄、嫩红、嫩黄、嫩绿、素淡、鲜红、苍润、长圆、澄碧、明澈、柔细；粗大、干瘪、光鲜、宽松、浓厚、清亮₂、清明、圆润、黯黑、鲜亮、鲜明、暗淡、黑暗、昏沉	32	28%
	肤觉类	干冷、高寒、清凉、清冽、溽热、燥热、高燥、光滑、光润、滑腻、细嫩、细润；苦寒、清寒、清冷、厚重、温润、细腻、细软	19	16.7%
	听觉类	脆亮、清亮₁、响亮；沉寂、沉静、浑厚、清脆	7	6%
	味觉类	苦涩、淡薄	2	1.8%
	嗅觉类	清馨	1	0.9%
	两属类	白嫩、白润、红润、平滑、纤柔、甜润、温馨、浓重、青涩、平静、明锐、清淡、香甜	13	11.4%
抽象语义范畴 35%	环境类	冷寂、冷清、清寂、清静、苍凉、冷静、冷淡、热闹	8	7%
	品质类	坚苦、温厚、圆滑、清白、清高	5	4.4%
	经济类	寒苦、寒微、清苦、寒酸、大方	5	4.4%
	程度类	轻淡、轻微、深重、沉重、重大	5	4.4%
	知识类	浅白、浅明、粗浅、高明	4	3.5%
	言辞类	直白、晦涩、尖酸、平白	4	3.5%
	态度类	轻薄、温柔	2	1.8%
	评价类	鲜嫩	1	0.9%
	等级类	平淡	1	0.9%
	事件类	明细	1	0.9%
	情感类	热辣	1	0.9%
	感官类	酸软	1	0.9%
	质地类	寒素	1	0.9%
	心理类	明白	1	0.9%

通过表 6–5 可知，114 个通感式复合词中的单义通感式复合词和多义通感式复合词的本义大多属于感觉类语义范畴，五种感觉类语义范畴中又以视觉类和肤觉类所占比例最大。属于抽象语义范畴的通感式复合词多为多义词，且分布较分散。两属类的通感式复合词多兼属两个不同的感觉类，也有个别词兼属感觉类和抽象类。

（二）提取步骤

由两个形语素构成的通感式复合词大多为形容词，形容词的典型特性之一是其附属性。在汉语三大主要词类中，名词的基本属性是空间性，动词的基本属性是时间性，形容词的出现往往蕴含着名词的出现，即形容词往往依附于名词而出现。如果把三大实词类看成一个连续统，那么名词和动词分别以其典型的空间性和时间性居于连续统两端，形容词位于其中。一部分形容词的主要用法是修饰名词；另一部分形容词的主要用法是陈述动词，形容词内部也组成一个离散性的连续统。

在现代汉语中，通感式复合词的主要语法功能是与所修饰或所陈述的名词性词语搭配组合，主要语法位置是定语位置、谓语位置和补语位置。不管通感式复合词出现在哪一个语法位置上，都会有相应的名词与其搭配。名词成分的语义域是考察的重点，只要把名词所属的语义域进行较为详尽的分类，那么与其组合的通感式复合词的语义域也就随之突显。

1. 根据搭配成分确定语义域

通感式复合词的搭配成分一般是名词，通感式复合词对搭配成分起修饰限制或描述作用。在具体的语言实际中，搭配成分的数量和种类繁多，要注意对搭配主体的选择。试看下例：

（1）电灯发出暗淡的黄色的光线，透过玻璃窗，投射到他的身边。（欧阳山《三家巷》）

（2）老东山冷淡地说："要说亲，好事嘛。"（冯德英《迎春花》）

例（1）中通感式复合词"暗淡"修饰或描述的名词性成分有三个，分别是"黄色""光线"和"电灯"，结合语境分析，与"暗淡"搭配组合的主体是"光线",也就是说其语义域是视觉域下辖的光线域。例（2）中与"冷淡"组合的名词性成分是"老东山"（人），"冷淡"修饰限制的是动词性成分"说"，可是与"冷淡"搭配组合的不是这两个显性的直接成分，结合语境分析，与"冷淡"搭配组合的主体是"态度"，这个语义域隐含在行文中，需要结合语境来分析。因此，在确定搭配成分的语义域时，既要选取通感式复合词直接修饰的名词性成分，也要结合语境进行具体分析。

2. 选取共同点合并语义域

与通感式复合词搭配的名词在语言实际中有很多，可是并不能把每一个搭配成分都算作一类，划分出种类繁多的语义域。必须从不同搭配成分中寻找共性，从本质属性入手合并语义域。比如在实际语料中，与"白嫩"搭配的名词性成分有"身躯""脸""手指""肌肤""肉体""腿"等，但是并不能把每一个搭配成分都划分成一个语义域，而是要寻找其中的共性。这些搭配成分基本上都是人体器官，"白嫩"在与其搭配时主要体现的都是视觉和肤觉感受，即颜色上的"白"和触感上的"嫩"，因此它们均属于感觉域。

3. 为语义域命名

在为语义域命名时要根据该范畴的本质属性来命名，既能够概括出同一类别搭配成分的共性，又能够区分出不同类别搭配成分的特性。对语义域的命名既要参照词典学中对义域命名的翔实而具体，又要参照认知语言学对认知域命名的宏观和概括，将二者有机结合。

（三）提取结果

根据对 114 个通感式复合词本义和引申义的分析，最终确定通感式复合词所属的语义域 23 个，分别是：视觉域（颜色域、形态域、光线域、空间域）、肤觉域（温觉域、触觉域）、听觉域、味觉域、嗅觉域、程度域、等级域、感官域、环境域、际遇域、经济域、品质域、评价域、情感域、情绪域、事件域、态度域、心理域、言辞域、政治域、知识域、质地域和状态域。

三、通感式复合词的语义域

在分析通感式复合词的语义域时主要依据华中师范大学当代小说语料库，该语料库包含了 40 余位作家的几十部当代小说，共有 657136 句。选择当代小说作为现代汉语语料库的来源，一方面是因为通感式复合词多为形容词，形容词的主要语法功能是修饰限制和描述名词，在小说这种文学体裁中才能更好地发现形容词的典型用法；另一方面该语料库大小适中，基本涵盖了 114 个通感式复合词的大多数用法①，相对来说较易统计。

（一）单义通感式复合词的语义域

我们根据单义通感式复合词的语义将其归入不同的语义类，在语言的实际使用中，单义通感式复合词会发生从原语义类向其他语义类的引申，而发生语义引申的主要证据就是与通感式复合词搭配成分的语义域的变化。下面

---

① 白嫩（24）、白润（4）、长圆（13）、敞亮（12）、干冷（7）、高寒（3）、高燥（0）、光滑（157）、光润（7）、红润（127）、滑腻（11）、灰暗（86）、昏黑（36）、昏黄（75）、冷寂（12）、浓重（69）、明澈（11）、明黄（12）、平滑（14）、青涩（5）、清寂（6）、清静（141）、清凉（97）、清冽（9）、柔细（11）、潺热（1）、甜润（5）、温馨（87）、乌亮（18）、细嫩（32）、细润（1）、纤柔（0）、鲜红（149）、鲜嫩（25）、响亮（257）、燥热（39）、粗浅（10）、脆亮（2）、寒苦（4）、寒微（0）、晦涩（8）、尖酸（16）、坚苦（7）、冷清（170）、明细（6）、平淡（105）、平静（1007）、浅白（5）、浅明（0）、轻薄（30）、轻淡（6）、轻微（140）、清苦（19）、清亮（51）、热辣（1）、深重（46）、素淡（3）、酸软（16）、温厚（17）、温柔（395）、圆滑（23）、直白（6）、重大（597）、苍润（0）、澄碧（4）、大红（251）、淡青（26）、嫩红（4）、嫩黄（13）、嫩绿（25）、清馨（1）、黯黑（3）、苍凉（47）、沉寂（144）、沉静（164）、沉重（1090）、粗大（116）、干瘪（42）、高明（231）、光鲜（20）、寒酸（21）、黑暗（787）、昏沉（100）、苦寒（1）、苦涩（53）、冷静（525）、明锐（3）、平白（55）、清白（110）、清脆（208）、清高（61）、清寒（8）、清冷（43）、细腻（48）、细软（25）、鲜亮（21）、鲜明（150）、香甜（52）、圆润（38）、暗淡（85）、大方（388）、寒素（3）、厚重（20）、浑厚（34）、冷淡（213）、浓厚（77）、清明（91）、热闹（855）、温润（7）、淡薄（17）、宽松（37）、明白（3734）、清淡（30）。括号内数字为该通感式复合词在语料库中出现的次数，共计 14334 句，出现次数为 0 的通感式复合词我们再从北京大学 CCL 语料库中选取语料。

就根据与通感式复合词搭配成分的语义域，统计单义通感式复合词的语义变化。根据通感式复合词的语义可以将其分为感觉类通感式复合词和抽象类通感式复合词。因为单义通感式复合词中表抽象类的数量较少、表感觉类的较多，所以把抽象类通感式复合词与各感觉类通感式复合词作为平行项进行统计。

1. 视觉类通感式复合词

18 个视觉类单义通感式复合词可以分为光线类、颜色类和形态类等不同的下位类别。

（1）光线类通感式复合词。

光线类通感式复合词包括敞亮、灰暗、昏黑、昏黄和乌亮 5 个词，其中"昏黑""昏黄"和"乌亮"在大多数情况下只表光线义，有时因受其中颜色类形语素的制约也会在特定语境下表颜色义，但都未脱离视觉域的范畴。"敞亮"和"灰暗"除表视觉义之外，在特定语境下还会向抽象语义域发生语义引申。试看下例：

① 说句不中听的敞亮话，二爷占山为王，金银珠宝绫罗绸缎烟土鸦片要啥有啥。（尤凤伟《石门夜话》）

② 她的心都敞亮了，赵玉林媳妇是一个老实厚道的妇女，平常和她谈得投缘。（周立波《暴风骤雨》）

③ 他的心情十分灰暗，沉重，只好去奉先殿向祖宗的神灵祈祷。（姚雪银《李自成》第二卷）

④ 可是，人生——展示在她面前的人生，是那么阴惨灰暗，即使和余永泽的初恋，也没有能够冲淡这种阴暗的感觉。（杨沫《青春之歌》）

在例①中"敞亮"与名词"话"搭配，"敞亮"从视觉域转移至言辞域。例②中的"敞亮"与"心"搭配，"敞亮"从视觉域转移至心理域。例③和例④中的"灰暗"分别与"心情"和"人生"搭配，"灰暗"从视觉域分别转移至情绪域和际遇域。从以上 4 例可知，单义通感式复合词的核心语义并未改变，但是在不同的语境中，随着与通感式复合词搭配的名词的变化，复合词的词义会发生从核心语义向不同语义域的转移。虽然不能"因境设义"，即根据复合词出现的不同语境为复合词增加无限意义，但是可以根据实际语境中复合词不同语义出现的频率，调整词典辞书中的词条和义项，为词典辞书的规范工作提出建设性意见。另外，从言语层面分析通感式复合词的语义，也可以更全面地掌握其语义系统。

（2）颜色类通感式复合词。

颜色类通感式复合词主要有大红、淡青、明黄、嫩红、嫩黄、嫩绿、素淡和鲜红 8 个词，其中大部分词只表颜色义，属于视觉域范畴。只有"大红"一词用法略有不同，"大红"直接修饰名词时一般都表示颜色义，但是"大红"和"大紫"组成词组后，"大红"的语义会发生变化。试看下例：

①在徐光荣最终离开宣传队之前，洪艺兵有过一段大红大紫的日子。（陈世旭《将军镇》）

②乐队的人通宵达旦地学习流行唱法，他们都有很好的音准，几个改弦更张的二胡演奏员大红大紫后，都豁然开朗了。（王朔《浮出海面》）

例①中的"大红大紫"修饰"日子"，例②中的"大红大紫"修饰人，这两例中的"大红大紫"都不再属于颜色域，而属于际遇域。"大红"的这种语义变化主要是受固定词组的影响，而不是自身语义的迁移。

（3）形态类通感式复合词。

形态类通感式复合词主要有苍润、长圆、澄碧、明澈和柔细 5 个词，其中"长圆"和"澄碧"都表示形态义，属于视觉域范畴。"苍润"和"明澈"属于视觉域，但是在语言的实际使用中会向抽象语义域引申。"柔细"除了表示视觉义外，还表示听觉义。试看下例：

①她的作品笔墨朴实苍润，构图饱满严谨，有的气势恢宏，有的清新俊逸，山光水色跃然纸上。（《人民日报》1995 年 4 月）

②画作充盈着大自然的壮观景象，抒发着画家坦荡磊落的情怀，透露着苍润清新的意境，洋溢着时代的风采。（《市场报》1994 年 8 月）

③她的双眼出奇地明澈，肤色透明地白润。（迟子建《岸上的美奴》）

④她的心灵明澈如水晶，广额里似蕴有无穷智慧，那一种仙骨珊珊，超然尘表的丰韵，最使醒秋心折。（苏雪林《棘心》）

⑤ 这种草是那样的柔细脆嫩，好似未出土的韭菜芽，看上去挺喜人，可是最缺乏抵抗力，最易损坏和夭折。（冯德英《苦菜花》）

⑥ 它呼吸的声音柔细诱人。（张炜《柏慧》）

在例 ① 和例 ② 中，"苍润"分别与"笔墨"和"意境"搭配，"苍润"分别属于视觉域和状态域。在例 ③ 和例 ④ 中，"明澈"分别与"眼睛"和"心灵"搭配，"明澈"分别属于视觉域和心理域。在例 ⑤ 和例 ⑥ 中"柔细"分别与"草"和"声音"搭配，"柔细"分别属于视觉域和听觉域。

综上所述，18 个单义视觉类通感式复合词中的 13 个词在言语层面仍然保持其单义性，占该类复合词总数的 72%；4 个词在言语层面发生了从视觉域向抽象语义域的转移，占该类复合词总数的 22%；1 个词在言语层面发生了从视觉域向听觉域的转移，占该类复合词总数的 6%。

2. 肤觉类通感式复合词

（1）温觉类通感式复合词。

温觉类通感式复合词主要包括干冷、高寒、清凉、清冽、溽热和燥热 6 个词，其中"干冷""高寒"和"溽热"只表温觉义，属于肤觉域范畴。"清冽"除了表温觉义还表嗅觉义，"燥热"除了表温觉义还表抽象域的心理义，"清凉"所属的语义域较多，除了表感觉类的温觉义、嗅觉义、味觉义和视觉义外，还表抽象类的心理义和意识义。具体情况见下例：

① 你的头发的香味混和在艾草的阵阵药香中，再加上汩汩的河水散发的清冽气味，这个夜晚真是千金莫换。（张炜《柏慧》）

② 他解开棉袄领扣，让冷风吹一吹他那燥热的心。（铁凝《树下》）

③ 他深深地呼吸了一口气，特别清凉。（周而复《上海的早晨》）

④ 母亲像尝到了苦菜根的清凉可口的苦味，嗅到了的馨香，她嘴唇两旁那两道明显的深细皱纹，微微抽动，流露出虽然苦楚，可是幸福的微笑。（冯德英《苦菜花》）

⑤ 还是清凉的脸，无助的倦容，长发飘飘仍像未婚女子。（马兰《闲话》）

⑥ 滚热的汗水洒在街道上，他心里却一阵清凉。（安安《春毒》）

⑦ 田副官原想帮助高大成大闹一场，听了麻团长的话，头脑清凉了一

下，觉得闹下去没好处，不管动文动武，省长都不是好惹的。（李英儒《野火春风斗古城》）

例①的"清冽"和"气味"搭配，说明"清冽"已经从温觉域转移至嗅觉域。例②的"燥热"和"心"搭配，说明"燥热"从温觉域转移至心理域。例③到例⑦的"清凉"分别与"气""苦味""脸""心"和"头脑"搭配，说明"清凉"已经从温觉域分别转移至嗅觉域、味觉域、视觉域、心理域和意识域。各感觉域之间的语义转移属于通感引申，从感觉域向抽象域的语义转移属于抽象引申。

（2）触觉类通感式复合词。

触觉类通感式复合词主要包括高燥、光滑、光润、滑腻、细嫩和细润6个词，其中"高燥""滑腻""细嫩"和"细润"只表触觉义，属于肤觉域范畴。"光滑"除了表触觉义，还表视觉义和抽象域的状态义，"光润"除了表触觉义，还表视觉义。具体情况见下例：

①快到山顶，听到牛铃"叮咚玲咚"响着，红牛、黑牛散成一片，毛色光滑得发亮，正夹在荆棘丛里吃草。（赵树理《三里湾》）

②痞子粗，不干净，不光滑，但真实，所以不俗；大众文化的雅，又干净，又光滑，易被各界接受，但它虚假，所以俗，像港台文化。（王朔《美人赠我蒙汗药》）

③这个文娱室又分成两部分，左边进去，一排摆着三张落袋弹子台，碧绿的台呢，色泽光润，没有一点损伤，看上去刚装好没有几天。（周而复《上海的早晨》）

例①和例②中的"光滑"分别与"毛色"和"雅"搭配，分别表示颜色义和状态义，属于视觉域和状态域。例③中的"光润"与"色泽"搭配，表示颜色义，属于视觉域。

综上所述，12个单义肤觉类通感式复合词中的7个词在言语层面仍然保持其单义性，占该类复合词总数的58%；2个词发生了从肤觉域向具体感觉域的转移，占该类复合词总数的17%；1个词发生了从肤觉域向抽象语义域的转移，占该类复合词总数的8%；2个词既发生了从肤觉域向感觉域的转移，又发生了从肤觉域向抽象语义域的转移，占该类复合词总数的 17%。

3. 听觉类通感式复合词

听觉类通感式复合词主要有脆亮、清亮₁和响亮 3 个词，其中"脆亮"和"清亮₁"只表听觉义。"清亮₁"和"清亮₂"虽然表义和读音均不同，但是在实际语料中两词形式相同，只能根据二者在实际语境中的意义进行区分，凡是表"清脆响亮"的听觉义的均是"清亮₁"，因此"清亮₁"具有单义性。"响亮"除了表听觉义还表抽象义，试看下例：

① 自从在这庄打特务，芳林嫂砸了松尾特务队长一手榴弹，她的名字已经在鬼子那里很响亮了。（知侠《铁道游击队》）

一般情况下"响亮"只和表声音的名词搭配，表达听觉义，在例① 中，"响亮"与名词"名字"搭配，不属于听觉域，而是从听觉域向抽象域中的称号域转移。

听觉类通感式复合词相对来说数量和用法均较少，其中 67% 的单义听觉类通感式复合词在言语层面保持其单义性，33% 的单义听觉类通感式复合词发生从听觉域向抽象语义域的转移。

4. 嗅觉类通感式复合词

嗅觉类通感式复合词只有清馨 1 个，"清馨"除了表嗅觉义还表环境义、状态义和文化义。具体情况见下例：

① 数万平方米的绿化带青草如茵，生机勃勃，置身在这清馨豁敞的环境中不由得流连忘返，心旷神怡。（《人民日报》1993 年 11 月）

② 清馨、优雅，是一种来自高贵的颓废，从她嘴里吐出的烟雾，如同从微启的天窗涌入的一缕白色阳光。（陈染《私人生活》）

③ 清馨而实用的楼道文化以常新的内容，满足了居民关注信息、渴求沟通的需要。（《人民日报》2000 年）

"清馨"从例① 到例③ 分别与"环境""颓废"和"文化"搭配，分别属于环境域、状态域和文化域范畴。

5. 两属类通感式复合词

两属类通感式复合词包括兼属视觉域和肤觉域的白嫩、白润、红润、平滑和纤柔，兼属味觉域和听觉域的甜润，兼属视觉域和嗅觉域的浓重，兼属肤觉域、嗅觉域和环境域的温馨，兼属视觉域、味觉域以及评价域的青涩，兼属情绪域和环境域的平静。在语言的实际使用中，两属类通感式复合词分为两种情况。一种是在具体语境中仍然保持其兼属性，如"白嫩""白润""纤柔"等，在同一个句子中它们既表视觉义又表肤觉义；另一种是在具体语境中表义单一，但是会出现在不同的语境中，如"甜润""浓重""温馨"等，相当于多义词。当"甜润"与"声音"搭配时属于听觉域，与"食物"搭配时属于味觉域。第一种通感式复合词两语素之间结合不够紧密，使得复合词词义可以指向其中来自不同感觉域的语素义，第二种通感式复合词两语素之间结合较紧密，复合词词义已经不再是两语素义的简单相加，可以指向语素义之外的其他语义域。

（1）兼属类通感式复合词。

兼属类通感式复合词包括白嫩、白润、红润、平滑和纤柔5个词，其中"白嫩"始终保持其兼属性，在不同语境中既表视觉义又表肤觉义。"白润"和"红润"除了表兼属义，在特定语境中也表视觉义。"平滑"除了表兼属义，还表肤觉义和言辞义。"纤柔"除了表兼属义，还表视觉义、心理义和知识义。具体情况见下例：

①她的双眼出奇地明澈，肤色透明地白润。（迟子建《岸上的美奴》）

②小青脸色更红润，精亮的眸子看在地上。（安安《春毒》）

③他的脸苍白、安详、光洁平滑。（王朔《千万别把我当人》）

④元豹平滑地对镜头说："香皂，我只用力士。"（王朔《千万别把我当人》）

⑤画家善于使用纤柔劲健的线条，但更喜欢也更得心应手地运用粗笔挥洒。（黄裳《读画记》）

⑥川端的心地极淡泊，无强烈的欲望；他那颗易感的心又是那样的纤柔。（凸凹《几种欲望》）

⑦梅萱赏识的文章是纤柔型的，而且要头大尾大，中间宜小而精短。（韩寒《三重门》）

例①和例②中的"白润"和"红润"分别与"肤色"和"脸色"搭配，说明"白润"和"红润"主要表颜色义而不是触觉义，属于视觉域。例③中的"平滑"与"脸"搭配，既可以表视觉义又可以表肤觉义，但因为句子中已经出现了表视觉的"苍白"，所以"平滑"表触觉义，属于肤觉域。例④中与"平滑"搭配的名词没有直接出现，结合语境分析，"平滑"表说话时的语气，属于言辞域。从例⑤到例⑦，"纤柔"分别与"线条""心"和"文章"搭配，分别表达视觉义、心理义和知识义。

（2）多属类通感式复合词。

多属类通感式复合词主要包括甜润、浓重、温馨、青涩和平静，其中"甜润"表味觉义、听觉义和心理义，"浓重"表视觉义、嗅觉义、听觉义和状态义，"温馨"表肤觉义、嗅觉义和环境义，"青涩"除了兼表视觉义和味觉义，还表评价义，"平静"除了表情绪义、环境义，还表听觉义。具体情况见下例：

①夜露清凉甜润，滴进焦渴饥饿的婴儿口中。（苏童《1934年的逃亡》）

②他同时发觉，小女人指派他做什么事的声音甜润了，脸上的神色活泛了，前院里的空气也通畅了。（陈忠实《白鹿原》）

③我好像摸到了无边无际的快乐，心上说不出的甜润，同时又害怕，怕一脱手，又堕入无边无际的苦恼。（杨绛《洗澡》）

④我的底色比你的更浓重。（戴厚英《人啊，人》）

⑤一阵浓重的香粉气息，扑进他的鼻孔。（冯德英《苦菜花》）

⑥马锐放下胳膊，眼睛红红带着浓重的鼻音说，"热了我也不吃。"（王朔《我是你爸爸》）

⑦醒秋虽生于中国中部，却富于燕赵之士慷慨悲歌的气质，虽是个女子，血管中却像含有野蛮时代男人的血液——这或与她儿时蛮性浓重有关。（苏雪林《棘心》）

⑧菖蒲枕靠着她那温馨的胸脯，脸色惨白，吃力地张开口，问道："还有谁……冲出重围……上了山？"（刘绍棠《狼烟》）

⑨那温馨的气息像玫瑰花香一样沁人心脾，心里的灰冷渐渐被逐出，又

潮起一种难以抑制的焦渴。（陈忠实《白鹿原》）

⑩ 这个家曾经非常的温馨、优雅。（张欣《爱又如何》）

⑪ 你不买票扒了车，走了四十里沟壑梁峁的黄土路，只吃了些西瓜和青涩的河畔枣，命催着似的跑到这儿来游黄河。（张承志《北方的河》）

⑫ 不过，老实说，你应付男人的手段太青涩，完全不像你笔下女主角的利落。（席绢《女作家的爱情冒险》）

⑬ 由此肖济东的心情也平静了许多。（方方《定数》）

⑭ 平静的守寡生活只过了一个月。（池莉《你是一条河》）

⑮ 娄红反倒声音平静地问耿林。（皮皮《比如女人》）

例①到例③的"甜润"分别与"露水""声音"和"心"搭配，分别表达味觉义、听觉义和心理义。例④到例⑦的"浓重"分别与"底色""气息""鼻音"和"蛮性"搭配，分别表达视觉义、嗅觉义、听觉义和状态义。例⑧到例⑩的"温馨"分别与"胸脯""气息"和"家"搭配，分别表达肤觉义、嗅觉义和环境义。例⑪和例⑫的"青涩"分别与"枣"和"手段"搭配，前者兼表视觉义和味觉义，后者表评价义。例⑬到例⑮的"平静"分别与"心情""生活"和"声音"搭配，分别表达情绪义、环境义和听觉义。

综上所述，兼属类通感式复合词在具体的语言使用中基本保持其单义性，多属类通感式复合词一般除了表具体感觉义外，还表抽象义。应根据多属类通感式复合词不同语义在实际语料中的使用频率，决定其义项是否分列。

6. 抽象类通感式复合词

（1）环境类通感式复合词。

环境类通感式复合词包括冷寂、冷清、清寂和清静4个词，其内部语素大多含听觉类语素，4个环境类通感式复合词除了表环境义，还可以表达情绪义、经济义和意识义。具体情况见下例：

① 靠老宝在我心中就是一轮方形的月亮，因为它照亮和温暖了我当时那颗灰暗而冷寂的心。（迟子建《额尔古纳河右岸》）

② 到了中午清闲的时候，张华林突然拿着一扎扎厚的砖头的钞票对秦汉

林说："秦哥，这会儿生意冷清，你把这几扎票子到对面银行里存了。（安安《春毒》）

③秦干事喜欢在心情清寂时看到王景。（赵琪《告别花都》）

④这两桩事儿办了，我的心也就清静了！（欧阳山《苦斗》）

⑤在好多问题面前，李正始终保持清静的头脑，精确地分析着问题，像任何困难的问题到他脑子里都能溶化。（知侠《铁道游击队》）

例①的"冷寂"与"心"搭配，表情绪义。例②的"冷清"与"生意"搭配，表经济义。例③的"清寂"与"心情"搭配，表情绪义。例④和例⑤的"清静"分别与"心"和"头脑"搭配，表情绪义和意识义。

（2）品质类通感式复合词。

品质类通感式复合词包括坚苦、温厚和圆滑，其中"坚苦"只表示品质义，"温厚"还表听觉义，短语"圆滑"兼表视觉义和肤觉义，复合词"圆滑"只表品质义。具体情况见下例：

①沉了沉，道静那温厚热情的声音，好像骤雨一样落在孩子们的心上："同学们，你们都是咱中国最有出息的好孩子。"（杨沫《青春之歌》）

②坑沿上的镶木少了一半，露出磨得圆滑的草泥坯。（张承志《黑骏马》）

例①的"温厚"与"声音"搭配，表听觉义。例②的"圆滑"与"草泥坯"搭配，表视觉兼肤觉义，这里的"圆滑"是短语，两语素结合不紧密，可以用来形容"草泥坯"视觉上的形态"圆"和肤觉上的感受"滑"，复合词"圆滑"表品质义。在实际语料中，品质类通感式复合词表品质义的频率，明显高于表感觉义的频率，因此将其归入品质域。

（3）经济类通感式复合词。

经济类通感式复合词包括寒苦、寒微和清苦，其中"寒苦"和"寒微"只表经济义，"清苦"作短语时表嗅觉义，作复合词时表经济义。具体情况见下例：

①你们俩端起大碗，用树枝搅着，树枝清苦的气息与粥的香气混合在一起，勾起了你的食欲。（莫言《红树林》）

例①的"清苦"和"气息"搭配，表嗅觉义，这里的"清苦"是短语，强调的是语素"苦"。

（4）程度类通感式复合词。

程度类通感式复合词包括轻淡、轻微、深重和重大。"轻淡""轻微"和"深重"除了表程度义还可以表听觉义、嗅觉义和视觉义，"重大"一般只表程度义。具体情况见下例：

①二姐说，像是看出了弟弟的惊诧，反而用轻淡的语调说："大家都在抬。"（陈忠实《白鹿原》）

②夜已很深，周围已发出轻微的鼾声。（知侠《铁道游击队》）

③空调并没隔断外面的暑热，苒青仍旧觉得浅黄色的短袖衫带着轻微的汗味贴在身上。（百合《哭泣的色彩》）

④美丽的大眼睛下那一圈淡青色更深重了，她这种行动，纯粹是女人为了爱情的一种献身的热忱，一点也没有个人的欲念。（张贤亮《绿化树》）

例①的"轻淡"和"语调"搭配，表听觉义。例②和例③的"轻微"分别与"鼾声"和"汗味"搭配，表听觉义和嗅觉义。例④的"深重"和"淡青色"搭配，表视觉义。程度类通感式复合词在实际语料中仍然保持其程度义，只是在与不同语义域名词的搭配中体现不同语义域的具体程度性。根据与程度类通感式复合词搭配的名词所属语义域的不同，将其归入不同的语义域，主要是从形式上为语义域的归属问题寻找客观的依据。程度性是形容词的典型特性之一，因此不管程度类通感式复合词是与具体感觉类名词还是抽象类名词搭配，都会体现其程度性。

感觉类通感式复合词除表具体感觉义外，还可以表抽象义，这符合从具体到抽象的认知规律。抽象类通感式复合词相对于感觉类通感式复合词来说，表义较抽象，当它与具体感觉类名词搭配时，其抽象义依然蕴含在具体感觉义中。也就是说当抽象类通感式复合词除表抽象义外，还表具体感觉义时，不符合人们的认知规律，所以人们会觉得从例①到例④的程度类通感式复合词不表具体感觉义而表抽象义。语言实际中存在的种种语言现象都有其存在的必然性，如果说从具体到抽象是典型的符合人们认知习惯的语言规律，那么从抽象到具体就是一种非典型的语言规律，虽然是少数，但并不意味着不存在。

（5）言辞类通感式复合词。

言辞类通感式复合词包括直白、晦涩和尖酸，这三个词在具体语料中具有单义性，只表言辞义，属于言辞域。

（6）知识类通感式复合词。

知识类通感式复合词包括浅白、浅明和粗浅，其中"浅白"作复合词表知识义，作短语表颜色义，"浅明"只表知识义，"粗浅"除了表知识义，还表意识义。具体情况见下例：

①白牙大嘴，唇上留着两撮髭口，下巴上一绺山羊胡，腮上有几个浅白麻子。（莫言《檀香刑》）

②之光县的边缘地区，大部分村庄都留下了魏强他们的足迹；群众的脑海里，对武工队也都有个粗浅的印象。（冯志《敌后武工队》）

例①的"浅白"是偏正结构的短语，不是并列结构的复合词，在该例中表颜色义，属于视觉域。例②的"粗浅"与"印象"搭配，表意识义。

（7）态度类通感式复合词。

态度类通感式复合词包括轻薄和温柔，"轻薄"作短语时表具体感觉义，作复合词时表抽象义。"温柔"在实际语料中除了表态度义，还表听觉义和肤觉义。具体情况见下例：

①广场上阳光和照，暖风熏人，走动着的人群的轻薄衣衫袂裾飘飘。（王朔《玩儿的就是心跳》）

②他的声音温柔得动人。（皮皮《比如女人》）

③她对我说，你舅舅的手，又大、又温柔！（王小波《未来世界》）

例①的"轻薄"和"衣衫"搭配，表视觉义，语素"轻"和"薄"结合不紧密，"轻薄"是短语不是复合词。例②和例③的"温柔"分别与"声音"和"手"搭配，表听觉义和肤觉义。

（8）其他类通感式复合词。

其他类抽象通感式复合词主要包括表评价义的鲜嫩、表等级义的平淡、表事件义的明细、表情感义的热辣和表感官义的酸软。其中"鲜嫩""明细"

和"酸软"在具体语料中保持其单义性，"热辣"作短语时表具体感觉义，作复合词时表抽象义，"平淡"除了表等级义，还表听觉义。具体情况见下例：

①不管流行健康的古铜色还是热辣的日光浴，小暖的肤色审美观一直坚定地守在靓白这一方。（张小暖《女人养颜经》）

②早餐在著名的大排档买，新鲜热辣，苏铃吃得津津有味。（岑凯伦《还你前生缘》）

③那人冷冷地扫了高晋一眼，声音平淡地问。（王朔《动物凶猛》）

例①和例②的"热辣"分别与"日光浴"和"早餐"搭配，分别凸显了其肤觉义"热"和味觉义"辣"，都表具体感觉义，在这两例中"热辣"是短语，两个语素结合不够紧密，而复合词"热辣"则表情感义。例③的"平淡"和"声音"搭配，表听觉义，属于听觉范畴。

综上所述，27个单义抽象类通感式复合词在言语层面仍然保持其单义性的有16个，占该类通感式复合词总数的59%。在言语层面具有多义性的抽象类通感式复合词可以分为两类：一类是在语言层面表一种抽象义，在言语层面表另一种抽象义，如冷寂、清静等；另一类是在语言层面表抽象义，在言语层面表具体义。第二类情况又可以细分为两小类：第一小类是言语层面的具体义由短语形式体现，即两语素结合不够紧密，如圆滑、轻薄等；第二小类是抽象义可同时蕴含在言语层面的具体义和抽象义中，可以根据形式上的搭配规则将其归入具体义，如轻微、温柔等。

总之，大多数单义通感式复合词在言语层面仍然保持其单义性。在言语层面具有多义性的单义通感式复合词一般多发生从具体感觉义向抽象义的引申，有时也会发生从抽象义向具体感觉义的引申。

（二）多义通感式复合词的语义域

多义通感式复合词在语言层面至少具有两个或两个以上的义项，根据本义将其归入不同的语义类，然后分析其在言语层面的语义域。

1. 视觉类通感式复合词

15个视觉类通感式复合词可以分为形态、颜色、光线等不同的下位类别。

（1）形态类通感式复合词。

形态类通感式复合词包括粗大、干瘪、光鲜、宽松、浓厚、清亮₂、清明和圆润8个词，各通感式复合词在语言层面均为多义词。我们从言语层面的实际语料中分析其语义域。与语言层面的语义相比，言语层面的形态类通感式复合词分为三类：第一类是两个层面语义域一致的，如清明和宽松；第二类是言语层面的语义域虽然与语言层面一致，但是个别语义域的实际用例明显少于另一语义域，如粗大、光鲜和清亮₂；第三类是言语层面的语义域多于语言层面，如干瘪、浓厚和圆润。我们重点探讨后两类不一致的情况。在实际语料中"粗大"表听觉义的用法、"光鲜"表品质义的用法以及"清亮₂"表心理义的用法都明显少于这些词表视觉义的用法。一方面是受语料的限制，在当代小说语料库中未见到"粗大""光鲜"和"鲜亮₂"非视觉义的用法，虽然在容量较大的北京大学CCL语料库中出现了这三个词非视觉义的用法，但是用例极少；另一方面也受复合词词义的影响，个别词的义项属于方言词或古语词的用法，不易出现在现代汉语语料库中。言语层面的语义域多于语言层面的复合词除了表视觉义还表听觉义。具体情况见下例：

①成岗又听出了穿白衣服的外国人，用干瘪的声音，从旁指挥。（罗广斌、杨益言《红岩》）

②一个女人说着浓厚的上海口音的普通话。（白帆《寂寞的太太们》）

③我倒觉得她咬字清楚，嗓音圆润，蛮有味道的。（谌容《梦中的河》）

"干瘪""浓厚"和"圆润"这三个词在语言层面既表达具体视觉义，又表达抽象义。从例①到例③中的三个词分别与表听觉义的词语搭配，表明在特定语境中，三个词都会发生从视觉义向听觉义的引申。

（2）颜色类通感式复合词。

颜色类通感式复合词包括黯黑、鲜亮和鲜明，其中"黯黑"和"鲜明"在实际语料中的语义域与语言层面一致。"黯黑"表颜色义和光线义，均属视觉域。"鲜明"表颜色义和态度义，在实际语料中，表态度义的用法明显多于表颜色义的用法。"鲜亮"表颜色义和评价义，实际语料中表颜色义的用法多于表评价义的用法，这是"鲜明"和"鲜亮"最明显的区别。"鲜亮"

除表评价义外还表状态义，请看下例：

① 她们都有过鲜亮的青春，但很快都羞缩成了一枚枚琐小的石丁，掩埋在异地的荒草中。（余秋雨《文化苦旅》）

例①的"鲜亮"与"青春"搭配，表状态义，属于抽象语义域。

（3）光线类通感式复合词。

光线类通感式复合词包括暗淡、黑暗和昏沉，这三个词在实际语料中的语义域与语言层面一致，其中"暗淡"表视觉义的比例高于抽象义，"黑暗"表视觉义和表抽象义的比例基本持平，"昏沉"表抽象义的比例高于视觉义。

2.肤觉类通感式复合词

（1）温觉类通感式复合词。

温觉类通感式复合词包括苦寒、清寒和清冷，其中"清寒"和"清冷"在实际语料中的语义域与语言层面一致。"清寒"表抽象义的比例高于温觉义，"清冷"表温觉义的比例高于抽象义。"苦寒"表温觉义的用法多于抽象义，除温觉义和抽象义外，"苦寒"在实际语料中还有短语用法，表味觉义。具体情况见下例：

① 经云：味苦寒无毒，然详其用，气应微温。（《历代古方验案按》）

例①的"苦寒"与"味"搭配，表味觉义，这里的"苦寒"是短语，两语素结合不够紧密。

（2）触觉类通感式复合词。

触觉类通感式复合词包括厚重、温润、细腻和细软，它们在言语层面的语义域多于语言层面的语义域。在实际语料中，"厚重"表具体感觉义的例子多于表抽象义的例子，具体感觉义除了表肤觉义还表视觉义。"温润"表具体感觉义的例子和表抽象义的例子基本持平，具体感觉义除了表肤觉义还表听觉义。"细腻"表具体感觉义的例子多于表抽象义的例子，抽象域中除了表言辞义还表情感义。"细软"的名词用法多于形容词用法，形容词的具体感觉义除了表肤觉义还表听觉义。具体情况见下例：

① 颜真卿书法的厚重庄严，历来让人联想到他在人生道路上的同样品格。（余秋雨《文化苦旅》）

② 西方一位哲人说，只有饱经沧桑的老人才会领悟真正的人生哲理，同样一句话，出自老人之口比出自青年之口厚重百倍。（余秋雨《文化苦旅》）

③ "你还为他担待，难得你这个好心眼的孩子。"曾教导员用她温润的嗓音说道。（严歌苓《穗子物语》）

④ 还说小女人是特指那些有钱、有闲而且感情精致细腻的现代女性，说那是一个新生阶层。（安顿《绝对隐私》）

⑤ 喝着牛奶啃着炸鸡咬着土豆片，食物改变她的消化系统，她逐渐走向富态，声调细软，穿得花花绿绿谈话不时渗入美语打着手势。（马兰《闲话》）

例①和例②的"厚重"分别与"书法"和"话"搭配，分别表视觉义和言辞义，分别属于视觉域和言辞域。例③的"温润"和"嗓音"搭配，表听觉义，属于听觉域。例④的"细腻"与"感情"搭配，表情感义，属于情感域。例⑤的"细软"和"声调"搭配，表听觉义，属于听觉域。

3. 听觉类通感式复合词

听觉类通感式复合词包括沉寂、沉静、浑厚和清脆，其中"沉寂"和"浑厚"在言语层面的语义域多于语言层面的语义域，"沉静"和"清脆"在言语层面的语义域与语言层面的语义域一致。在实际语料中，"沉寂"表具体感觉义的用法多于表抽象义的用法，抽象域中除了表状态义还表环境义和心理义。"沉静"表具体感觉义的用法少于表抽象义的用法。"清脆"表听觉义的用法多于表味觉义的用法，在当代小说语料库中，只有1例表味觉义，其余全都表听觉义，"清脆"表味觉义时两语素结合不够紧密，复合词词义相当于其内部语素"脆"的引申义，"清脆"表听觉义时两语素结合紧密，复合词词义与其内部语素义无直接关系。"浑厚"表具体感觉义的用法多于抽象义，具体感觉义除了表听觉义还表视觉义。具体情况见下例：

① 宴会的气氛刷地一下沉寂下来。（礼平《晚霞消失的时候》）

② 他们拥抱着坐在岩石上，同望那黑暗的巨浸和天空，心弦沉寂，到了忘我忘人的境界。（苏雪林《棘心》）

③ 浑厚的云涛，在泰山的北麓翻滚着涌上山顶，几乎淹没了整个南天门，然后又顺着天梯向南麓倾泻下去。（礼平《晚霞消失的时候》）

例①和例②的"沉寂"分别与"气氛"和"心弦"搭配，分别表环境义和心理义，分别属于环境域和心理域。例③的"浑厚"和"云涛"搭配，表视觉义，属于视觉域。

4. 味觉类通感式复合词

味觉类通感式复合词包括淡薄和苦涩，"淡薄"在言语层面的语义域与语言层面一致，但在实际语料中表具体感觉义的用法明显少于表抽象义的用法。在当代小说语料库中未见到"淡薄"表味觉义的用法，虽然在容量较大的北京大学 CCL 语料库中出现了"淡薄"表味觉义的用法，但是用例极少。"苦涩"在言语层面的语义域多于语言层面的语义域。在实际语料中，"苦涩"表具体感觉义的用法少于表抽象义的用法。"苦涩"在表具体感觉义时除了表味觉义还表嗅觉义，这与味觉和嗅觉感受在人的实际体验中往往相混合有关，同时也证明了生理上味觉和嗅觉的关系紧密。具体情况见下例：

①一阵浓浓的香味，随风吹来，肉香饭香，驱逐了林间的苦涩气味。（曲波《林海雪原》）

例①的"苦涩"和"气味"搭配，表嗅觉义，属于嗅觉域。

5. 两属类通感式复合词

两属类通感式复合词包括明锐、清淡和香甜，表具体感觉义时，"明锐"在语言层面兼属视觉域和肤觉域，"清淡"在语言层面兼属视觉域和嗅觉域，"香甜"在语言层面兼属味觉域和嗅觉域。在言语实际中，兼属类词语的语义会随着语境而固定，成为多属类复合词。"明锐"在语料中的用例较少，言语层面的语义域少于语言层面的语义域，这主要是因为"明锐"表品质义的义项属于书语词，在现代汉语语料中未见用例。"明锐"在实际语料中除了表具体感觉义还表意识义。"清淡"在言语层面的语义域与语言层面的语义域一致，表经济义的用法略多于表具体感觉义的用法。"香甜"表具体感觉义的用法与表抽象义的用法基本持平，具体感觉义略少于抽象义。具体情况见下例：

①血液从颈项里冲上脸来，牙齿紧咬着颤抖的口唇，眼光明锐地逼视着所有的人，同时也逼视着黑隐隐的孟良崮的山头。（吴强《红日》）

②伯爵千金的见识依然是如此明锐。（田中芳树《银河英雄传说》）

③天空在这里颜色更加清淡，月光更加洁净，空气流动得更加畅快。（李英儒《野火春风斗古城》）

④各种豆类作物都在开花，空气里弥漫着一股清淡芬芳的香味。（路遥《人生》）

⑤有一个晚上，广州三家巷的老树枇杷刚刚成熟，那棵小小的白兰花却也开起花来，霎时之间，把一条三家巷熏得香甜郁腻，沁人心脾。（欧阳山《苦斗》）

"明锐"在《现汉》中的释义是"明亮而锐利"，在这个义项中"明锐"既可以表视觉义又可以表肤觉义，属于兼属类通感式复合词。在具体语境中，"明锐"的兼属性会随着语境的固定而转化为单义性。如例①和例②，"明锐"分别与"眼光"和"见识"搭配，表示视觉义和抽象义，属于视觉域和抽象域。"清淡"在《现汉》中的释义是"（颜色、气味）清而淡；不浓"，在这个义项中"清淡"既可以表视觉义又可以表嗅觉义，属于兼属类通感式复合词。在具体语境中，"清淡"的兼属性会随着语境的固定而转化为单义性。如例③和例④，"清淡"分别与"颜色"和"香味"搭配，分别表视觉义和嗅觉义，分别属于视觉域和嗅觉域。"香甜"在《现汉》中的释义是①又香又甜；②形容睡得踏实，舒服。义项①中的"香甜"既可以表味觉义又可以表嗅觉义，属于兼属类义项。在具体语境中，"香甜"的兼属性会随着语境的固定而转化为单义性。如例⑤中的"香甜"和"花香"搭配，表嗅觉义，属于嗅觉域。

6.抽象类通感式复合词

（1）环境类通感式复合词。

环境类通感式复合词包括苍凉、冷静、冷淡和热闹，其中"冷静""冷淡"和"热闹"在言语层面的语义域与语言层面的语义域一致。在实际语料中，"冷静"表心理义的用例多于表环境义的用例，"冷淡"表态度义的用例多于表环境义的用例，"热闹"作形容词的用例多于作名词和动词的用例。"苍凉"在言语层面的语义域多于语言层面的语义域，在实际语料中，"苍凉"表环境义的用例与表际遇义的用例基本持平，"苍凉"除了表抽象义还表听觉义，具体情况见下例：

①他原本就是唱老生的，嗓口苍凉高亢。（莫言《檀香刑》）

例①的"苍凉"和"嗓口"搭配，表听觉义，属听觉域。在实际语料中，"苍凉"表听觉义的用法多于表环境义的用法，略少于表心理义的用法，表具体感觉义的用法与两种表抽象义的用法基本持平。

（2）品质类通感式复合词。

品质类通感式复合词包括清白和清高，其中"清白"在言语层面的语义域多于在语言层面的语义域，"清高"在言语层面的语义域与语言层面的语义域一致。在实际语料中"清白"表品质义的用法多于表心理义的用法，因为"清白"表心理义的义项属于方言词，在现代汉语语料中用例较少。"清白"除了表抽象义还表视觉义。"清高"表态度义的用法多于表品质义的用法，一般情况下"清高"表态度义时多为贬义，常与副词"太""真""很"等搭配，"清高"表品质义时多为褒义。具体情况见下例：

①月光毫不吝啬地将清白的光色涂抹在污渍不堪的墙垣上，竟闪出纯如银白的诱人色调。（廉声《月色狰狞》）

②这不正说明我清白无辜。（王朔《枉然不供》）

③白嘉轩对这件婚事不置可否，只是说："你跑一步路，去问问嘉道，把事情弄清白。"（陈忠实《白鹿原》）

④她的字如其人，画如其人，风骨峻秀，品格清高。（刘绍棠《狼烟》）

⑤小芳很快回话："不行啦，那姑娘不干了，她说大哥太清高。"（陆文夫《清高》）

例①到例③的"清白"分别与"月光""我"和"事情"搭配，分别表视觉义、品质义和心理义，其中表心理义的"清白"是方言词用法，多作补语。例④和例⑤的"清高"分别与"品格"和"人"搭配，在具体语境中"清高"的基义和陪义均有差异。

（3）经济类通感式复合词。

经济类通感式复合词包括寒酸和大方，这两个词在表经济义时是反义词，在言语层面的语义域与语言层面的语义域一致。在实际语料中，"寒酸"表经济义的用法少于表状态义的用法。"大方"表经济义的用法少于表态度义的用法，多于表评价义的用法。

（4）其他类通感式复合词。

其他类通感式复合词主要包括表知识义的高明、表言辞义的平白、表程度义的沉重、表质地义的寒素和表心理义的明白。其中"高明""平白"和"明白"在言语层面的语义域与语言层面一致。在实际语料中"高明"作形容词的用例多于作名词的用例，"平白"作副词的用例多于作形容词的用例，"明白"作动词的用例多于作形容词的用例。"沉重"在言语层面的语义域多于语言层面的语义域，在实际语料中"沉重"表程度义的用例多于表情绪义的用例，"沉重"表程度义时既可以与有形物搭配也可以与无形物搭配，在表程度义的基础上还引申出听觉义。"寒素"在言语层面的语义域少于语言层面的语义域，在实际语料中没有"寒素"作名词的用例，"寒素"表经济义的用例多于表质地义的用例，"寒素"作短语时兼表肤觉义和视觉义。具体情况见下例：

①他们带回两个沉重的面粉袋子，放到罗光身边。（吴强《红日》）

②一阵阵的婴啼，冲破了沉重的气氛。（罗广斌、杨益言《红岩》）

③又过了不久，沉重的炮声响了。（欧阳山《三家巷》）

④季候已是入冬，枝头的叶子落净，疏阔地伸向寒素的天空，灰白的日头将建筑物投下淡薄的影。（王安忆《逃之夭夭》）

例①到例③的"沉重"分别与"面粉袋""气氛"和"炮声"搭配，虽然都表程度义，但是表达的是不同语义域的程度，分别属于肤觉域、环境域和听觉域。例④的"寒素"与"天空"搭配，表视觉义，这里的"寒素"是短语，两语素结合不够紧密，短语既凸显了环境给人的肤觉感受"寒"又凸显了视觉感受"素"，短语义兼属于两语素的组合义。

综上所述，43个多义通感式复合词在言语层面的语义域与语言层面的语义域一致的复合词有26个，占复合词总数的60%；在言语层面的语义域与语言层面的语义域不一致的有17个，占复合词总数的40%。也就是说大部分多义通感式复合词在言语层面和语言层面的语义域基本一致。43个多义通感式复合词除有个别兼类词外（兼属形容词和动词，如明白；兼属形容词和名词，如高明），大部分复合词的语义域多为一个具体感觉语义域和一个抽象语义域，也存在均为具体感觉语义域或抽象语义域的情况。具体情况见表6-6。

表6-6　多义通感式复合词所属语义域

语义域类型	例词	词数①（个）	所占百分比
具体感觉义＋抽象义	沉寂、干瘪	26	70%
均为具体感觉义	黯黑、粗大	3	8%
均为抽象义	苍凉、沉重	8	22%

注：①排除高明、平白、细软、热闹、冷淡和明白6个兼类词。

由表6-6可知，大部分多义通感式复合词在语言实际中都会存在属于具体感觉语义域和抽象语义域的两种情况。有些复合词在实际语料中会出现从具体感觉语义域或抽象语义域引申出抽象义的用例，个别复合词还存在从抽象语义域引申出具体感觉义的用例，比如程度域。表6-6是基于多义通感式复合词在语言层面的语义域所做的统计，在言语层面多义通感式复合词会发生不同的语义变化，但是其语义域归属情况基本不变，只是在具体感觉语义域或抽象语义域的数量上有变化而已。

通过对表6-6的分析发现，多义通感式复合词的各义项一般情况下多属于具体感觉语义域和抽象语义域。凡是属于抽象语义域的多义通感式复合词必然在某一个共时或历时阶段存在过属于具体感觉语义域的情况。比如上文分析的"苍凉"和"沉重"在实际语料中都出现过与表听觉的名词搭配，表听觉义的用法；"清白"在实际语料中与表视觉的名词搭配，表视觉义，"寒素"在共时语料中作短语时兼表视觉义和肤觉义。"清高"和"冷静"虽然在共时层面未见表具体感觉义的用例，但是在历时语料中有，试看下例：

①魏武有一妓，声最清高，而情性酷恶。（刘义庆《世说新语》）

②其黄矾所出又奇甚，乃即炼皂矾炉侧土墙，春夏经受火石精气，至霜

降、立冬之交，冷静之时，其墙上自然爆出此种，如淮北砖墙生焰硝样。（宋
应星《天工开物》）

　　例①的"清高"和"声"搭配，表听觉义。例②的"冷静"和"时"
搭配，表肤觉义。"大方"和"寒酸"连用的情况较早，形成复合词的时间也
较早，表义较抽象，复合词词义与其内部的语素义联系不够紧密，需要结合
上下文分析其具体语义，但是在两个语素复合成词之前一定有表具体感觉义
的阶段。这也符合从具体到抽象的语义演变规律。多义通感式复合词在言语
实际中存在具体感觉语义域和抽象语义域并存的情况是其常态，即具有典型
性。只属于具体感觉语义域或抽象语义域的多义通感式复合词是非典型的。

四、通感式复合词语义变化原因

　　根据通感式复合词涉及语义域的多少，将其分为单义通感式复合词和多
义通感式复合词。根据通感式复合词的本义将其归入不同的语义类，语义类
主要包括具体感觉义和抽象义。通感式复合词的语义在言语实际中会发生不
同的变化，如单义词在不同语境中引申出多义性；两属词在不同语境中语义
得到固化；多义词从具体感觉义引申出抽象义或从抽象义引申出具体感觉
义，等等。通感式复合词在言语层面的语义变化主要受内因和外因两方面的
影响，所谓内因指的是语言系统内部的语义演变，所谓外因指的是语言外部
的认知因素和语用因素。

（一）语言系统内部的发展变化引起复合词语义变化

　　语言是一个系统，系统内部的发展变化必然涉及历时问题。上古汉语阶
段汉语以单音节词为主，随着双音化趋势的不断加强，现代汉语词汇已经演
变成以复音词为主。在汉语双音化的过程中会涉及语素与复合词的关系问
题。现代汉语通感式复合词是由两个本义或基本义来自不同感觉域的形语素
组成的复合词。语素来自不同的感觉域，复合词是否受语素义的影响，这就
涉及语素的语义演变问题。下面以典型通感式复合词"响亮"为例加以说

明。"响亮"在语言层面属于听觉域,其内部语素"响"的本义是回声,基本义是声音大,属于听觉域;"亮"的本义是光线强,属于视觉域。"响"和"亮"在组成复合词时,"亮"从本义所在的视觉域引申出听觉义,然后入词。复合词"响亮"既受其内部语素"响"基本义的影响,也受内部语素"亮"引申义的影响。有些复合词的语义会和其内部某一个语素义所属的语义域一致,有些复合词则不受其内部语素义的限制。大部分通感式复合词的语义受其内部语素义的影响,有些复合词受语素本义的影响,有些复合词受语素引申义的影响。由此可见,汉语的双音化趋势使得通感式复合词的产生成为必然,并使得其内部语素在组合时受到语义因素的制约。一方面语素义影响复合词词义的变化;另一方面部分复合词词义也会发生向其中某一个语素义的偏移。

(二)认知因素引起复合词语义变化

认知语言学的逻辑基础是经验主义,人们从对自身的感受中获得对外部世界的经验,进而认识和改造外部世界。认知语言学家认为:"词汇最初来自对自身和空间(包括地点、方向、运动等)的理解,然后通过丰富的想象力,运用隐喻等认知策略扩展开来,逐步形成了人类的概念系统。"[①]现代汉语通感式复合词的语义(多义通感式复合词的本义)多来自具体感觉语义域,具体感觉语义域是人们通过自身感觉认识世界的一种直接经验。人们从具体感觉语义域出发,通过隐喻或转喻方式将这种经验扩展到抽象语义域,形成通感式复合词的语义系统。有关隐喻和转喻影响复合词语义变化的问题已经在第五章讨论过,在此不再赘述。

认知语言学的三种认知方式主要包括原型范畴、理想化认知模型和事件域认知模型。[②]其中原型范畴理论是认知语言学的主要内容之一。原型范畴理论是在对经典范畴理论批判地继承的基础上发展而来的。范畴是人类对客观世界的分类,是人类认识世界的手段之一,是认知语言学中的重要概念。

---

① 王寅.认知语言学探索 [M]. 重庆:重庆出版社,2005:95.

② 王寅.认知语言学探索 [M]. 重庆:重庆出版社,2005:120.

原型范畴中的成员具有家族相似性，典型成员具有较多的该范畴的属性，而非典型成员则具有较少的该范畴的属性。原型范畴的边界模糊，在两个范畴边界的成员往往兼有两个范畴的属性。

基于认知语言学的经验主义哲学基础和原型范畴理论，我们认为现代汉语通感式复合词中的典型成员是那些既具有具体感觉语义域，也具有抽象语义域的复合词，这一般是对多义词而言的。对单义词而言，典型成员就是那些在语言层面属于具体感觉语义域，在言语层面又属于抽象语义域用例的复合词。非典型成员是那些均属于具体感觉语义域或抽象语义域的复合词。在实际语料中也发现在现代汉语共时层面均属于抽象语义域的复合词，在历时发展中曾经出现过在短语层属于具体感觉语义域的情况。均属于具体感觉语义域的复合词在当代网络语言中也有语义抽象化的倾向。因此，三类复合词组成了一个连续统，如图 6-1 所示。

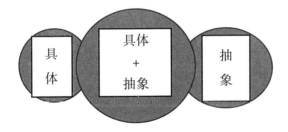

图 6-1　通感式复合词语义类型

由图 6-1 可知，通感式复合词的典型成员是兼属具体感觉语义域和抽象语义域的复合词，非典型成员是均属于具体感觉语义域或抽象语义域的复合词，典型成员与非典型成员之间有过渡带，三类复合词在不同历史阶段有相互转化的可能。

（三）语用因素影响复合词语义变化

通感式复合词的语义变化除了受语言内部因素的影响，还受语用因素的影响。我们选取的语料主要是当代小说语料库，这些小说口语性强弱不同，比如王朔的小说一般口语性较强，余秋雨的文章则口语性较弱。这就会导致语言层面的书语词、古语词和方言词在语料库中用例较少，有些复合词的义项在语料库中基本无用例。文学作品的表达方式一般比较含蓄，在语料中出现的很多句子都需要结合上下文来分析，而不能单纯从句子层面出发。试看下例：

①水山感情沉重地问。（冯德英《迎春花》）
②梁波用沉重的声调说。（吴强《红日》）
③俞山松沉重地说。（刘绍棠《运河的桨声》）

例①和例②的"沉重"分别与"感情"和"声调"搭配，分别表情绪义和听觉义。在语言层面"沉重"是一个多义通感式复合词，分别表程度义和情绪义，程度义作为一种抽象义，既可以是具体感觉的程度，也可以是抽象的程度。因此，主要根据与其搭配的名词所属语义域的不同，判断其所属的语义域。在例③中与"沉重"搭配的名词从语义上看不够凸显，可以结合上下文理解为"情绪的沉重"，属于情绪域。

由此可见，语料的选择和分析对于通感式复合词的语义变化起着重要的作用。对言语层面的通感式复合词进行语义分析，有助于发现复合词如何从隐性的语义特征变成显性的语义特征。在言语层面的复合词语义变化是复合词的语用义，或者称为复合词的义位变体。

第三节　通感式复合词的语法功能

通感式复合词的语义差别不仅体现在词汇搭配层面，也体现在句法层面。前面的章节主要从复合词的语义特征和与其搭配成分的语义分析通感式复合词的语义变化，本节将从句法层面分析通感式复合词的语法功能。

一、通感式复合词主要语法功能

大多数通感式复合词是形容词，个别词的个别义项属于其他词类。莫彭龄和单青（1985）通过对部分现代汉语书面语材料的调查，得出了现代汉语三大类实词具有句法功能的稳定性、区别性和复杂性的结论。其中形容词在句中可以充当主语、谓语、宾语、定语、状语和补语，按照各种句法功能出现的频率排序如下：定语＞谓语＞状语＞宾语＞补语＞主语。其中充当定语和谓语的频率分别是42%和26.6%，是形容词的主要句法功能，充当其他成分的功能是次要功能。莫彭龄和单青的研究只是笼统地从三大类实词入手，探讨其句法功能，并没有涉及形容词内部的再分类，而且所选用的语料以书面语语料为主。胡明扬在探讨形容词的句法功能时，补充了口语材料和书面语材料，通过对两种不同性质语料的调查分析，得出如下结论："形容词在口语材料中主要用作谓语，在书面语材料中主要用作定语，在混合材料中用作定语的机会略多于谓语。"① 沈家煊（1999）运用标记理论分析形容词和句法功能之间的标记模式。他认为性质形容词充当定语和状态形容词充当谓语都是无标记的。他的研究相比以往的研究更加深入，所选用的语料也兼顾口语和书面语。郭锐从词频入手探讨词频与词功能的相关性，他认为："形容词作定语的能力随词频的下降而显著下降，作谓语的能力随词频下降反而上升。"② 也就是说形容词充当谓语是主要功能，充当定语是兼职功能。他认为过去提出的形容词绝大多数能作定语是根据常用形容词得出的结论。我们认为前人对形容词的研究之所以存在截然不同的结论，主要是因为研究时所选取的语料范围和规模不同，研究方法不同导致的。虽然前人的研究都有可取之处，但是所涉及的形容词范围较大，得出的结论虽有合理性却又不尽如人意。我们从通感式复合词的语义入手，分析其语法功能。首先把通感式复合词分为单义和多义两类，然后分别考察不同类型或不同义项的通感式复合词的语法功能，进而分析其语法功能与语义之间的关系。

　　根据《现代汉语词典》释义将114个通感式复合词分为单义词71个和多义词43个，主要以华中师范大学当代小说语料库作为语料来源。为了更直观地反映通感式复合词在句法功能上的差异，随机抽取71个单义词中每一个复

---

① 胡明扬. 现代汉语词类问题考察［J］. 中国语文，1995（5）：381—389.
② 郭锐. 词频与词的功能的相关性［J］. 语文研究，2001（3）：1—9.

合词所在的句子 50 条，不足 50 条句子的再从北京大学 CCL 小说语料库中随机抽取，如果 CCL 小说语料库中也不足 50 条，则以实际出现的句子为语料。随机抽取 43 个多义词每一个义项所在的句子 20 条，不足 20 条句子的再从北京大学 CCL 小说语料库中随机抽取，如果 CCL 小说语料库中也不足 20 条，则以实际出现的句子为语料。通过分析不同类型通感式复合词在句子中的句法表现，总结复合词语法功能与语义之间的关系。

在统计时不区分通感式复合词是否有标记，所谓有标记主要包括复合词作定语时后加"的"，作谓语时受程度副词修饰等。根据前人研究的成果，形容词的主要语法功能是充当定语和谓语，充当主语、宾语、状语和补语的情况较少。因此，主要统计通感式复合词充当定语和谓语的情况。

（一）单义通感式复合词

单义通感式复合词按照语义是否属于感觉范畴，分为感觉类通感式复合词和抽象类通感式复合词。其中感觉类通感式复合词分为视觉类、肤觉类、听觉类、嗅觉类和两属类。抽象类通感式复合词分为言辞类、品质类、程度类、环境类、知识类、态度类、情感类、评价类、事件类、经济类、感官类和等级类。单义通感式复合词主要语法功能分类情况见表 6-7。

表 6-7　单义通感式复合词主要语法功能分类情况

单位：个

类型	定语和谓语用法基本持平		定语用法居多		谓语用法居多	
	词数（所占百分比）	例词	词数（所占百分比）	例词	词数（所占百分比）	例词
视觉类	4（22%）	柔细、灰暗	11（61%）	长圆、昏黄	3（17%）	昏黑、苍润
肤觉类	3（25%）	细嫩、高燥	5（42%）	滑腻、高寒	4（33%）	光润、清凉
听觉类	1（33%）	响亮	2（67%）	脆亮、清亮₁		
嗅觉类	1（100%）	清馨				
两属类			5（50%）	青涩、纤柔	5（50%）	平静、甜润

续表

类型	定语和谓语用法基本持平		定语用法居多		谓语用法居多	
	词数（所占百分比）	例词	词数（所占百分比）	例词	词数（所占百分比）	例词
言辞类	2（67%）	尖酸、晦涩			1（33%）	直白
品质类			2（50%）	坚苦、温厚	2（50%）	圆滑、温柔
程度类			3（75%）	轻淡、轻微	1（25%）	深重
环境类			2（50%）	冷寂、清寂	2（50%）	清静、冷清
知识类	1（33%）	浅明	1（33%）	粗浅	1（33%）	浅白
态度类	1（100%）	轻薄				
情感类			1（100%）	热辣		
评价类			1（100%）	鲜嫩		
事件类			1（100%）	明细		
经济类					3（100%）	寒苦、清苦
感官类					1（100%）	酸软
等级类					1（100%）	平淡
总计	13（18%）		34（48%）		24（34%）	

由表 6-7 可知，单义通感式复合词中作定语和谓语的用法基本持平的词有 13 个，占单义通感式复合词总数的 18%；作定语的用法多于作谓语的用法的词有 34 个，占单义通感式复合词总数的 48%；作谓语的用法多于作定语的用法的词有 24 个，占该类复合词总数的 34%。也就是说单义通感式复合词的主要语法功能是充当定语，其次才是充当谓语。其中感觉类通感式复合词中的视觉类、肤觉类和听觉类复合词以及抽象类通感式复合词中的程度类、情感类、评价类和事件类复合词符合这一规律。这主要是由两方面的原因决定的，一方面是因为视觉类和肤觉类通感式复合词中有较多的状态形容词和区别词，一般来说，状态形容词加"的"以后作定语，区别词只能出现在名词前作定语。视觉类中的大量颜色类复合词是状态形容词，经常充当名

词"色"的定语，如"大红色""明黄色"等。另一方面，复合词的主要语法功能也受其内部语素语法功能的影响。比如语素"润"的本义是"滋润，使不干枯"，从语法功能上来说是动语素，主要充当谓语，因此凡是由语素"润"组成的通感式复合词在句中一般多充当谓语，如"苍润、光润、圆润"等。

（二）多义通感式复合词

多义通感式复合词具有两个或两个以上的义项，不同义项往往属于不同的语义范畴。按照多义通感式复合词的本义，将其归入不同的语义类。语义类的分类情况与单义通感式复合词的分类情况基本相同。多义通感式复合词不同于单义通感式复合词的一点主要是兼类问题，即多义通感式复合词的不同义项分属不同的词类。首先排除那些主要语法功能不是谓语和定语的词。如"细软"和"平白"，"细软"有两个义项[①]，词性分别是形容词和名词，"细软"在实际语料中主要充当主语、宾语，也就是说"细软"多以名词的用法进入语言交际，作形容词的用法较少。"平白"的两个义项词性不同，分别是副词和形容词，在实际语料中"平白"的主要语法功能是作状语，也就是说在语言交际中"平白"多为副词，而不是形容词。接下来排除那些语法功能较为分散，无法凸显主要语法功能的词，如"热闹"和"明白"，"热闹"有三个义项，其词性分别是形容词、动词和名词，在实际语料中"热闹"充当谓语、定语和主语、宾语的用法基本持平，也就是说"热闹"作动词和名词的用法和作形容词的用法基本一致；"明白"有四个义项，前三个义项的词性是形容词，分别充当补语、状语和定语，第四个义项的词性是动词，主要充当谓语，各义项在实际语料中充当补语、状语、定语和谓语的用法基本持平，定语和谓语对于"明白"来说并不是主要语法功能，故排除之。39个多义通感式复合词的主要语法功能分类情况见表6-8。

---

① 我们主要以《现代汉语词典》（第6版）作为词语的释义来源。

表6-8　多义通感式复合词主要语法功能分类情况

单位：个

类型	各义项均为定语用法多		各义项均为谓语用法多		各义项中有的定语用法多，有的谓语用法多	
	词数（所占百分比）	例词	词数（所占百分比）	例词	词数（所占百分比）	例词
视觉类	6（40%）	黯黑、粗大	2（13%）	暗淡、淡薄	7（47%）	干瘪、光鲜
肤觉类	4（67%）	细腻、厚重			2（33%）	清寒、清冷
听觉类			1（25%）	沉寂	3（75%）	沉静、清脆
味觉类	1（50%）	苦涩	1（50%）	香甜		
两属类			1（50%）	明锐	1（50%）	清淡
知识类			1（100%）	高明		
品质类			2（100%）	清白、清高		
质地类			1（100%）	寒素		
经济类			2（100%）	寒酸、大方		
程度类					1（100%）	沉重
环境类	1（33%）	苍凉	2（67%）	冷静、冷淡		
总计	12（31%）		13（33%）		14（36%）	

由表6-8可知，多义通感式复合词的不同义项均为定语用法的比例略低于谓语用法，不同义项属于不同语法功能的比例最大。其中属于不同语法功能的义项一般遵循如下规律。两个或两个以上义项中属于具体感觉义的义项一般定语用法多，属于抽象义的义项一般谓语用法多。如果两个或两个以上义项均为抽象义，那么属于客观抽象义的义项定语用法多，属于主观抽象义的义项谓语用法多。排除两义项属于不同语法功能的词，一般来说，属于具体感觉域的复合词各义项定语用法多，属于抽象语义域的复合词各义项谓语用法多。一方面是因为属于具体感觉域的复合词多为状态形容词，状态形容词加"的"可直接作定语；另一方面是因为属于抽象语义域的复合词多为性

质形容词，性质形容词和不及物动词之间存在过渡状态，二者之间形成连续统，不及物动词的主要语法功能是充当谓语，因此，连续统中的性质形容词充当谓语的用法也较多。

二、通感式复合词基本语义特征与语法功能的关系

崔永华（1982）论述了性质形容词的褒、贬义与分布之间的密切联系。也就是说，形容词的附属语义特征能够在一定程度上影响其句法功能。形容词的基本语义特征是否也会影响其语法功能是本节讨论的重点。通感式复合词的基本语义特征主要包括有生性和无生性，自主性和非自主性。王珏认为只有有生形容词才可以区分可控和非可控，可控形容词包括自主形容词和非自主形容词，也就是说有生形容词才有自主和非自主的区分，无生形容词和共相形容词无此区分。① 因此，主要从形容词的【±有生性】这一语义特征入手分析其句法表现。通过分析不同类型通感式复合词在句子中的句法表现，总结复合词基本语义特征与语法功能之间的关系。

本章第一节根据形容词的【±有生性】这一语义特征将复合词分为有生性、无生性和共相通感式复合词，并对75个单义通感式复合词②和39个多义通感式复合词的不同义项分别进行了归类。下面将分别考察这些具有【±有生性】的通感式复合词的主要语法功能。

（一）单义通感式复合词

单义通感式复合词中包括有生形容词23个、无生形容词46个和共相形容词6个，其主要语法功能见表6-9。

---

① 王珏.汉语生命范畴初论［M］.上海：华东师范大学出版社，2004：317.
② 114个通感复合词中有71个单义通感式复合词，其中高明1、平白2、热闹1和细软1的词性非形容词。因为这里的【±有生性】是针对形容词说的，所以只选取以上四个词的形容词义项，将其归入单义词。

表 6-9　单义通感式复合词基本语义特征和语法功能对照情况

单位：个

类型	有生形容词		无生形容词		共相形容词	
	词数（所占百分比）	例词	词数（所占百分比）	例词	词数（所占百分比）	例词
定语和谓语用法基本持平	5（22%）	尖酸、轻薄	9（19%）	高燥、响亮	1（17%）	光滑
定语用法居多	7（30%）	滑腻、坚苦	27（59%）	高寒、冷寂	1（17%）	白嫩
谓语用法居多	11（48%）	光润、红润	10（22%）	清静、甜润	4（66%）	白润、平滑

由表 6-9 可知，单义有生形容词和共相形容词的主要语法功能都是充当谓语，单义无生形容词的主要语法功能是充当定语。这主要是因为有生形容词是反映人或动植物性质或状态的词，多表抽象义，这与上文研究中证明的"属于抽象语义域的复合词谓语用法多"的结论不谋而合。无生形容词表无生命体的性质或状态，多表具体感觉义，其中又以状态形容词居多，状态形容词加"的"多作定语。共相形容词既可以表示生命体，又可以表示无生命体的性质或状态，均为表具体感觉义的性质形容词。

（二）多义通感式复合词

39 个多义通感式复合词共有义项数 93 个，在从当代小说语料库中搜索含有这 39 个词的语料时发现，个别词的个别义项用例较少或未出现，或者是虽然有含有这个义项的用例，但是其主要语法功能不是充当谓语或定语，对这样的义项予以排除。排除的义项分别是：沉寂②、苦寒②、明锐②、清亮₂②、清亮₂③、明白①、明白②。按照复合词义项的【±有生性】将 86 个义项分为三类，分别是有生性义项 34 个，无生性义项 51 个，共相义项 1 个。其主要语法功能见表 6-10。

表 6-10 多义通感式复合词各义项基本语义特征和语法功能对照情况

单位：个

类型	有生性义项		无生性义项		共相义项	
	义项数（所占百分比）	例词	义项数（所占百分比）	例词	义项数（所占百分比）	例词
定语和谓语用法基本持平	7（21%）	苍凉2、苦涩2、	10（20%）	苦涩1、冷静1、	1（100%）	细腻1
定语用法居多	8（23%）	粗大1、干瘪1、	24（47%）	苍凉1、沉静1、		
谓语用法居多	19（56%）	沉静2、沉重2、	17（33%）	沉寂1、干瘪2		

由表 6-10 可知，多义通感式复合词的有生性义项的主要语法功能是充当谓语，无生性义项的主要语法功能是充当定语，共相义项充当定语和谓语的用法基本持平。与表 6-9 相比，有生性形容词（义项）充当谓语的比例提高了 8 个百分点，无生性形容词（义项）充当定语的比例下降了 12 个百分点。说明多义通感式复合词中表抽象义的词（义项）多于单义通感式复合词，表具体感觉义的词（义项）少于单义通感式复合词。由此可见，不管是单义通感式复合词，还是多义通感式复合词，其中含【+有生性】语义特征的词主要语法功能是充当谓语；含【−有生性】语义特征的词主要语法功能是充当定语。

三、通感式复合词构成的连续统

认知语言学的原型范畴理论是在对经典范畴理论批判地继承的基础上发展而来的。其核心观点主要包括：范畴边界的模糊性，范畴内部成员之间具有家族相似性，成员地位不平等。用原型范畴理论来考察通感式复合词的内部成员，我们发现通感式复合词内部成员之间的地位并不平等。在语法上的主要表现就是不同复合词词性不同，充当的主要句法成分也不相同。71 个单义通感式复合词中有性质形容词、状态形容词和区别词，43 个多义通感式复合词的个别义项有名词性、动词性和副词性的区别。现代汉语通感式复合词的内部成员之间存在一个连续统，按照复合词词性的不同，连续统可表述如下：名词—区别词—状态形容词—性质形容词—动词。在这个连续统中相邻的两类词之间存在过渡地带，过渡地带的词兼具两类词的属性。下面以广义通感式复合词"明白"为例加以说明。"明白"由光线类形语素"明"和颜色类形语素"白"组成，属于视觉范畴内部的广义通感式复合词。"明白"可以受程度副词"很"修饰，重叠形式为 AABB，可以直接作定语修饰名词，是性质形容词，同时也可以直接作谓语，在特定语境中重叠形式也可以为 ABAB，也就是说"明白"处于性质形容词和动词的过渡地带。

张国宪（2000）试图从现代汉语形容词的典型特征来分析形容词的词类地位，其中涉及形容词内部的连续统：名词—性质形容词—状态形容词—变化形容词—动词，这一连续统主要是从形容词的量性特征来分析的。从表面上看该连续统与我们归纳的连续统似有区别，这主要是因为：一方面，张国宪的研究针对所有形容词，其中典型的性质形容词是单音节词，而本研究只针对双音节的通感式复合词，"双音形容词正处于从性质形容词逐渐转化为状态形容词的过程之中"[①]，也就是说有些双音词既具有性质形容词的特征，又具有状态形容词的特征；另一方面，张国宪在统计的时候主要依据沈家煊的标记理论，严格区分有标和无标，而我们的统计不区分是否有标，只是看该复合词在句子中所充当的句法成分。因此，我们是基于语言实际而得出的结论，这符合通感式复合词的发展规律。

在这里需要补充说明的一点是，通感式复合词大多为形容词，一般多处于连续统的中段，即从区别词到性质形容词之间。个别词会处于名词和区别词或性质形容词和动词之间的过渡地带。当复合词处于名词和区别词之间的过渡地带时，复合词就会既具有区别词的主要语法功能，也具有名词的主要语法功能，如作定语或作主语、宾语。这更多的是一种语言交际中的语用表

① 朱德熙. 现代汉语形容词研究［J］. 语言研究，1956（1）：85.

现。多义通感式复合词不同义项词性不同，主要是词汇化的结果，与上述情况不同。如"细软"在《现代汉语词典》中有两个义项，一个是形容词，另一个是名词，其中名词用法居多。从形容词到名词是转喻的结果，因此，不能说"细软"处于状态形容词和名词的过渡地带。

第四节　本章小结

本章从言语层面对通感式复合词的语义问题进行全面描写。内容主要包括以下三个方面：第一，运用广义和狭义相结合的标准对通感式复合词的语义特征进行描写；第二，通过确立语义域分析通感式复合词的语义搭配以及语义变化的原因；第三，借助语料分析通感式复合词在句法层面的表现，得出通感式复合词的基本语义特征与语法功能之间关系密切的结论。

所谓言语层面的通感式复合词，主要是以现代汉语的典型语料为依据，分析通感式复合词的语义系统和语义变化。通感式复合词的语义特征是其语义搭配的基础，也与其语法功能有密切的关系。通感式复合词的语义特征主要包括基本语义特征和附属语义特征。其中基本语义特征主要包括【±有生】义和【±自主】义，以此为标准可以分别把通感式复合词分为有生形容词、无生形容词和共相形容词，以及自主形容词和非自主形容词。附属语义特征主要包括情态语义特征、形象语义特征、语体语义特征、地域语义特征和语域语义特征。这些附属语义特征在通感式复合词中都有不同的表现。

通感式复合词的语义搭配，主要是根据通感式复合词的附属性，考察其在词汇搭配层面的语义系统和语义变化。根据通感式复合词的语义，可以将其归入不同的语义类。不同语义类的通感式复合词在语言的实际使用中往往会出现语义变化，即从其所属的某一语义域迁移至另一语义域，这种变化可以从与通感式复合词搭配的名词所属语义域的变化体现出来。语义域是在综合义域和认知域概念的基础上提出的，我们主要通过与通感式复合词搭配的名词所属的语义域，来分析通感式复合词的语义变化。通感式复合词在言语中产生的实际语义是语义变体。

通感式复合词的主要语法功能是充当谓语和定语。通过对语料的调查发现，单义通感式复合词的主要语法功能是充当定语，其次才是充当谓语。多义通感式复合词中属于具体感觉域的复合词各义项定语用法多，属于抽象域的复合词各义项谓语用法多。通感式复合词的基本语义特征与其语法功能之间有密切的关系，其中有生形容词（义项）的主要语法功能是充当谓语，无生形容词（义项）的主要语法功能是充当定语。这主要是由形容词的语义特点决定的。通感式复合词中的各成员地位并不平等，按照词性划分，它们处于名词—区别词—状态形容词—性质形容词—动词的连续统中。

第七章
通感式复合词语义引申规律

　　现代汉语通感式复合词由两个本义或基本义来自不同感觉域的形语素组合而成，复合词词义与其内部语素义关系十分密切。第五章和第六章分别探讨了语言层面和言语层面通感式复合词的语义，发现属于不同语义域的通感式复合词在语言的交际过程中会发生与语言层面不同的语义变化。基于此，我们主要从复合词内部语素分析从语素所在的具体感觉域到复合词词义发生了何种语义引申，如果是通感引申，即从一种具体感觉域到另一种具体感觉域的语义引申，就分析其通感引申规律。如果是抽象引申，即从具体感觉域到抽象语义域的语义引申，就分析其抽象引申规律。相对来说，复合词内部语素所在的具体感觉域较易判断，只要从语素的本义或基本义入手，分析其所属的具体感觉域即可。复合词词义所属的语义域分为语言层面静态的语义域和言语层面动态的语义域两种，在分析时要结合第五章和第六章的统计结果，把两个层面通感式复合词所属的语义域都统计进来，在统计时要排除复合词在短语阶段所属的语义域。

第一节 通感引申

一、通感引申的层次

（一）单义复合词的通感引申

单义复合词的通感引申分为形式上的通感引申和实质上的通感引申两个不同层面。所谓形式上的通感引申主要是从复合词内部两语素之间的关系来说的，实质上的通感引申主要是从复合词内部语素义和复合词词义之间的关系来说的。

通感式复合词由两个本义或基本义来自不同感觉域的形语素组成，语素之间通过不同结构关系组成复合词，在组成复合词的过程中两语素之间具有形式上的通感引申关系，复合词中的某一个语素义或两个语素义和词义之间具有实质上的通感引申关系。下面以"响亮"为例加以说明，复合词"响亮"由语素"响"和"亮"组成，其中语素"响"的本义是声音，基本义是声音大，来自听觉域；语素"亮"的本义是光线充足，来自视觉域。来自不同感觉域的语素"响"和"亮"组成通感式复合词"响亮"，"响亮"的意思是（声音）洪大，属于听觉域。语素"响"直接以基本义入词，语素"亮"在入词时发生了从视觉域向听觉域的通感引申，即从语素本义到复合词词义的通感引申。也就是说，来自两个不同感觉域的语素之间具有表面形式上的通感引申关系，实际则是从复合词内部语素义到复合词词义的通感引申，即实质上的通感引申。

（二）多义复合词各义项之间的通感引申

多义通感式复合词除了像单义通感式复合词一样具有复合词内部的通感引

申关系外，其各义项之间也具有通感引申关系。如"粗大"在《现代汉语词典》中的释义是：①（人体、物体）粗；②（声音）大。义项 ① 属于视觉域，义项 ② 属于听觉域，两个义项之间存在通感引申关系。大多数多义通感式复合词各义项之间主要是抽象引申关系，各义项间发生通感引申的多义复合词数量较少。

（三）复合词在句中的通感引申

通感式复合词在语言层面具有相对固定的词义，在言语交际过程中会发生一定程度的语义变化，产生语义变体。复合词从语言层面所属的固定感觉语义域到言语层面属于另一个感觉语义域的语义变化也是通感引申。下面分别以单义通感式复合词和多义通感式复合词为例加以说明。"柔细"在《现代汉语词典》中的释义是"柔和而细"，它既可以与形态类名词搭配，表视觉义，又可以与声音类名词搭配，表听觉义，在言语层面形成通感。"苦涩"在《现代汉语词典》中的释义是：①（味道）又苦又涩；②形容内心痛苦。两义项之间是抽象引申关系。在实际语料中，"苦涩"既可以修饰味觉类名词，又可以修饰嗅觉类名词。也就是说"苦涩"在言语层面不仅发生了抽象引申，而且还发生了从味觉域到嗅觉域的通感引申。

综上所述，通感式复合词在语言的不同层面都发生了通感引申。为了分析的方便，我们把通感式复合词从内部语素义到复合词词义的通感引申作为统计材料，其中复合词词义既包括在语言层面的固定语义，又包括在言语层面的语义变体。这样就可以在前两章研究的基础上对通感式复合词的通感引申规律进行较全面的统计和分析。

二、通感引申的规律

（一）基本数据统计

在统计通感式复合词通感引申规律之前要明确统计的基本步骤。首先分析单义通感式复合词在语言层面和言语层面的通感引申规律，然后分析多义通感式复合词在语言层面和言语层面的通感引申规律。在统计时以复合词内部两语素本义或基本义所属的感觉域为源域，以复合词词义在语言层面和言语层面所属的感觉域为目标域。如果复合词内的语素义不存在兼属情况，则以语素基本义所属的感觉域为源域，如果复合词内的语素义存在兼属情况，则以语素本义所属的感觉域为源域。

114 个通感式复合词中有 22 个广义通感式复合词的词义在语言层面和言语层面均为两个语素所属语义域的上级感觉域，也就是说，词义所属的感觉域与语素义所属的感觉域之间存在属种关系，无法构成通感引申，因此予以排除。我们对 92 个通感式复合词的通感引申方向进行统计，统计结果见表 7-1。

表 7-1 通感式复合词通感引申方向

通感方向	数量（个）	通感方向	数量（个）	通感方向	数量（个）	通感方向	数量（个）
视→听	23	肤→视	22	味→视	5	嗅→视	0
视→肤	20	肤→听	17	味→听	3	嗅→听	0
视→味	5	肤→味	5	味→肤	3	嗅→肤	1
视→嗅	7	肤→嗅	5	味→嗅	3	嗅→味	1

从表 7-1 可知，除了听觉外其他四种感觉都会向其他感觉域发生通感引申，其中又以视觉和肤觉之间的通感引申，以及视觉向听觉的引申和肤觉向听觉的引申居多。嗅觉作为源域，只向肤觉和味觉发生通感引申，没有向视觉和听觉的通感引申。一方面是因为语料中表肤觉和视觉的语素较多，表听觉和嗅觉的语素较少，通感引申的源域数量与语素数量成正比；另一方面可以从心理学对感觉的分类加以解释，按照感觉的重要性可以将其分为视觉、听觉和其他感觉，其他感觉包括皮肤感觉、嗅觉和味觉，还有内部感觉。[1]其中视觉是人类最重要的一种感觉，在人类获得的外界信息中，80% 来自视觉。肤觉和味觉都是人体相应器官与物体或物质直接接触而产生的感觉。听觉和嗅觉的产生是人体相应器官与物体间接接触而产生的，与肤觉和味觉相

---

[1] 彭聃龄主编.普通心理学（修订版）[M].北京：北京师范大学出版社，2007：80.

比具有不稳定性。

根据表 7-1 的内容可以得出表 7-2，表 7-2 反映了五种具体感觉作为源域和目标域的情况。其中视觉是最大的源域，听觉是最大的目标域。

表 7-2　五种感觉作为源域和目标域的分布情况

类型	视觉	听觉	肤觉	味觉	嗅觉
源域	55 个	0 个	49 个	14 个	2 个
目标域	27 个	43 个	24 个	11 个	15 个

侯博（2008）首次把统计学中的单、双因素方差分析运用到对汉语通感引申机制的定量研究上。他通过对通感词的定量统计得出如下结论：通感词的源域和目标域均对通感机制产生影响，其中目标域的影响更大。在单因素方差分析中，听觉域作为通感词目标域的可能性最大，其余感官作为目标域的可能性依次降低。运用统计学中的单、双因素方差分析法能够较清晰地反映出通感词的源域和目标域对通感机制的影响，也可以更加直观地反映出五种感觉域在通感引申中的地位和作用。因此，我们借鉴侯博（2008）的量化统计法，从通感式复合词在语言和言语层面的语义表现，分析从复合词内部语素所在感觉域到复合词所在感觉域的通感引申规律。

1. 双因素方差分析

方差分析法是 1918 年由 R.A.Fisher 首次引入的，是一种检验两个以上方差的正态总体均值之间是否存在差异的统计方法。它是对多种效应同时作用的测量数据进行分析，判定各种因素对研究对象的特定指标影响大小的方法。方差分析以测量数据为基础，而数据通常由试验获得。在试验中，将要考察的研究对象的特定指标称为试验指标，影响试验指标的条件称为因素，因素所处的状态称为水平。[①] 若试验中只有一个因素在变化，而其他因素保持不变，对试验结果所做的这种方差分析称为单因素方差分析。若试验中同时有多个因素在变化，此时进行的方差分析称为多因素方差分析。[②] 通感式

---

① 刘文安主编.概率论与数理统计［M］.北京：高等教育出版社，2011：252.

② 刘文安主编.概率论与数理统计［M］.北京：高等教育出版社，2011：252.

复合词的通感引申中主要涉及源域和目标域两个因素，因此，首先要对通感式复合词做双因素方差分析，从数据中分析出源域和目标域两个因素哪个对通感式复合词的影响较大。为了保证数据分析的准确性，在分析时主要用 Excel 数据中的数据分析功能进行无重复双因素方差分析和单因素方差分析。

在进行方差分析之前，先要把表 7–1 转换为方差分析表，即表 7–3。

表 7–3　方差分析

目标域 t / 源域 s	视觉	听觉	肤觉	味觉	嗅觉
视觉		23	20	5	7
听觉	0		0	0	0
肤觉	22	17		5	5
味觉	5	3	3		3
嗅觉	0	0	1	1	

表 7–3 中以听觉为源域的第二行和以嗅觉为源域的第一列和第二列数据为 0，说明在目前搜集到的语料中没有以听觉为源域的例子，也没有以嗅觉为源域、视觉和听觉为目标域的例子。表 7–3 是分别以五种感觉域为源域和目标域组成的正方形矩阵，它的对角线分别是五种感觉内部的互通，无法构成通感，因此没有数据存在。为了计算的方便，把该对角线中的数据记为 0。通过 Excel 的数据分析功能，得到了无重复双因素方差分析的相关数据（见表 7–4），同时，还需要参照无重复试验的双因素方差分析表（见表 7–5）。

表 7–4　无重复双因素方差分析结果统计

差异源	SS	df	MS	F	P–value	F crit
行	549.2	4	137.3	3.482562	0.031501	3.006917
列	124	4	31	0.786303	0.550668	3.006917
误差	630.8	16	39.425			
总计	1304	24				

表 7-5　无重复试验的双因素方差分析 [①]

偏差	平方和	自由度	均方	F 比
因素 A	S_A	$r-1$	$MS_A=\dfrac{S_A}{r-1}$	$FA=\dfrac{MS_A}{MS_E}$
因素 B	S_B	$s-1$	$MS_B=\dfrac{S_B}{s-1}$	$FB=\dfrac{MS_B}{MS_E}$
误差	S_E	$(r-1)(s-1)$	$MS_E=\dfrac{S_E}{(r-1)(s-1)}$	—
总和	S_T	$n-1$	—	—

从表 7-4 和表 7-5 的对比可知，表 7-5 对应于表 7-4 的前五列。其中表 7-4 第一列的"差异源"即"偏差"，行是源域即因素 A 的数据，列是目标域即因素 B 的数据，因素 A 和因素 B 统称为组间差，误差是组内差。第二列"平方和"与第三列"自由度"均具有加合性，即组间差与组内差之和是总和。第四列"均方"是"平方和"与"自由度"的比值。第五列 F 比是组间两因素均方与组内均方的比值，F 比是衡量源域和目标域两因素的重要条件。第六列 P 值是假定值，是一种在原假设为真的前提下出现观察样本以及更极端情况的概率。一般用 X 表示检验的统计量，当 H0 为真时，可由样本数据计算出该统计量的值 C，根据检验统计量 X 的具体分布，可求出 P 值。在分析统计数据时，P 值一般和规定的显著性水平进行比较。第七列 F 值是固定的数值，一般是在显著性水平为 0.05 的情况下查表所得，这里 $F_{0.05}(4,16)=3.01$。

从表 7-4 的数据可知，源域的 F 比 >F 值，P 值 <0.05；目标域的 F 比 <F 值，P 值 >0.05。由此可见，通感式复合词的源域对通感机制有显著影响，目标域对通感机制没有显著影响。也就是说，通感式复合词内部语素所在的感觉域对通感式复合词整体语义的形成有一定作用，需要从复合词内部语素分析其通感引申的规律。

① 刘文安主编.概率论与数理统计［M］.北京：高等教育出版社，2011：267.

2. 单因素方差分析

按照表 7-4 的数据显示源域对通感机制有显著影响，下面只需要从源域入手，分析其内部五种感觉哪一种作为源域的可能性最大，哪一种作为源域的可能性最小。通过 Excel 的数据分析功能得到了单因素方差分析的相关数据，见表 7-6。

表 7-6　单因素方差分析结果统计表

差异源	SS	df	MS	F	P-value	F crit
组间	686.5	4	171.625	5.436906	0.006561	3.055568
组内	473.5	15	31.56667			
总计	1160	19				

从表 7-6 可知，F 比 >F 值，P 值 <0.05，说明源域对通感机制有显著影响。下面先计算出 LSD 值，再来比较源域五种感觉之间的 LSD 与 LSD 值之间的差异。$LSD_{0.05}= MS_E \times (\frac{1}{n_1}+\frac{1}{n_2}) \times t_{0.05}$。这里 MS_E=31.56667，$n_1=n_2$=4，$t_{0.05}$ 是固定值，可以通过查表得出。$t_{0.05}$=2.1318。通过计算得出 $LSD_{0.05}$=8.4684。

表 7-7　通感式复合词源域各感觉的 LSD 比较

类型	$\overline{X}_i$	$\overline{X}_i-\overline{X}$ 听	$\overline{X}_i-\overline{X}$ 嗅	$\overline{X}_i-\overline{X}$ 味	$\overline{X}_i-\overline{X}$ 肤
X 视	13.75	*13.75	*13.25	*10.25	1.5
X 肤	12.25	*12.25	*11.75	*8.75	—
X 味	3.5	3.5	3	—	—
X 嗅	0.5	0.5	—	—	—
X 听	0	—	—	—	—

由表 7-7 可知，标 * 号的数据大于 LSD 值，表示以视觉为参照，视觉和肤觉之间无显著差异，听觉、嗅觉和味觉与视觉之间的差异逐渐加大。以肤觉为参照，听觉、嗅觉和味觉与肤觉之间的差异逐渐加大，即听觉 > 嗅觉 > 味觉 > 肤觉 / 视觉。而味觉、嗅觉、听觉之间并无显著差异。

表 7-4 的数据反映出源域对通感机制有显著影响，通感式复合词就是由

来自不同感觉域的语素组成的，这充分体现出各感觉类形语素在复合词中的作用和价值。由表 7-7 的数据得出听觉 > 嗅觉 > 味觉 > 肤觉 / 视觉的排序，反映出视觉作为源域的可能性最大，其他感觉作为源域的可能性依次降低。听觉作为目标域的可能性最大，其他感觉作为目标域的可能性依次降低。

（二）总结通感引申规律

在绪论部分已经介绍了国内外关于通感引申的研究，其中国外的研究大多从篇章来分析通感引申的机制，如乌尔曼（1964）、辛迪（1996）等。国内的研究大多借鉴国外研究的结论，用汉语实际语料来验证或补充说明汉语通感引申规律的特点，如於宁（1989，1992）、赵艳芳（2001）和徐莲（2004）等。本研究主要是基于现代汉语通感式复合词从语素义到词义的通感引申过程，在提取数据的基础上，借用统计学单、双因素方差分析的方法，得出汉语通感式复合词的通感引申规律：① 视觉是通感引申过程中最大的源域；② 听觉是通感引申过程中最大的目标域；③ 通感引申规律基本遵循视觉→肤觉→味觉→嗅觉→听觉的排列顺序，但是个别感觉之间存在双向引申关系，如视觉和肤觉之间存在大量的双向引申的例子；④ 各感觉作为通感引申源域的数量与感觉类形语素数量成正比，即含有形语素数量越多，成为最大源域的可能性就越大。本研究中视觉类形语素相对于其他感觉来说，其类型和数量都较多，因此视觉成为最大的源域。

现代汉语通感式复合词的通感引申规律可以从各感觉重要性的不同和可及性强弱两个方面来解释，其中又以感觉的重要性为主要决定因素。按照心理学对感觉的分类，感觉可以分为视、听、肤、味、嗅五类，其中视觉是人类最重要的感官，人类对外界信息的获得 80% 来自视觉，接下来是听觉，然后是其他感觉，其他感觉包括肤觉、味觉和嗅觉。正是因为视觉的重要性，人们为了表义的需要才会对视觉进行下位分类，如分为空间类、颜色类、光线类和形态类等，每一个小类中都有较多的成员，所以视觉才是最大的源域。可及性强弱指的是某种感觉的产生是否需要与物体直接接触，需要与物体直接接触的是可及性强的感觉，不需要与物体直接接触的是可及性弱的感觉。五种感觉中可及性强的是肤觉和味觉，可及性弱的是嗅觉、听觉和视觉。肤觉和味觉的产生需要感觉器官与物体直接接触，嗅觉、听觉和视觉的产生一般需要借助某种媒介物，如听觉的产生需要借助物体振动产生的声波，视觉的产生需要借助光波等。因此，肤觉是仅次于视觉的第二大源域。

三、通感引申的机制

通感式复合词的通感引申指的是从复合词内部语素义所在的感觉域向复合词词义所在感觉域的引申，即不同感觉域之间的引申。之所以会发生从一种感觉域向另一种感觉域的引申，主要是因为通感隐喻的作用。下面将从和概念隐喻的对比中分析通感隐喻的特点。

（一）源域和目标域之间的相似性

一般情况下，概念隐喻的源域表达具体事物，目标域表达抽象事物，源域和目标域之间具有相似性。通感隐喻的源域和目标域都是具体的感觉域，各感觉域之间有基于人体心理反应的相似性。正是基于各感觉域之间的相似性，通感隐喻才能在不同感觉域之间投射。我们选取的组成通感式复合词的语素主要是形语素，形语素从功能上来说具有程度性，一般来说，具有高程度性的语素多从其所属的具体感觉域向另一具体感觉域的高程度性语义发生通感引申；具有低程度性的语素多从其所属的具体感觉域向另一具体感觉域的低程度性语义发生通感引申。另外，概念隐喻的源域和目标域往往一个表达具体事物、一个表达抽象事物，而通感隐喻的源域和目标域都是具体感觉域，因此通感隐喻是一种非典型的隐喻。

（二）通感隐喻映射的方向性

概念隐喻多在相似性基础上发生从源域向目标域的投射，即一般情况下，概念隐喻的投射方向是单向性的。近年来的一些研究表明有些概念隐喻的投射方向是双向性的，隐喻就是源域和目标域互动的意义产生过程。① 也就是说单向性的概念隐喻是其典型成员，而双向性的概念隐喻是其非典型成员。通感隐喻中发生映射关系的源域和目标域都是具体感觉域，现有语料证明通感隐喻有一个大致的映射方向，即视觉一般是最大的源域，听觉是最大的目标域，但是也不排除个别感觉域之间的双向性投射。

（三）通感隐喻受语言和文化的影响

前人研究表明不同的语言在产生通感隐喻的过程中，往往会出现不同的通感引申规律。在研究通感引申规律时，立足于通感句和通感词会出现不同的结果。通感隐喻除了有内在的发展规律和动因，还受到外界文化因素的影响。相对来说，英语重形和而汉语重意和。以英语通感词为例，英语中的通感隐喻现象多以词组形式出现，即用某一个属于具体感觉域的词去修饰另一个属于另一具体感觉域的词。一般情况下，修饰词会发生从本义所属的感觉域向被修饰词语义所属感觉域的通感引申。汉语中除了有通感词，还有通感式复合词。单音节词的通感规律可以从与其搭配的其他词所属感觉域的性质加以判断，而通感式复合词的通感规律则相对较复杂。除了有从其内部语素所属感觉域向词义所属感觉域的通感引申，还有整个复合词在不同语境中的使用情况，搭配不同则所属感觉域不同，所属感觉域不同则通感引申情况不同。语言是文化的载体，虽然语言中的通感有生理学和心理学的基础，但是不同的文化、历史、政治、环境等因素也会促成通感引申规律在不同文化中的变化。比如，同样属于味觉域的词语"甜"，英语中的"sweet"可以和五种感觉相搭配，分别实现味觉向其他四种感觉的通感引申。而汉语中的"甜"除能表达味觉之外，只可以和听觉类、视觉类和嗅觉类词语搭配，分别实现味觉域向听觉域、视觉域和嗅觉域的通感引申。

① 殷融，苏得权，叶浩生.具身认知视角下的概念隐喻理论［J］. 心理科学进展，2013（2）：230.

第二节　抽象引申

一、抽象引申的层次

（一）外部层次

1. 单义复合词的抽象引申

单义复合词的抽象引申一般是从实质上来说的，即当通感式复合词具有形式上的通感引申时，其语义深层可能存在着抽象引申。所谓形式上的通感引申是从复合词内部两语素之间的关系来说的，实质上的抽象引申是从复合词内部语素义和复合词词义之间的关系来说的。

通感式复合词由两个本义或基本义来自不同感觉域的形语素组成，语素之间通过不同结构关系组成复合词，在组成复合词的过程中两语素之间具有形式上的通感引申关系，而复合词中的某一个语素义或两个语素义和词义之间具有实质上的抽象引申关系。下面以"寒苦"为例加以说明，复合词"寒苦"由温觉类形语素"寒"和味觉类形语素"苦"组成，来自不同感觉域的语素组成通感式复合词"寒苦"，"寒苦"的意思是贫穷困苦，属于抽象域中的经济域。语素"寒"和"苦"在入词时分别发生了从温觉域和味觉域向经济域的抽象引申，即从语素本义到复合词词义的抽象引申。也就是说，来自两个不同感觉域的语素之间具有表面形式上的通感引申关系，实际则是从复合词内部语素义到复合词词义的抽象引申。

2. 多义复合词各义项之间的抽象引申

多义通感式复合词除了像单义通感式复合词一样具有从语素本义到复合词词义的抽象引申关系外，其各义项之间也具有抽象引申关系。如"沉重"在《现代汉语词典》中的释义是：①分量大，程度深；②（心情）忧郁，不愉快。义项 ① 属于程度域，义项 ② 属于情绪域，两个义项之间存在抽象引申关系。大多数多义通感式复合词各义项之间主要是抽象引申关系，两个义项所属语义域的情况又分为两类：一类是两个义项均属于抽象语义域，如"沉重"等；另一类是两个义项中有一个属于抽象语义域，如"干瘪"等。

3. 复合词在句中的抽象引申

通感式复合词在语言层面具有相对固定的词义，在言语交际过程中会在一定程度上发生语义变化，产生语义变体。复合词从语言层面所属的感觉域或抽象域到言语层面所属的另一个抽象域的语义变化属于抽象引申。下面分别以单义通感式复合词和多义通感式复合词为例加以说明。"清凉"在《现代汉语词典》中的释义是"凉而使人感觉爽快"，在语言层面主要表温觉义，在实际语料中，"清凉"还可以与心理类名词和意识类名词搭配，表抽象的心理义和意识义，这属于抽象引申。"细腻"在《现代汉语词典》中的释义是：① 细致光滑；②（描写、表演等）细致入微。两义项之间是抽象引申关系。在实际语料中，"细腻"既可以修饰言辞类名词，表言辞义，又可以修饰情感类名词，表情感义。也就是说"细腻"在语言层面和言语层面都发生了抽象引申。

（二）内部层次

发生通感引申的复合词不管是在语言层面还是在言语层面，一般都只在五种具体感觉范畴之间发生引申关系。各感觉范畴之间具有不平衡性，因此发生通感引申的复合词一般只具有外部层次，而不像发生抽象引申的复合词那样具有内部层次。我们按照与通感式复合词搭配的名词所属语义域的不同，把通感式复合词所属的抽象语义域分为两类：一类是客观抽象语义域，如环境域、经济域、状态域等，这类语义域一般与人的活动无直接关系，通常反映事物的客观状况；另一类是主观抽象语义域，如心理域、情绪域、意识域等，这类语义域一般与人的活动密切相关，多反映人的内在心理状态。根据通感式复合词内部层次的不同，可以把抽象引申分为两类：一类是从具体感觉语义域向抽象语义域的引申；另一类是从客观抽象语义域向主观抽象语义域的引申。相对来说，第一类较为常见，因为它符合从具体到抽象的基本引申规律；第二类抽象引申的实质是从较抽象语义域向更抽象语义域的引申。

二、抽象引申的规律

在统计通感式复合词抽象引申规律之前要明确统计的基本步骤。首先分析单义通感式复合词在语言层面和言语层面的抽象引申规律，然后分析多义通感式复合词在语言层面和言语层面的抽象引申规律。在统计时以复合词内部两语素本义或基本义所属的感觉域为源域，以复合词词义在语言层面和言语层面所属的抽象语义域为目标域。如果复合词内的语素义不存在兼属情况，则以语素基本义所属的感觉域为源域。如果复合词内的语素义存在兼属情况，则以语素本义所属的感觉域为源域。114 个通感式复合词的引申方向见表 7-8。

表 7-8　通感式复合词抽象引申方向

单位：个

引申方向	数量	引申方向	数量	引申方向	数量	引申方向	数量	引申方向	数量
视觉—心理	17	肤觉—心理	8	味觉—经济	5	听觉—环境	7	嗅觉—环境	2
视觉—品质	13	肤觉—环境	8	味觉—情感	3	听觉—情绪	4	嗅觉—状态	1
视觉—状态	12	肤觉—经济	8	味觉—心理	2	听觉—心理	3	嗅觉—评价	1
视觉—言辞	11	肤觉—品质	7	味觉—言辞	2	听觉—称号	1	嗅觉—文化	1
视觉—经济	10	肤觉—状态	5	味觉—品质	1	听觉—意识	1		
视觉—环境	8	肤觉—言辞	5	味觉—程度	1	听觉—状态	1		
视觉—知识	8	肤觉—程度	4	味觉—感官	1				
视觉—政治	8	肤觉—态度	4	味觉—等级	1				
视觉—评价	7	肤觉—意识	3	味觉—政治	1				
视觉—态度	7	肤觉—评价	3	味觉—评价	1				
视觉—情绪	6	肤觉—质地	3	味觉—态度	1				
视觉—程度	5	肤觉—知识	2	味觉—环境	1				
视觉—意识	4	肤觉—情绪	2	味觉—状态	1				
视觉—际遇	3	肤觉—政治	1						
视觉—情感	2	肤觉—情感	1						
视觉—感官	2	肤觉—感官	1						

引申方向	数量	引申方向	数量	引申方向	数量	引申方向	数量	引申方向	数量
视觉—称号	1	肤觉—际遇	1						
视觉—文化	1								
视觉—等级	1								
视觉—质地	1								
总计	127		66		21		17		5

由表 7-8 可知，通感式复合词发生抽象引申时，视、听、肤、味、嗅五种具体感觉中视觉是最大的源域。按源域数量多少排序如下：视觉 > 肤觉 > 味觉 > 听觉 > 嗅觉，这与各感觉域语素数成正比，不同于发生通感引申时按源域数量多少的排序①。发生抽象引申的目标域均为抽象语义域，其中心理域是最大的目标域。心理域之所以成为最大的目标域，主要是因为视觉和肤觉作为最主要的源域，都以向心理域的引申居多。

表 7-8 显示出，以视觉为源域的抽象引申中，目标域中数量最多的是心理域；以肤觉为源域的抽象引申中，目标域中数量最多的是心理域、环境域和经济域；以味觉为源域的通感引申中，目标域中数量最多的是经济域；以听觉为源域的抽象引申中，目标域中数量最多的是环境域；以嗅觉为源域的抽象引申中，目标域中数量最多的是环境域。

表 7-8 主要是以源域为基础统计的结果，下面将以目标域为基础将表 7-8 转换为表 7-9。

表 7-9　通感式复合词抽象引申方向转换表

单位：个

引申方向	数量	引申方向	数量	引申方向	数量	引申方向	数量	引申方向	数量
视觉—环境	8	肤觉—环境	8	味觉—环境	1	听觉—环境	7	嗅觉—环境	2
视觉—状态	12	肤觉—状态	5	味觉—状态	1	听觉—状态	1	嗅觉—状态	1
视觉—心理	17	肤觉—心理	8	味觉—心理	2	听觉—心理	3		
视觉—评价	7	肤觉—评价	3	味觉—评价	1			嗅觉—评价	1

① 发生通感引申时，按照源域数量多少的排序如下：视觉 > 肤觉 > 味觉 > 嗅觉 > 听觉，其中听觉没有作为源域的例子。

续表

引申方向	数量	引申方向	数量	引申方向	数量	引申方向	数量	引申方向	数量
视觉—经济	10	肤觉—经济	8	味觉—经济	5				
视觉—品质	13	肤觉—品质	7	味觉—品质	1				
视觉—言辞	11	肤觉—言辞	5	味觉—言辞	2				
视觉—态度	7	肤觉—态度	4	味觉—态度	1				
视觉—程度	5	肤觉—程度	4	味觉—程度	1				
视觉—政治	8	肤觉—政治	1	味觉—政治	1				
视觉—情感	2	肤觉—情感	1	味觉—情感	3				
视觉—感官	2	肤觉—感官	1	味觉—感官	1				
视觉—情绪	6	肤觉—情绪	2			听觉—情绪	4		
视觉—意识	4	肤觉—意识	3			听觉—意识	1		
视觉—知识	8	肤觉—知识	2						
视觉—际遇	3	肤觉—际遇	1						
视觉—质地	1	肤觉—质地	3						
视觉—等级	1			味觉—等级	1				
视觉—称号	1					听觉—称号	1		
视觉—文化	1							嗅觉–文化	1

　　从表7-9可知，以五种感觉范畴为源域，以20个抽象语义范畴为目标域的抽象引申在不同的抽象语义范畴内发展极不平衡。除了评价范畴、情绪范畴和意识范畴较为特殊，其余各抽象语义范畴基本都遵循这样的规律，即其源域一般都来自视觉范畴和肤觉范畴，如果有第三种范畴就是味觉范畴，如果有第四种范畴就是听觉范畴，如果有第五种范畴就是嗅觉范畴。这一方面与各感觉范畴内部语素数量的不平衡性有关；另一方面也体现了各感觉之间重要性的差异。

三、抽象引申的机制

　　通感式复合词的抽象引申包括从具体感觉域向抽象语义域的引申和从较抽象语义域向更抽象语义域的引申，其中又以从具体感觉域向抽象语义域的引申居多。一般情况下，从具体向抽象的引申符合事物发展的规律。认知语言学认为从具体范畴向抽象范畴的映射是概念隐喻，隐喻不仅包括从具体范畴到抽象范畴的映射，还包括从较抽象范畴到更抽象范畴的映射。认知语言学相关研究表明隐喻是用具体的、简单的源域来表达和理解抽象的、复杂的目标域。隐喻在世界各种语言中普遍存在，具有类型学意义。通感式复合词抽象引申的机制主要是具身认知视角下的概念隐喻。

（一）具身认知的概念和基本特征

所谓"具身认知"指的是人的认知主要是基于人身体的物理属性、感觉运动系统体验等，而不是抽象的符号加工。人的心智是大脑、身体和环境互动的结果，三者构成一个一体化的系统。其中人类身体的感觉系统是认知的基础，人类通过了解自身的物理属性和感觉运动系统来体验对环境的认识和操控，人心智的产生主要源于人对自身的认识。

具身认知主要具有基础性、本质性、个体差异性和动态性。基础性主要体现在概念的产生基于主体的身体经验而形成，人类通过认识自身来认识世界。例如，人们只有首先感受到温觉域中"冷"的基本义，即一种使人感到温度低的感觉，才能够体会出态度域中"冷淡"给人心理上造成的一种抽象感觉。本质性指的是主体的身体经验构成了概念的内容，不管是属于具体感觉域的通感式复合词，还是属于抽象语义域的通感式复合词，它们都由感觉类形语素组成，这就意味着每一个通感式复合词都或多或少地与感觉类形语素产生一定的联系。有的是直接联系，如两语素直接以本义入词的通感式复合词，有的是间接联系，如两语素以引申义入词的通感式复合词。也就是说通感式复合词必然与主体的身体经验产生联系。个体差异性指的是不同个体与客体互动经验的不同会造成概念表征的差异，也就是说认知主体在通过身体感觉经验认识外界事物的过程中，会因自身的主观能动性而对事物产生不同的认知。例如，根据与通感式复合词搭配的名词的语义类把通感式复合词归入不同的语义域，在分类的过程中将语义与形式相结合，力求分类的客观性。但是人们对身体感觉经验的感知具有差异性，即主观性，这也是语义研究不可避免的问题之一。动态性指的是主体对同一概念的认识会根据与客体互动经验的变换而改变。随着科学研究的发展，人们对身体感觉经验的认知也不断深入和加强。因此，具身认知不是一种僵化的理论，而是一个动态发展的过程。具身理论不仅可以解释具体概念的表征问题，也可以解释抽象概念的表征问题。

（二）概念隐喻理论的主要内容

隐喻现象广泛存在于世界各种语言之中，最基础的隐喻都源自身体和身体感觉运动系统。具身认知是与身体物理属性和感觉运动系统有关的隐喻。概念隐喻理论主要包括以下三个方面。

1.概念隐喻投射的方向性

一般情况下，人们认为隐喻的投射是有方向性的，即从具体源域向抽象目标域投射，或从较抽象的源域向更抽象的目标域投射。通感式复合词抽象引申的过程符合隐喻投射的单向性，即从具体感觉域向抽象语义域的投射，或从客观抽象语义域向主观抽象语义域的投射。近些年的一些研究发现，隐喻是一个双向的、源域和目标域相互作用的意义产生过程。例如，个体的温度体验会影响对社会人际情感的认知，而社会人际情感体验则会对个体温度知觉产生影响。[①] 我们认为大多数概念隐喻的投射是单向性的，具有典型性。部分概念隐喻的投射是双向性的，尤其是与具身认知有关的概念隐喻，但不具有典型性。单向性的隐喻投射符合人们认识事物的规律，即利用人们熟悉的、具体的事物去构造陌生的、抽象的概念。抽象概念的形成往往以主体的身体感觉经验为基础，人的身体感觉经验是最直接、最基础的认知。双向性的隐喻投射往往体现在具体感觉域，即各感觉域之间存在相互投射的关系，如视觉和肤觉之间最易产生双向性投射。

---

① 殷融，苏得权，叶浩生.具身认知视角下的概念隐喻理论［J］.心理科学进展，2013（2）：230.

2. 源域和目标域之间具有相似性

概念隐喻产生的基础是源域和目标域之间的相似性，只有具有相似性的源域和目标域之间才能产生概念隐喻。在分析概念隐喻时很重要的一点就是寻找源域和目标域之间的相似性关系。下面以味觉类形语素"甜"为例加以说明，"甜"是一种味觉感受，这种味觉感受会给人带来感官上的舒适感和精神上的愉悦感。在语言的实际使用中，"甜"可以向听觉域投射，如"她的声音很甜"；也可以向视觉域投射，如"她长得很甜"；还可以向抽象的心理域投射，如"她心里很甜"。这些不同感觉之间之所以能够产生隐喻投射，就是因为它们之间具有相似性，即人感觉上的舒适感和心理上的愉悦感。

3. 隐喻主要依靠意象图式来实现

隐喻是源域和目标域之间基于相似性的概念投射，这种投射要依靠一定的意象图式来实现。王寅指出："意象图式是人们通过对具有相似关系的多个个例反复感知体验、不断进行概括而逐步形成的一种抽象的框架结构，是介于感觉与理性之间的一个重要环节。"[1] 通感式复合词在抽象引申的过程中都有从具体感觉域向抽象语义域的投射，这个投射过程总要通过各种意象图式来实现。认知心理学的相关实证研究表明空间隐喻、温度隐喻、洁净隐喻、明暗隐喻、触感隐喻和重感隐喻都有相应的意象图式。[2] 以视、听、肤、味、嗅五种感觉为源域的概念隐喻都有特定的意象图式，其中视觉隐喻可以分为光线隐喻、颜色隐喻、空间隐喻和形态隐喻，肤觉隐喻可以分为温觉隐喻和触觉隐喻。从不同的具体感觉域向抽象语义域的投射过程，都会以特定的意象图式来实现。具体到通感式复合词来说，以具体感觉域为源域、抽象语义域为目标域的意象图式都有正负两极之分。处于正极的具体感觉域引申出的抽象语义域一般都会让人产生身体上的舒适感和精神上的愉悦感，处于负极的具体感觉域引申出的抽象语义域则会使人产生身体和精神上的不适感。我们以光线类形语素为例加以说明，光线类形语素"明""亮"等处于正

---

[1] 王寅. 认知语言学 [M]. 上海：上海外语教育出版社，2006：179.

[2] 殷融，苏得权，叶浩生. 具身认知视角下的概念隐喻理论 [J]. 心理科学进展，2013（2）：222—228.

极，"暗""昏"等处于负极。"明"表"光线亮"，属于基本的视觉感受，当它投射到心理域时，就表示"明白，清楚"；"暗"表示"光线不足，黑暗"，当它投射到心理域时就表示"糊涂，不明白"。虽然这种对称的投射不是在所有的感觉域中都存在，但是这大致说明了一种对称投射的趋势。即某个语素或复合词在具体感觉域中处于何种等级，那么在抽象语义域中也处于相应的等级。

第三节　本章小结

　　本章把通感式复合词语义引申的规律分为通感引申规律和抽象引申规律两类，并对两种引申规律的内部构成进行分层和分类。通感引申和抽象引申都具有三个不同的层次，即从单义通感式复合词内部语素义到词义的引申，多义通感式复合词几个义项之间的引申，通感式复合词在句中的引申。为了统计的方便，将三个引申层次统一到复合词内部语素义到词义的引申层面，其中词义既包括语言层面也包括言语层面。

　　通感式复合词在从语素本义或基本义向词义引申的过程中主要发生通感引申和抽象引申。其中通感引申指的是五种具体感觉域之间的引申关系，汉语的通感引申规律主要包括：① 视觉是通感引申过程中最大的源域；② 听觉是通感引申过程中最大的目标域；③ 通感引申规律基本遵循视觉→肤觉→味觉→嗅觉→听觉的排列顺序，但是个别感觉域之间存在双向引申关系；④ 各感觉作为通感引申源域的数量与感觉类形语素数量成正比，即含有形语素数量越多，成为最大源域的可能性就越大。抽象引申主要是从五种具体感觉域向抽象语义域的引申，其中所占比例最大的抽象引申主要包括：视觉向心理域的引申，肤觉向心理域、环境域、经济域的引申，味觉向经济域的引申，听觉和嗅觉向环境域的引申。通感引申和抽象引申产生的机制都是隐喻，不同的是通感引申产生的机制是通感隐喻。通感隐喻是隐喻中的非典型成员，是从某一具体感觉域向另一具体感觉域的投射，该投射大多具有单向性，部分投射具有双向性。抽象引申产生的机制是基于具身认知的概念隐喻，概念隐喻是隐喻中的典型成员，是从某一具体感觉域向抽象语义域的投射，该投射一般具有单向性。

结　语

　　本书在前人研究基础上，对通感式复合词进行界定，认为通感式复合词是由两个本义或基本义来自不同感觉域的形语素组成的复合词。借鉴认知语言学范畴理论的相关研究成果，对现代汉语层面的通感式复合词进行提取，共提取出通感式复合词 114 个。以此为研究对象，主要从通感式复合词的语素义和复合词词义的关系、以及复合词在语言层面和言语层面的语义系统三个方面，对通感式复合词进行细致描写和分析，并探讨其语义引申规律和语义引申机制。本书主要结论如下。

一、通感式复合词词义和语素义的关系极为密切

　　本书从视、听、肤、味、嗅五种感觉域中的典型形语素入手，分析其本义和语义引申关系。研究发现凡是发生通感引申的形语素必发生抽象引申，而发生抽象引申的形语素不一定发生通感引申。同一范畴内部的语素在发生语义引申时具有不平衡性。各感觉域的形语素在发生通感引申时有不同的侧重范畴，在发生抽象引申时具有共性，即感觉类形语素向各抽象语义范畴的引申是分层级的，一般来说向更抽象语义范畴的引申多于向较抽象语义范畴的引申。

　　如果说对语素义的分析是本研究的基础，那么对通感式复合词词义和语素义关系的探索则是本研究的过渡。

　　本书主要从词义和语素义两个角度分别考察通感式复合词的意义类型。

从词义层面来说，通感式复合词词义和语素义的关系有以下五种类型，分别是组合型、融合型、转指型、借代型和偏指型，其中组合型是主要类型。从语素义层面来说，通感式复合词词义和语素义的关系主要有以下三种类型，分别是两语素均以本义入词，两语素均以引申义入词和两语素中有一个以本义入词，其中两语素均以引申义入词的通感式复合词所占比例最大。从词义和语素义两个层面综合考察通感式复合词，我们认为最优组合有两个：一个是组合型和两语素中有一个以本义入词的通感式复合词；另一个是转指型和两语素均以引申义入词的通感式复合词。

二、通感式复合词的语义引申规律主要受通感隐喻和概念隐喻机制的影响

从语言层面来说，本书按照不同的分类标准将通感式复合词分为三大类六小类。具体分类如下：根据两语素所属感觉域的不同，将通感式复合词分为广义通感式复合词和狭义通感式复合词；根据两语素之间是否具有相似性，将通感式复合词分为典型通感式复合词和非典型通感式复合词；根据两语素是否以本义入词，将通感式复合词分为显性通感式复合词和隐性通感式复合词。这六类通感式复合词虽然各有其不同的语义表现，但是其语义引申方式和语义引申机制基本一致。通感式复合词的语义引申方式可以分为普遍语义引申方式的和典型语义引申方式两种，其中普遍的语义引申方式中以辐射式引申居多，典型的语义引申方式中以抽象引申居多。引起通感式复合词语义引申的主要原因是隐喻和转喻，其中隐喻又分为从具体感觉域向抽象语义域引申的概念隐喻和在具体感觉域之间发生的通感隐喻。转喻主要包括从性质到事物或人的引申和从性质到行为的引申。二者相比较而言，通感式复合词中由隐喻产生的语义引申多于由转喻产生的语义引申。

从言语层面来说，本书主要考察通感式复合词的语义特征、语义搭配和语法功能。每一个通感式复合词在语言层面都有其特定的语义类，我们从实际语料入手，通过考察与通感式复合词搭配的名词所属语义域的变化，分析

通感式复合词的语义变化。选择语义域作为考察词汇语义搭配的基础，既能突破"义域"概念范围较小的弊端，又能避免"认知域"概念的主观性。通过考察发现单义通感式复合词和多义通感式复合词在实际语料中大多会发生从某一具体感觉域向抽象语义域的引申，或者发生从较抽象语义域向更抽象语义域的引申，有时也会发生从抽象语义域向具体感觉域的引申。通感式复合词在言语层面语义变化的原因主要是受语言系统内部的发展变化和认知、语用等因素的影响。通感式复合词的语义特征主要包括基本语义特征和附属语义特征两个大类，其中基本语义特征与语法功能之间存在一定的关系。有生形容词的主要语法功能是充当谓语，无生形容词的主要语法功能是充当定语。从语言发展的角度来说，通感式复合词处于名词—区别词—状态形容词—性质形容词—动词的连续统中，其中大多数通感式复合词处于区别词—状态形容词—性质形容词之间，个别通感式复合词处于边缘过渡地带。

本书在对通感式复合词语言层面和言语层面语义分析的基础上，总结通感式复合词的语义引申规律。通感式复合词的语义引申分为通感引申和抽象引申两类，两类引申都分为不同的层次。我们以通感式复合词内部语素所属的感觉域为源域，以复合词词义所属的语义域为目标域，运用单、双因素方差分析统计法，分析通感式复合词的通感引申规律。在通感引申中，源域对通感机制产生影响，其中视觉域是最大的源域，听觉域是最大的目标域。通感引申的机制是通感隐喻，通感隐喻是非典型的隐喻。在抽象引申中，视觉域是最大的源域，心理域是最大的目标域。抽象引申的机制是基于具身认知的概念隐喻。

参考文献

1. 工具书

［1］曹先擢，苏培成主编. 汉字形义分析字典［M］. 北京：北京大学出版社，1999.

［2］董大年主编. 现代汉语分类大词典［M］. 上海：上海辞书出版社，2007.

［3］傅兴岭，陈章焕主编. 常用构词字典（修订本）［M］. 北京：中国人民大学出版社，2014.

［4］广东、广西、湖南、河南辞源修订组，商务印书馆编辑部编. 辞源（修订本）［M］. 北京：商务印书馆，1983.

［5］汉语大词典编辑委员会、汉语大词典编纂处. 汉语大词典［M］. 上海：上海辞书出版社，1986.

［6］汉语大字典编辑委员会. 汉语大字典［M］. 武汉：湖北辞书出版社，1986.

［7］梅家驹，等编. 同义词词林［M］. 上海：上海辞书出版社，1983.

［8］苏新春主编. 现代汉语分类词典［M］. 北京：商务印书馆，2013.

［9］王安节，周殿龙主编. 形容词分类词典［M］. 长春：吉林教育出版社，1993.

［10］（汉）许慎. 说文解字［M］. 北京：中华书局，2001 重印.

［11］（汉）许慎撰，（清）段玉裁注. 说文解字注［M］. 上海：上海古籍出版社，1981.

［12］中国社会科学院语言研究所词典编辑室．倒序现代汉语词典［M］．北京：商务印书馆，1987．

［13］中国社会科学院语言研究所词典编辑室．现代汉语词典（第6版）［M］．北京：商务印书馆，2012．

［14］周祖谟．广韵校本［M］．北京：中华书局，1960．

2.论文

［1］安华林．多义词的义位及其关系［J］．盐城师范学院学报（人文社会科学版），2003（3）．

［2］蔡玲．动觉感官意象图式——通感隐喻的认知模式［J］．黔南民族师范学院学报，2009（5）．

［3］常敬宇．谈语言义向言语义的转化［J］．语文研究，1991（4）．

［4］陈爱文，于平．并列式双音词的字序［J］．中国语文，1979（2）．

［5］陈庆汉．通感格研究述评［J］．修辞学习，2002（1）．

［6］陈宪年．从感觉到心觉［J］．佛山科学技术学院学报（社会科学版），2000（2）．

［7］程大志，隋光远，陈春萍．联觉的认知神经机制［J］．心理科学进展，2009（5）．

［8］崔永华．与褒贬义形容词相关的句法和词义问题［J］．语言学论丛（第九辑），北京：商务印书馆，1982．

［9］符淮青．汉语表"红"的颜色词群分析（上）［J］．语文研究，1988（08）．

［10］傅惠钧．通感词的实质类型及特征［J］．现代语文，2022（5）．

［11］高明芬．通感刍议［J］．西南民族学院学报（哲学社会科学版），1985（1）．

［12］郭锐．词频与词的功能的相关性［J］．语文研究，2001（3）．

［13］胡明扬．现代汉语词类问题考察［J］．中国语文，1995（5）．

［14］雷淑娟．通感意象言语呈现策略探微［J］．修辞学习，2002（5）．

［15］李国南. 论"通感词"的民族文化差异［J］. 福建外语，2002（2）.

［16］李国南. 论"通感"的人类生理学共性［J］. 外国语，1996（3）.

［17］李兰. 通感式合成词浅论［J］. 湖北第二师范学院学报，2010（5）.

［18］李如龙. 汉语词汇衍生的方式及其流变［J］. 河北师范大学学报（哲学社会科学版），2002（5）.

［19］李运富. 汉字的特点与对外汉字教学［J］. 世界汉语教学，2014（3）.

［20］林文金. 摹声与通感［J］. 语文学习，1978（4）.

［21］刘鸣，马剑，苏晓明，等. 动态干扰光对人的视觉、心理、情绪的影响［J］. 人类工效学，2009（4）.

［22］刘思耘. 强联觉的认知加工模型及其脑机制［J］. 心理科学进展，2012（4）.

［23］刘志广. 从语音与语词层面认知英汉语言中的通感现象［J］. 周口师范学院学报，2005（6）.

［24］卢平. 象声词的修辞作用［J］. 安阳大学学报，2004（4）.

［25］陆俭明. 语义特征分析在汉语语法研究中的运用［J］. 汉语学习，1991（1）.

［26］马庆株. 自主动词和非自主动词［A］载著名中年语言学家自选集·马庆株卷［M］. 合肥：安徽教育出版社，2002.

［27］马真. 先秦复音词初探（续完）［J］. 北京大学学报（哲学社会科学版），1981（1）.

［28］莫彭龄，单青. 三大类实词句法功能的统计分析［J］. 南京师大学报（社会科学版），1985（3）.

［29］彭懿，白解红. 通感认知新论［J］. 外语与外语教学，2008（1）.

［30］钱文辉. 试谈隋唐五代汉语词汇的发展［J］. 教学与进修，1983（2）.

［31］钱钟书. 通感［J］. 文学评论，1962（1）.

［32］秦旭卿. 论通感——兼论修辞格的心理基础［J］. 湖南师院学报

（哲学社会科学版），1983（2）.

［33］邱明会.“通感词”与“通感”辞格［J］.辽宁科技学院学报，2007（2）.

［34］苏宝荣，武建宇.词的义系、义点、义位与语文词典的义项［J］.辞书研究，1999（1）.

［35］汪伯嗣.通感分类法［J］.孝感师专学报（社会科学版），1998（3）.

［36］汪少华.移觉的认知性阐释［J］.修辞学习，2001（4）.

［37］汪少华，徐健.通感与概念隐喻［J］.外语学刊，2002（3）.

［38］王东海.汉语同义语素编码的参数和规则［J］.中国语文，2002（2）.

［39］王明瑞.谈通感及其分类［J］.修辞学习，1992（1）.

［40］王宁.训诂学与汉语双音词的结构和意义［J］.语言教学与研究，1997（4）.

［41］王锳.试论“通感生义”——从“闻”字说起［J］.语言教学与研究，1997（4）.

［42］魏来，曹铁根.隐喻与汉语隐喻造词［J］.毕节学院学报，2009（12）.

［43］吴金铎.想象是移觉的基础［J］.语文学刊，1996（5）.

［44］吴士田.试析通感构词［J］.昭通师范高等专科学校学报，2007（2）.

［45］伍敬芳，刘宇红.通感的认知语言学阐释［J］.内蒙古民族大学学报（社会科学版），2005（6）.

［46］夏先培.试论词义的通感引申［J］.长沙水电师院社会科学学报，1988（4）.

［47］肖武.“大方”“小气”古今谈［J］.语文建设，1992（12）.

［48］徐莲.通感式词义引申的规律及其扩展［J］.解放军外国语学院学报，2004（5）.

［49］杨波，张辉．跨感官感知与通感形容词研究［J］．外语教学，2007（1）．

［50］杨吉春，宋飞，史翠玲．国际汉语教学用基本层次范畴词库建设研究［J］．天津师范大学学报（社会科学版），2021（1）．

［51］杨洋，董方峰．感官意象图式——通感的一个新认知模式［J］．深圳信息职业技术学院学报，2008（1）．

［52］叶浩生．西方心理学中的具身认知研究思潮［J］．华中师范大学学报（人文社会科学版），2011（4）．

［53］殷融，曲方炳，叶浩生．具身概念表征的研究及理论述评［J］．心理科学进展，2012（9）．

［54］殷融，苏得权，叶浩生．具身认知视角下的概念隐喻理论［J］．心理科学进展，2013（2）．

［55］尹斌庸．汉语语素的定量研究［J］．中国语文，1984（5）．

［56］尹洁．论汉语词义对词典单音多义词义项排序的影响［J］．励耘语言学刊，2015（1）．

［57］尹洁．义项界说综论［J］．辞书研究，2013（3）．

［58］应雨田．本义与转义，基本义与非基本义［J］．固原师专学报，1989（3）．

［59］於宁．从汉语角度看"通感"中的语义演变普遍原则［J］．修辞理论，1992（4）．

［60］於宁．"通感"与语义演变规律——国外研究成果介绍［J］．当代修辞学，1989（6）．

［61］郁龙余．"通感"，还是"心感"？——兼谈传统学术遗产保护［J］．中国比较文学，2006（4）．

［62］袁晖．对于"通感"辞格的再认识［J］．扬州师院学报（社会科学版），1985（2）．

［63］袁晖．论现代汉语中的"通感"［J］．江淮论坛，1980（5）．

［64］岳东生．漫谈通感［J］．修辞学习，1994（5）．

［65］岳好平，匡蔷．基于动力图式理论通感隐喻的认知解读［J］．湖南大学学报（社会科学版），2011（1）．

［66］张博．先秦并列式连用词序的制约机制［J］．语言研究，1996（2）．

［67］张国宪．现代汉语形容词的典型特征［J］．中国语文，2000（5）．

［68］张庆云．说"语义特征"［J］．外语与外语教学（大连外国语学院学报），1994（4）．

［69］张绍麒．使用系统方法研究汉语词义演变的一个尝试——"臭"的词义演变新探［J］．烟台师范学院学报（哲学社会科学版），1989（1）．

［70］张寿康，杨绍长．关于"移觉"修辞格［J］．中学语文教学，1980（3）．

［71］张双棣．吕氏春秋词汇简论［J］．北京大学学报（哲学社会科学版），1989（5）．

［72］赵青青，黄居仁．现代汉语通感隐喻的映射模型与制约机制［J］．语言教学与研究，2018（1）．

［73］朱德熙．现代汉语形容词研究［J］．语言研究，1956（1）．

［74］朱景松．形容词能动意义的确定和提取［J］．语言教学与研究，2002（3）．

［75］朱炜．"响亮"的转喻性解释［J］．南阳师范学院学报（社会科学版），2008（11）．

［76］朱炜，杜文捷．试论转喻对通感隐喻的阐释力［J］．江苏教育学院学报（社会科学版），2006（4）．

［77］祝鸿熹，芮东莉．汉语字词本义研究的误区［J］．古汉语研究，2003（3）．

［78］Sean Day. *Synaesthesia and Synaesthetic Metaphors*［J］. *Psyche*, 1996，2（32）．

3. 专著

［1］柏树令主编．系统解剖学（第7版）［M］．北京：人民卫生出版社，2008．

［2］曹日昌主编. 普通心理学（上册）［M］. 北京：人民教育出版社，1963.

［3］程湘清. 汉语史专书复音词研究（增订本）［M］. 北京：商务印书馆，2008.

［4］董秀芳. 词汇化：汉语双音词的衍生和发展（修订本）［M］. 北京：商务印书馆，2011.

［5］方铭主编；杜晓勤，沈文凡分类主编. 中国文学史（魏晋南北朝隋唐五代卷）［M］. 长春：长春出版社，2013.

［6］冯凌宇. 汉语人体词汇研究［M］. 北京：中国广播电视出版社，2008.

［7］冯英主编. 汉英语分类词群对比研究［M］. 北京：北京语言大学出版社，2009.

［8］冯英主编. 汉语义类词群的语义范畴及隐喻认知研究［M］. 北京：北京语言大学出版社，2009.

［9］符淮青. 词义的分析和描写［M］. 北京：外语教学与研究出版社，2006.

［10］符淮青. 现代汉语词汇（增订本）［M］. 北京：北京大学出版社，2004.

［11］高燕. 对外汉语词汇教学［M］. 上海：华东师范大学出版社，2008.

［12］葛本仪. 汉语词汇研究［M］. 北京：外语教学与研究出版社，2006.

［13］蒋绍愚. 古汉语词汇纲要［M］. 北京：商务印书馆，2005.

［14］［美］兰盖克著. 认知语法基础（第一卷）：理论前提［M］. 牛保义，等，译. 北京：北京大学出版社，2013.

［15］李福印编著. 认知语言学概论［M］. 北京：北京大学出版社，2008.

［16］李红印. 现代汉语颜色词语义分析［M］. 北京：商务印书馆，2007.

［17］李泉. 单音形容词原型特征模式研究［M］. 北京：商务印书馆，2014.

［18］刘叔新. 汉语描写词汇学（重排本）［M］. 北京：商务印书馆，2005.

［19］刘叔新，周荐. 同义词语和反义词语［M］. 北京：商务印书馆，1992.

［20］刘文安主编. 概率论与数理统计［M］. 北京：高等教育出版社，2011.

［21］陆宗达，王宁. 训诂与训诂学［M］. 太原：山西教育出版社，1996.

［22］马庆株. 自主动词和非自主动词，著名中年语言学家自选集. 马庆株卷［M］. 合肥：安徽教育出版社，2002.

［23］彭聃龄主编. 普通心理学（修订版）［M］. 北京：北京师范大学出版社，2007.

［24］［美］乔治·莱考央，马克·约翰逊. 我们赖以生存的隐喻［M］. 何文忠译. 杭州：浙江大学出版社，2015.

［25］沈家煊.《跟语法化机制有关的三对概念》，吴福祥，崔希亮主编. 语法化与语法研究（四）［M］. 北京：商务印书馆，2009.

［26］沈家煊. 不对称和标记论［M］. 南昌：江西教育出版社，1999.

［27］沈阳，冯胜利主编. 当代语言学理论和汉语研究［M］. 北京：商务印书馆，2008.

［28］沈政，林庶芝编著. 生理心理学（第三版）［M］. 北京：北京大学出版社，2014.

［29］四川大学中文系中国古代文学教研室编. 中国文学［M］. 成都：四川人民出版社，2006.

［30］苏宝荣. 词汇学与辞书学研究［M］. 北京：商务印书馆，2008.

［31］苏新春. 汉语词义学［M］. 广州：广东教育出版社，1997.

［32］［瑞士］索绪尔著. 普通语言学教程［M］. 高名凯，译. 北京：商务印书馆，1980.

［33］［美］托马斯·L.贝纳特著. 感觉世界——感觉和知觉导论［M］. 旦明，译. 北京：科学出版社，1985.

［34］王军.《形容词的语义特征及语义分类》,《词汇学理论与应用》编委会编. 词汇学理论与应用（四）［M］. 北京：商务印书馆，2008.

［35］王珏. 汉语生命范畴初论［M］. 上海：华东师范大学出版社，2004.

［36］王希杰. 修辞学通论［M］. 南京：南京大学出版社，1996.

［37］王寅. 认知语言学［M］. 上海：上海外语教育出版社，2006.

［38］王寅. 认知语言学探索［M］. 重庆：重庆出版社，2005.

［39］吴为善. 认知语言学与汉语研究［M］. 上海：复旦大学出版社，2011.

［40］武占坤，王勤. 现代汉语词汇概要［M］. 北京：外语教学与研究出版社，2009.

［41］杨吉春. 汉语反义复词研究［M］. 北京：中华书局，2007.

［42］叶蜚声，徐通锵著. 语言学纲要（修订版）［M］. 北京：北京大学出版社，2010.

［43］张国宪. 现代汉语形容词功能与认知研究［M］. 北京：商务印书馆，2006.

［44］张卫东编著. 生物心理学［M］. 上海：上海社会科学院出版社，2007.

［45］张小平. 当代汉语词汇发展变化研究［M］. 济南：齐鲁书社，2008.

［46］张志毅，张庆云. 词汇语义学（第三版）［M］. 北京：商务印书馆，2012.

［47］赵青青. 具身认知还是神经活动：语料库驱动的现代汉语通感形容词研究［M］. 北京：北京大学出版社，2022.

［48］赵艳芳. 认知语言学概论［M］. 上海：上海外语教育出版社，2001.

［49］周国光. 现代汉语词汇学导论［M］. 广州：广东高等教育出版社，2004.

［50］周静，刘冬冰编著. 语言学概论［M］. 开封：河南大学出版社，1999.

［51］周信华，胡家康. 色彩基础与应用［M］. 上海：东华大学出版社，2006.

［52］朱彦. 汉语复合词语义构词法研究［M］. 北京：北京大学出版社，2004.

［53］朱志平. 汉语双音复合词属性研究［M］. 北京：北京大学出版社，2005.

［54］F.Ungerer&H.-J.Schmid. *An Introduction to Cognitive Linguistics*［M］. Beijing：Foreign Language Teaching and Research Press，2008.

［55］Joseph Williams. "Semantic laws", in Marvin K. L. Ching et al.（eds.）［M］. *Linguistic perspectives on literature*，London：Routledge & Kegan Paul，1980.

［56］Stephen Ullmann. *Language and style series*［M］. Oxford Basil Blackwell，1964.

［57］Eve Sweetser. *From etymology to pragmatics*：*metaphorical and cultural aspects of semantic structure*［M］. Peking：Peking University Press，2002.

4. 学位论文

［1］侯博. 汉语感官词的语义语法学研究［D］. 硕士学位论文，南京师范大学，2008.

［2］李丽虹. 汉英温觉词语义对比研究［D］. 博士学位论文，中央民族大学，2012.

［3］彭玉康. 现代汉语通感的句法、语义研究［D］. 硕士学位论文，南京师范大学，2005.

［4］宋飞. 国际汉语教学中的性质状态类基层词库建设研究［D］. 博士学位论文，中央民族大学，2015.

［5］武文杰. 现代汉语视觉行为动词研究［D］. 博士学位论文，山东大学，2008.

［6］伍莹. 现代汉语空间维度形容词语义系统研究［D］. 博士学位论文，武汉大学，2011.

［7］赵倩. 汉语人体名词词义演变规律及认知动因［D］. 博士学位论文，北京语言大学，2007.